Efecto Luz de Gas

Las ideas y técnicas que aparecen en este libro no pretenden sustituir la consulta o el tratamiento de un profesional de salud mental autorizado. Ni la editorial ni la autora asumen ninguna responsabilidad por las posibles consecuencias de cualquier tratamiento, acción o aplicación de medicamento, hierbas o preparados por parte de cualquier persona que lea o siga la información de este libro. Los nombres y las características de los personajes de este libro se han modificado para proteger su identidad.

Título original: The Gaslight Effect: How to Spot and Survive the Hidden Manipulation Others Use to Control Your Life
Traducido del inglés por Julia Fernández Treviño
Diseño de portada: Editorial Sirio, S.A.
Diseño y maquetación de interior: Toñi F. Castellón

© de la edición original
2007, 2018 Robin Stern

Publicado con autorización de Harmony Books, un sello de Crown Publishing Group, del grupo Penguin Random House LLC

© de la presente edición
EDITORIAL SIRIO, S.A.
C/ Rosa de los Vientos, 64
Pol. Ind. El Viso
29006-Málaga
España

www.editorialsirio.com
sirio@editorialsirio.com

I.S.B.N.: 978-84-17399-44-3
Depósito Legal: MA-192-2019

Impreso en Imagraf Impresores, S. A.
c/ Nabucco, 14 D - Pol. Alameda
29006 - Málaga

Impreso en España

Puedes seguirnos en Facebook, Twitter, YouTube e Instagram.

Dra. Robin Stern

Efecto Luz *de* Gas

Detectar y sobrevivir a la
manipulación invisible de quienes
intentan controlar tu vida

EDITORIAL
SIRIO

Dedicado a todos los pacientes, estudiantes y jóvenes de los que he sido mentora, y a todos los que han hecho conmigo el viaje hacia una vida sin luz de gas, con profunda gratitud. Todos vosotros sois mis maestros.

Y para mis hijos, Scott y Melissa, por ser los «regalos más especiales de mi vida».

Índice

Agradecimientos

Estoy profundamente agradecida a muchas personas que me acompañaron en distintas etapas de mi vida, y cuya amistad, inspiración, conversación, apoyo y colaboración sentaron las bases de mi trabajo e hicieron que esta obra fuera una realidad.

Es una bendición haber conocido a mi maravilloso agente, Richard Pine, que dio nombre a este libro en el 2007 y se dio cuenta de que era el momento oportuno para volver a publicarlo. Quiero expresar mi profundo agradecimiento a mi colaboradora Rachel Kranz, que ya no está entre nosotros, por su constante convicción de que era importante que este trabajo viera la luz ¡y por su originalidad, talento y sabiduría! También quiero dar las gracias a los estupendos editores que a lo largo de los años se han convertido en mis amigos, Amy Hertz y Kris Puopolo, por creer en mí desde el principio. Y también a Diana Baroni y Alyse Diamond de Crown, por reconocer la necesidad de volver a editar este libro y hacerlo posible. Mi gratitud también para Les Lenoff, cuyas ideas brillantes, comprensión y consejos me ayudaron a traducir conceptos psicoanalíticos con el objetivo de que llegaran a una audiencia más amplia. Y también para Frank Lachman, que me ayudó a entender el verdadero poder que tenemos para mantener la luz de gas fuera de nuestra vida.

A mis maestros y mentores del *Postgraduate Center for Mental Health*, muy especialmente a Manny Shapiro, mi amigo y mentor durante mucho tiempo (y, por supuesto, también a Barbara), y a Marty Livingston, Jeffrey Kleinberg y Al Brok.

Agradezco a todas las mujeres de Woodhull, en especial a mis queridas amigas Wende Jager Hyman y Helen Churko; a Joan Finsilvera, por los desayunos en el *west side*, y a Naomi Wolf por animarme a escribir este libro y por apoyar a las mujeres para que sean psicológicamente libres. También quiero agradecer a Erica Jong, Karla Jackson Brewer, Tara Bracco, Jennifer Jones, Leeat Granek, Melissa Bradley, Gina Amaro, Susan Cain, Joie Jagar Hyman y Shan Jager Hyman, y a todas las mujeres jóvenes que atravesaron nuestra puerta para recorrer nuestro hermoso territorio y se empeñaron en cumplir sus sueños. Gracias por haber hecho el viaje con nosotras.

Muchas personas maravillosas han llegado a mi vida y se han convertido en amigos y colegas «para siempre» desde que este libro se publicó por primera vez. Estoy profundamente agradecida a todos los miembros del *Yale Centre for Emotional Intelligence* y a todos nuestros seguidores, pues su espíritu, visión y pasión hacen que el trabajo de cambiar el mundo sea una alegría día tras día: en particular, al director del centro, mi colega y estimado amigo Mark Brackett, y a su familia. A mi «otra» familia, mis queridos Horacio Martínez, Irene Crespi, Ellyn Solis Maurer y Esme.

También quiero expresar mi enorme gratitud a nuestra gran familia del centro: a mi compañera de escritura y querida amiga Diana Divecha y, por supuesto, también a Arjun Divecha; a nuestro mentor y amigo Charley Ellis; a nuestro fundador Peter Salovey y a nuestra inspiración, el fallecido Marvin Maurer, y a todos los amigos y seguidores, muy especialmente a Andy Faas y Patrick Mundt. Y mi sincero agradecimiento a nuestros colegas en el mundo más extenso de la inteligencia emocional y el aprendizaje socioemocional que siguen enriqueciendo este campo, cada uno a su manera: David Caruso, Dan Goleman, Richard Boyatzis, Cary Cherniss, Maurice Elias, Linda Bruene Butler, Tom Roderick, Pam Siegle, Mark Greenberg, Tish Jennings, y John Pelliterri. Y a Diana y Jonathan Rose por proporcionarnos el espacio para nuestras conversaciones fundacionales.

Mi gratitud también para todas las personas con las que trabajo y que siguen enriqueciendo mi vida, muy en especial a Kathryn Lee, Zorana Pringle, Bonnie Brown, Charlene Voyce y muchos otros colegas y amigos extraordinarios que han llegado a mi vida a través del trabajo en Yale: Jochen Menges, Wendy Baron, Jim Hagen, Kathy Higgins, Alice Forrester, Elaine Zimmerman, Steven Hernández, Vipin Thek, Allison Holzer, Michelle Lugo, Dena Simmons, Danica Kelly, Claudia Santi-Fernández, Wendy Baron, Jim Hagen, Nikki Elbertson, Madeline Chafee, Craig Bailey, Jessica Hoffman, Seth Wallace, Grace Carroll, Mela Waters, Elisabeth O'Bryon, Dan Cordero, Lisa Flynn, Erik Gregory y Laura Koch y Susan Rivers. Mi agradecimiento especial a mis colegas y queridos amigos Andrés Richner y Marianne Korangy por reunir la información necesaria y establecer las conexiones entre los datos a lo largo de los años. Y también a los queridos amigos y colegas Laura Artusio y Andre Portero, que llevaron nuestro trabajo a Italia.

Muchas gracias a Katie Orenstein y al grupo de compañeros de la confraternidad de *Yale Public Voices* del 2014, por haberme brindado la oportunidad de aprender cómo transmitir al público el importante trabajo realizado en mi consulta y en mis clases.

Gracias también a mis colegas del hospital para pacientes de cáncer Smilow y del hospital New Haven de Yale por defender el enfoque de que la comunicación compasiva es importante para la salud y el bienestar, en especial a Cathy Lyons, Roy Herbst,

Kathleen Moseman, las enfermeras y los cuidadores de los pacientes de Smilow y los jefes de los servicios médicos de oncología. Mi agradecimiento también para Dawn Kapinos y Philip Grover.

Estoy profundamente agradecida a los colegas y amigos que trabajan y han trabajado conmigo en Facebook para acercar la inteligencia emocional y la compasión a nuestro mundo digital, y muy en especial a Arturo Bejar, Jamie Lockwood, Nikki Staubli, Kelly Winters, Emily Vacher y Antigone Davis. Y a Dacher Keltner y Emiliana Simon Thomas, de Greater Good.

Muchas gracias a todos los *coaches* de Star Factor porque gracias a su dedicación e inspiración los distritos y escuelas están cambiando; y un agradecimiento especial a Dolores Espósito, que está dirigiendo este trabajo en Nueva York. Y, por supuesto, a mi querida amiga Janet Patti, por mantener la llama encendida de nuestra concepción, y por muchas cosas más.

Mi gratitud a los que trabajan en Project Rebirth, en especial a Brian y Helen Rafferty, Jim Whitaker y Jack De Goia. Y también a Courtney Martin, mi compasiva y elocuente coautora. Y mi más profundo agradecimiento a todas las personas que han abierto su corazón para contarnos sus historias.

A nuestro equipo de instructoras de *Inner Resilience*, Carmella B'han, Lynne Hurdle Price y Martha Eddy. Y, por supuesto, a mi amiga y mentora Linda Lantieri, cuya visión creó este grupo y ofreció herramientas de sanación a miles de personas, muchas gracias por todos los años en los que hemos enriquecido juntas nuestra vida interior.

Gracias a Craig Richards, por incluirme en su perspectiva; y a Nicole Limperopulos y Brian Perkins. Y también a todas las personas de *Summer Principals Academy*, especialmente a nuestro maravilloso grupo de mujeres de las noches de los viernes: Dawn Decosta, Ife Lenard, Kelly Lennon, Sarah Sherman y Asheena Baez.

Mi agradecimiento y aprecio a todos los amigos y familiares extraordinarios que he heredado de Frank (primos, tíos y tías):

Midge y Lou Miele, Lisa y Bill Lahey, Mary y John Dluhy, Luyen y Rachel Chou, Tucker Harding, Sibyl Golden y Chip White, Kevin Griffin, Bill y Francie Schuster, Gardner Dunnan y Francee Sugar, Mike y Tiiu Frankfurt, Peter Awn y Jewelnel Davis. Especialmente, a Teresa González y, por supuesto, a nuestra familia: Nicco Moretti, Antonio Moretti y Kiki Mwaria.

Quiero expresar mi mayor aprecio por todos los amigos que he hecho a lo largo de los años, a quienes agradezco nuestras importantes y a menudo conmovedoras conversaciones que me han permitido conocer más profundamente el autodescubrimiento y la dinámica relacional: Jan Rosenberg, Joan Finkelstein, Janet Patti, Linda Lantieri, Beryl Snyder Trost, Madaleine Berley, Suzi Epstein, Robin Bernstein, Kenny Becker, Donna Klein, Marilyn Goldstein, Julie Appel, Sheila Katz, Sheila Erlich, Tripp y Patti Evans, Robert Sherman, Pamela Carter, Yael Wender, Elana Roberts, Jolie Roberts, Julien Isaacs, Jim Fyfe, Bill Zito, Stephen Rudin, Susan Collins y Andy Caploe. Y por toda una vida de conversaciones, a mis primos Mona Van Cleef, que ya no está entre nosotros, Cheryl Filler, Leslie Sporn, y Terri Yagoda.

Mi reconocimiento a muchos otros colegas que imaginan un mundo mejor, porque ellos me inspiran cada día, en particular Nancy Lublin, de Crisis Text Line, Jessica Minhas, de I'll Go First, Leslee Udwin, de Think Equal, Denise Daniels, de JellyJam Entertainment, Naomi Katz, de HerWisdom y Janine Francolini, de Flawless Foundation.

Mi más profunda gratitud a todos mis pacientes y alumnos. Gracias por compartir pensamientos y sentimientos, sueños y desafíos, y por ser mis maestros más importantes.

Mi sincero agradecimiento a Larry Hirsch y Bertie Bregman por cuidar a mi familia. A todos los que trabajan en CURE por estar ahí, especialmente Susan Kaufman y Lisa Siegle. Y muchas gracias también a Enrique Michel.

A mis maravillosos padres, Roz y Dave Stern, que me amaron, cuidaron, creyeron en mí y me respaldaron. ¡Estarían tan felices de saber cuánta gente se ha beneficiado de la lectura de *Efecto Luz de gas*! A mi difunto marido, Frank, gracias por ser mi defensor más apasionado, por tu apoyo durante el proceso de la redacción del libro... y por todo lo demás.

Y, por supuesto, mi eterna y profunda gratitud a mi amada y divertida familia: Eric, Jacquie, Justin, Chelsea, Daniel, Julia, Lainey, Jan, Billy y, cómo no, Lena y Lisa. Y muy especialmente a mis maravillosos hijos, Scott y Melissa, que alumbran mi vida día tras día.

Prólogo

En algunas ocasiones se producen interesantes coincidencias en la vida.

Cuando Robin Stern me comentó por primera vez que estaba pensando escribir un libro sobre el tema del maltrato emocional, estábamos sentadas en un parque infantil viendo jugar a mis hijos. En los alrededores del parque había un sendero serpenteante. Un niño de unos cuatro o cinco años que caminaba junto a su padre de pronto echó a correr, tropezó y se cayó sobre la gravilla. Era evidente que se había hecho daño y que estaba intentando no llorar. El rostro de su padre se puso tenso: «¿Qué te has hecho ahora? —le dijo bruscamente mientras tiraba de uno de sus brazos para ponerlo de pie—. No puedo creer lo torpe que eres. Te he dicho mil veces que tengas cuidado».

Fue un momento muy desagradable. La falta de empatía del padre nos estremeció. Por un momento nos preguntamos si deberíamos intervenir. Y todavía fue más doloroso ver cómo el niño intentaba recomponerse y encontrar sentido a lo que había dicho su padre. Se veía claramente que estaba tratando de interpretar sus palabras para que no sonaran tan crueles. Casi se lo podía oír pensando: «Soy torpe. Me siento fatal, y no porque mi padre acabe de herir mis sentimientos sino porque no le hago caso. Es mi culpa».

En aquel momento le pedí a la doctora Stern que pensara seriamente en escribir este libro, y estoy muy contenta de que lo haya hecho. El maltrato emocional es un tema que por fin está recibiendo la atención que merece. En los últimos tiempos se ha escrito mucho sobre este problema. Hoy en día la gente parece considerarlo como lo que realmente es, a diferencia de lo que sucedía en la generación anterior. En esa época ese tipo de relaciones eran más aceptadas socialmente, en especial con respecto a la crianza de los niños, y se justificaban como «amor severo» o «formación del carácter». No obstante, el tipo particular de maltrato emocional que la doctora Stern identifica y analiza en *Efecto luz de gas*, un maltrato más encubierto y caracterizado por el control, hasta el momento no había sido abordado con la empatía y el conocimiento adquirido a lo largo de todos los años dedicados a la práctica clínica y, en particular, con su singular interés por el bienestar emocional de las mujeres jóvenes. Es una gran noticia que haya escrito sobre este tema basándose en su amplia experiencia.

La doctora Stern trabaja con decenas de jóvenes brillantes, con talento e idealistas, muchas de las cuales proceden de familias cariñosas, que se encuentran atrapadas en relaciones caracterizadas por diversas variaciones de este tipo de maltrato. Realiza un trabajo milagroso ayudándolas primero a recordar y luego a trabajar a partir del momento en que comenzaron a perder su fuerza y el respeto por sí mismas. De este modo, ellas consiguen recuperar su vida a lo largo del proceso. Ahora los lectores de todo el país, y también de más allá de nuestras fronteras, podrán beneficiarse de sus conocimientos como lo han hecho todas estas jóvenes que han aprendido a identificar este tipo de control y maltrato emocional velado, y a desarrollar estrategias para liberarse de él. Es una herramienta muy importante para todos aquellos que desean salvaguardar su bienestar emocional, resistir la manipulación y el control de terceras personas y elegir relaciones que enriquezcan y potencien su desarrollo.

He tenido la oportunidad de observar cómo trabaja la doctora Stern con estas jóvenes, y puedo decir que su visión sobre el efecto luz de gas puede ser enormemente sanadora. Sin embargo, estoy plenamente convencida de que el valor de su trabajo no solamente es ventajoso para las mujeres. Hombres y mujeres han sufrido por igual situaciones de maltrato y control emocional en su infancia por parte de los adultos. Aunque la mayoría de los ejemplos citados aquí —casos clínicos de pacientes de la doctora Stern— se refieren a mujeres sometidas a maltrato, también he visto a muchos hombres que, al escucharla describir su trabajo, le abrieron su corazón y describieron sus propias luchas para liberarse de esa clase de relaciones tóxicas, y se sintieron aliviados mientras ella analizaba su problema. Me parece de vital importancia que los padres lean este libro, porque muchas veces dañamos a nuestros hijos o los manipulamos emocionalmente de una manera inconsciente. Cuanto más conscientes seamos de que cualquiera de nosotros, independientemente de nuestras mejores intenciones, podemos herir o manipular emocionalmente a un niño que está a nuestro cuidado sin siquiera darnos cuenta, más dichosa será la próxima generación.

Los lectores pueden sentirse afortunados de que exista una psicoterapeuta plenamente comprometida con su crecimiento emocional y desarrollo personal como la doctora Stern. Cada página está escrita desde el corazón. Y lo que es todavía más importante, cada página nos permite reconocer lo que le sucedió a ese niño en el parque, y también comprender a los adultos que podrían identificarse con él.

Este libro ayudará a muchas personas a encontrar una nueva fuerza interior y un nuevo respeto por sí mismas.

Naomi Wolf

Introducción

UNA IDEA A LA QUE LE HA LLEGADO SU HORA

En la actualidad prácticamente no pasan más de uno o dos días sin que oigamos la expresión *hacer luz de gas*. Al hacer una búsqueda rápida en Google encontramos docenas de artículos: «Ocho características de una relación con un maltratador que hace luz de gas», «¿Son conscientes de lo que hacen los manipuladores que practican la luz de gas?», «Luz de gas: el juego mental que todos deberían conocer». El diccionario Urban tiene una definición para este tipo de maltratadores. Incluso el cuadragésimo quinto presidente de los Estados Unidos ha sido identificado como uno de ellos.

Cuando hace diez años escribí *Efecto luz de gas*, la expresión era prácticamente desconocida aunque el fenómeno en sí mismo ya estaba bastante difundido. En aquel momento escribí que utilizamos la expresión «hacer luz de gas» para referirnos a una manipulación emocional en la que el maltratador intenta convencerte de que no recuerdas, no comprendes o malinterpretas tus propias conductas o motivaciones, sembrando así dudas en tu mente y dejándote vulnerable y confundido. Este tipo de maltratadores pueden ser hombres o mujeres, cónyuges o amantes, jefes o compañeros de trabajo, padres o hermanos, pero todos tienen en común la habilidad de hacerte cuestionar tus propias percepciones de la realidad. La luz de gas es en todos los casos una situación creada por dos personas, un manipulador que siembra duda y confusión, y una víctima que está «deseando» dudar de sus propias percepciones con el fin de que la relación perdure.

A mi modo de ver esa responsabilidad compartida constituía la esencia de lo que se conocía como luz de gas. No se trataba únicamente de abuso emocional, sino de una relación creada por las dos partes implicadas. Y la denominé «tango luz de gas» porque requiere la participación activa de dos personas. Como es evidente, el maltratador induce a su víctima a dudar de sus propias percepciones, pero ella está igualmente interesada en que el manipulador la vea como desea ser vista.

«Eres tan descuidada...», podría decir el maltratador. Y en lugar de echarse simplemente a reír y responder: «Así es como tú lo ves», la víctima se siente forzada a insistir: «¡No lo soy!». Por estar excesivamente pendiente de lo que el maltratador piensa de ella, es incapaz de descansar hasta haberlo convencido de que *no es* descuidada.

«No puedo entender cómo puede ser tan derrochadora», podría decir el manipulador. Una mujer que no se dejara someter a la luz de gas respondería sencillamente: «Bueno, todos somos diferentes y después de todo se trata de mi dinero», y seguiría adelante con su vida. Por el contrario, una mujer maltratada podría pasar horas compadeciéndose desesperadamente de sí misma y diciéndose que su maltratador podría tener razón.

Tal como escribí al principio del libro:

El efecto luz de gas es el resultado de una relación entre dos personas: un maltratador que necesita mantener el control para preservar su propio ser y la sensación de tener poder y una víctima que le permite definir su propia realidad porque lo idealiza y necesita su aprobación [...] Si existe una mínima porción de ti que piensa que no eres lo suficientemente bueno, si una ínfima parte de tu ser siente que necesitas el amor o la aprobación de un manipulador que practica la luz de gas para sentir que vales como persona, eso significa que eres propenso a convertirte en una víctima de este tipo de abuso emocional. Y un maltratador que recurre a la luz de gas se aprovechará de tu vulnerabilidad para conseguir que dudes de ti mismo una y otra vez.

Algunas veces la víctima se enfrenta a un castigo aún mayor que la mera desaprobación. Por ejemplo, si ella y el maltratador están criando a sus hijos, puede sentirse incapaz de convertirse en una madre sin pareja debido a su dependencia emocional y económica. Si el manipulador es su jefe, la víctima puede temer las repercusiones profesionales que podría acarrearle enfrentarse a él o renunciar a su trabajo. Tal vez es un pariente o un viejo amigo, y la víctima tiene miedo de las posibles consecuencias en su círculo familiar o social. También puede darse el caso de que el maltratador amenace a la víctima con lo que yo denomino un «apocalipsis emocional», es decir, la someta a un bombardeo de insultos, amenazas de suicidio o peleas espantosas, todas ellas situaciones tan desagradables y angustiosas que la víctima hace prácticamente cualquier cosa por evitarlas.

Independientemente del castigo, la luz de gas depende de que ambas partes participen en el proceso. La persona que manipula es responsable de sus propios actos, pero la que es manipulada también lo es de los suyos. La vulnerabilidad de la víctima del maltrato se basa en la necesidad de idealizar al maltratador, ganar su aprobación o preservar la relación a cualquier precio.*

---

* Evidentemente, si el maltratador amenaza a su víctima o la maltrata físicamente, ella tiene otra razón para ser vulnerable y en tal caso probablemente su prioridad no sea acabar con esa relación de maltrato, sino preservar su seguridad y la de sus hijos.

La buena noticia es que la participación es mutua, ya que eso significa que la persona objeto del maltrato tiene las llaves de su propia prisión. En cuanto comprenda qué es lo que está sucediendo, podrá encontrar el coraje y la claridad mental para rechazar los comentarios nocivos del manipulador que pretende volverla loca y conseguirá mantenerse fiel a su propia realidad. Cuando sea capaz de confiar en sus propias opiniones y criterios ya no necesitará la aprobación del maltratador ni de ninguna otra persona.

Si consideramos la luz de gas en el ámbito de las relaciones personales (en una relación amorosa o de amistad, en el trabajo y en la familia), hoy en día sigo sosteniendo esa descripción. La esencia del maltrato basado en la luz de gas es el tango luz de gas, el baile de dos personas que dependen de su mutua participación.

DESCUBRIR EL EFECTO LUZ DE GAS

Este libro fue inspirado por la alta incidencia de este tipo de maltrato en la vida de mis pacientes y mis amigos, y también en mi propia vida. He observado innumerables veces el efecto luz de gas, un patrón insidioso que puede minar la autoestima de la persona más segura de sí misma, y que fue la causa del fin de mi primer matrimonio. Todas las mujeres que he conocido que lo han sufrido, ya fueran pacientes o amigas, eran mujeres de éxito, competentes, poderosas y atractivas. Sin embargo, estaban atrapadas en relaciones laborales o familiares que no eran capaces de abandonar, a pesar de que su autoestima se deterioraba cada vez más.

En su forma más leve, la luz de gas genera inquietud y ansiedad en las mujeres y las lleva a pensar por qué siempre eligen lo que no les conviene, o por qué no son felices con su compañero, que aparentemente es «un buen chico». En su manifestación más grave, la luz de gas produce una profunda depresión y mujeres que antes eran fuertes y dinámicas quedan reducidas a la miseria más absoluta, hasta el punto de llegar a aborrecerse a sí mismas. En cualquiera de los dos casos siempre me ha sorprendido, no solo como terapeuta sino también en mi vida personal, el grado de falta de confianza y parálisis que puede inducir la luz de gas.

Me propuse encontrar la forma de definir este patrón particular de maltrato, cuya definición no había encontrado en ninguna publicación profesional ni en la cultura popular. Hallé mi inspiración en una película de 1944, *Luz de gas*, interpretada por Ingrid Bergman, Charles Boyer y Joseph Cotton. En ella el héroe romántico interpretado por Boyer convence paulatinamente a Bergman de que se está volviendo loca. Le pregunta por un broche que le ha regalado y observa su desazón al no encontrarlo en su joyero donde estaba segura de haberlo guardado, y de donde él lo ha tomado. «¡Ay, cariño, eres tan olvidadiza!», insiste él. «No es verdad», responde el personaje de Bergman. Pero poco a poco comienza a creer en la versión de Boyer y a dudar de la suya, y cada vez es menos capaz de confiar en su propia memoria y percepciones.

En la película Boyer intenta enloquecerla con plena conciencia para poder quedarse con su herencia, y consigue realmente trastornarla convenciéndola poco a poco de que no puede fiarse de sus propias apreciaciones. En la vida real, este tipo de maltratadores rara vez son tan conscientes de su propia conducta. Tanto el maltratador como la víctima parecen actuar impulsados por sus propias compulsiones, bloqueados en un tango luz de gas fatal que depende de la visión distorsionada que el maltratador tiene de su víctima y de la creciente convicción de esta última de que aquel tiene razón. En aquel momento no conseguí encontrar ningún otro libro que analizara este patrón particular de abuso emocional, ni siquiera uno que lo definiera claramente con indicaciones específicas para ayudar a las mujeres maltratadas a romper el hechizo y recuperar el respeto por sí mismas. De manera que le puse nombre a este fenómeno, escribí el libro... y quedé absolutamente asombrada por la respuesta obtenida.

A mi consulta acudieron muchas nuevas pacientes y todas destacaron que mi libro describía la situación exacta que estaban viviendo. «¿Cómo podía usted saber por lo que estaba pasando? —me decían—. ¡Yo pensaba que era la única!». Algunas amigas que creían tener una relación feliz con su pareja descubrieron que estaban siendo sometidas al maltrato luz de gas, o que lo habían sufrido en anteriores relaciones, en el trabajo o en su círculo familiar. Los colegas me agradecieron por dar nombre a un nuevo modelo de maltrato emocional del que ahora podrían hablar con sus propios pacientes. Este fenómeno que previamente carecía de nombre parecía estar más difundido de lo que jamás hubiera podido sospechar.

Poco después de publicar el libro comencé a pasar consulta en Facebook junto con mi colega Mark Brackett, director del Centro para la Inteligencia Emocional de la Universidad de Yale. En aquella época, las redes sociales estaban empezando a despegar y los usuarios de Facebook estaban preocupados por su potencial para el ciberacoso de personas jóvenes vulnerables. Mark y yo realizamos docenas de entrevistas a adolescentes y adultos en un esfuerzo por desarrollar un protocolo *online* para denunciar y resolver diversos tipos de acoso, incluidas la divulgación de rumores, las conductas mezquinas y la falta de respeto, las ofensas y las amenazas directas.

Este trabajo y las clases sobre inteligencia emocional que impartimos en los colegios de todo el país pusieron todavía más en evidencia los efectos perniciosos de la luz de gas. Mark y yo escuchamos innumerables historias de adolescentes que habían sufrido este tipo de maltrato, y no solamente de una persona sino de docenas de amigos de la vida real y de Facebook. Una joven podría calificar a una amiga de ser «exageradamente sensible» por disgustarse por algo sin importancia, y otras veinte o treinta personas podrían publicar «Me gusta» en dicho comentario, o incluso añadir todo tipo de críticas. Los efectos devastadores de la luz de gas se multiplicarían ya que la destinataria del maltrato tendría que afrontar no solamente la manipulación de los implicados, sino también la humillación de que «todas las personas conocidas» y algunas docenas de desconocidos también la consideraran «exageradamente sensible».

Nuestro proyecto dio como resultado el Centro de Prevención del Acoso en Facebook, un sitio donde los adolescentes pueden notificar el maltrato que sufren, y donde padres y educadores pueden encontrar temas con los cuales iniciar conversaciones para abordar el problema. A lo largo del proceso realmente me impresionó comprobar que la luz de gas era el arma favorita del acoso con gran frecuencia. Uno de los aspectos más complicados de la luz de gas reside en las dificultades para identificarla. Tú sientes que estás hundiéndote en la duda y en la confusión, pero ¿por qué? ¿Qué es lo que te ha llevado repentinamente a cuestionarte? ¿Cómo ha podido una persona que supuestamente te quiere y te cuida hacerte sentir tan mal?

De hecho, la luz de gas es un tipo de acoso sutil y encubierto practicado a menudo por un compañero sentimental, un amigo o un miembro de la familia que no deja de repetir que te ama, incluso mientras no cesa de minar tu propia confianza. Tú *sabes* que algo va mal, pero no puedes detectar qué es. La expresión *luz de gas* por fin pone nombre a este tipo de maltrato y te permite ver con claridad lo que de verdad está haciendo tu novio, tu tía Martha o la persona a la que consideras tu mejor amiga. Por eso Mark y yo recordamos continuamente a nuestros alumnos: «Tienes que ponerle nombre para poder dominarlo».

LUZ DE GAS EN LAS NOTICIAS

Durante algunos años después de que mi libro se publicara, ocasionalmente encontré artículos en los que se utilizaba el término. Por ejemplo en *The Week*, una reseña de la película *La noche más oscura** se refería a ciertas técnicas de interrogación como un

---

* N. de la T.: título en inglés, *Zero Dark Thirty*.

maltrato del tipo luz de gas. La escena muestra a un interrogador muy experimentado que cita hechos que nunca han sucedido, induciendo así al prisionero a pensar que su memoria está fallando. El interrogador comprende que pocas cosas son más desestabilizadoras que conseguir que dudes de tu propia percepción de la realidad. La luz de gas puede afectar a tu mente de una manera todavía más poderosa que el maltrato físico.

Entretanto, un número cada vez mayor de blogs comenzaron a relacionar la luz de gas con el acoso, tanto en las relaciones personales como laborales. «¿Es la luz de gas una forma de violencia de género en el lugar de trabajo?», preguntaba David Yamada en su blog *Minding the Workplace* ('tener cuidado en el lugar de trabajo'). Numerosos blogs de citas y autoayuda mencionaron la importancia de identificar a este tipo de maltratadores y enfrentarse a ellos. La luz de gas se ha definido incluso en Wikipedia, donde se sugiere la lectura de mi libro.

Pero realmente fue en el 2016 cuando la luz de gas fue catapultada a la conciencia popular. En marzo de ese año el comediante y presentador del canal de televisión HBO John Oliver afirmó que Donald Trump le había hecho luz de gas. A primera vista, la historia parecía simple. Trump anunció que había rechazado una invitación para aparecer en su programa. «John Oliver y su equipo de colaboradores me llamaron para pedirme que asistiera a ese programa aburrido y de baja audiencia —publicó Trump en Twitter—. Yo le respondí: ¡NO GRACIAS, solo será una pérdida de tiempo y energía!».

Pero el caso es que Oliver nunca le pidió que asistiera a su programa. No tenía ningún interés en que Trump fuera su invitado. «¿Por qué habría de invitarlo?».

Cuando Oliver intentó aclarar las cosas, Trump complicó todavía más la situación, insistiendo en una entrevista de radio en que se lo habían pedido no solamente una vez, sino cuatro o cinco veces.

Ante esta situación se podría pensar que Oliver podría haberse encogido de hombros, incluir la controversia en su monólogo inicial y tal vez hacer algún chiste al respecto y compartir unas risas con sus colaboradores. Sin embargo, admitió que en verdad había comenzado a cuestionarse su propia realidad. Trump parecía tan seguro de su versión de lo que había sucedido que quizás Oliver *sí* lo había invitado. «Haber sido víctima de una mentira que parecía tan convincente fue una situación muy desestabilizadora —afirmó en su programa—. Incluso me vi obligado a asegurarme de que nadie lo había invitado accidentalmente y, por supuesto, nadie lo había hecho».

John Oliver, comediante, presentador de televisión y comentarista de la izquierda liberal evidentemente no era del agrado de Donald Trump. A Oliver le daba igual lo que Trump pudiera pensar de su persona ni cómo podría ser su relación futura. Por tanto, Trump no tenía ningún poder para controlarlo emocional, familiar ni económicamente. Y según todas las apariencias, Oliver es un tipo seguro de sí mismo que confía en su visión de la realidad. Sin embargo, Trump se las arregló para hacerlo dudar de su memoria, hasta el punto de no estar seguro de si lo había invitado o no a asistir a su programa.

La experimentada periodista Melissa Jeltsen, del *Huffington Post*, escribió: «La afirmación de Trump fue tan entusiasta que Oliver comenzó a dudar de lo que consideraba verdadero a pesar de saber que Trump estaba mintiendo. Ese es el poder de la luz de gas».

De hecho, Jeltsen me entrevistó antes de escribir ese artículo, en el que afirmé que la conducta que Trump exhibía frente a Oliver y al mundo correspondía a la manipulación de tipo luz de gas que se describe en los libros de texto. «Cuando no asumes la responsabilidad de tus propios actos, delegas responsabilidades o intentas minar la credibilidad de la persona que te pregunta por tus acciones, estás haciéndole luz de gas», le comenté.

De repente, la expresión aparecía por todas partes: CNN, *Teen Vogue*, *Salon* y docenas de *posts* en sitios web, medios sociales y blogs. Súbitamente, todo el mundo hablaba de ello.

NUEVO ANÁLISIS DEL EFECTO LUZ DE GAS

Cuando mi editor me comunicó que quería volver a editar *Efecto luz de gas*, lo consideré una oportunidad para volver a reflexionar sobre lo que había escrito diez años atrás. Basándome en mi propia práctica como terapeuta, tanto en mi consulta como en Facebook, y en mi trabajo actual en el Centro para la Inteligencia Emocional de Yale, me pregunté qué era lo que yo sentía en ese momento en relación con el libro.

Volví a leerlo y me sentí muy satisfecha al comprobar que estaba completamente vigente. No tuve ninguna necesidad de corregirlo. Lo que me sorprende más ahora que hace diez años es que cuanto mayor es la seguridad de alguien —y tal vez mayor es su narcisismo—, más cómodo se siente ateniéndose a su propia realidad, independientemente de cuántos pongan en duda sus percepciones. Ese narcisismo es una defensa para no tomar seriamente a otras personas ni preocuparse por la visión que tengan del mundo. Un narcisista puede enfadarse cuando los demás no comparten sus ideas, y muchos maltratadores que hacen luz de gas reaccionan del mismo modo. Pero su rabia no se debe a que duden de su propia rectitud esencial, sino a que no pueden soportar el hecho de no controlarlo todo. En otras palabras, no es posible hacer luz de gas a un maltratador que la practica; o lo que es lo mismo: si alguien se dedica a hacer luz de gas a otra persona, es muy difícil conseguir que él mismo la padezca.

Sin embargo, otros tenemos más dificultades para mantener nuestra visión del mundo. Nos cuestionamos si estamos seguros de lo que hemos visto u oído. Nuestra humildad y autoconciencia nos convierten en personas vulnerables a situaciones que no llegan a afectar a individuos que son más narcisistas. Además, nos han enseñado desde la niñez que las percepciones o los conocimientos de los demás a menudo son más exactos que los nuestros. Cuando oímos a alguien decir «negro es blanco» o «arriba es abajo» una y otra vez, resulta difícil no preguntarse al menos si esa persona sabrá algo que nosotros ignoramos.

En *Efecto luz de gas* ofrezco un remedio que todavía considero fiable: lo denomino «mira a tus auxiliares de vuelo». Tal como sucede en un avión, la conducta de los auxiliares de vuelo nos señala si una sacudida del aparato es un problema menor de turbulencias o el inicio de un desastre mayor. En tu propia vida tus «auxiliares de vuelo» te ayudan a reconocer si tu nuevo novio solo tiene un mal día o es un abusador. Me refiero a tus amigos, familiares, tal vez incluso un terapeuta, que pueden ayudarte a evaluar correctamente la situación cuando empiezas a cuestionarte tu propia realidad.

Del mismo modo, cuando hablamos de luz de gas política o social, quizás todos nos convertimos en nuestros mutuos auxiliares de vuelo. Nos corresponde a nosotros encontrar fuentes de noticias creíbles, observaciones de las que podemos fiarnos, hechos que resisten el análisis. Ninguno de nosotros puede hacerlo solo, necesitamos a los «expertos» que nos merecen confianza, y a los amigos, vecinos, parientes y compañeros de trabajo cuyas opiniones nos parecen sensatas. La luz de gas es profundamente desestabilizadora. Tal vez se necesite «todo un pueblo» para encontrar un terreno común sólido.

Mientras tanto, si tú o cualquier persona que conoces estáis luchando por poner fin a una relación caracterizada por este tipo de maltrato, este libro te ayudará a comprender, reflexionar y en última instancia liberarte, entendiendo por ello transformar la relación o abandonarla de una buena vez. Mi objetivo a lo largo de mi vida profesional siempre ha sido ayudar a mis pacientes a vivir de una forma más compasiva, efectiva, productiva y satisfactoria. Pero eso sencillamente no es posible cuando se mantiene una relación caracterizada por la luz de gas, en la que dudas continuamente de tus propias respuestas y terminas disculpándote por tus fallos y equivocaciones. Hace diez años escribí:

Tienes una gran fuente de poder dentro de ti para liberarte del efecto luz de gas. El primer paso es tomar conciencia de tu propia participación en el maltrato, reconocer cuáles son las conductas, deseos y fantasías que te llevan a idealizar al maltratador y buscar su aprobación.

Pues bien, aquí comienza tu viaje. *Efecto luz de gas* está aquí para ayudarte en cada paso del camino. Se necesita coraje para embarcarse en este recorrido, y estoy francamente entusiasmada por todo lo que estás a punto de aprender.

¿Qué significa hacer luz de gas?

K atie es una persona amigable y optimista que camina por la calle sonriendo a todo el mundo. Trabaja como agente de ventas, lo que significa que pasa mucho tiempo hablando con personas que acaba de conocer, y eso le encanta. Es una mujer atractiva que ronda la treintena; pasó bastante tiempo manteniendo amoríos pasajeros antes de tener una relación estable con su pareja actual, Brian.

Brian puede ser dulce, protector y considerado, pero también es un hombre ansioso y temeroso y se comporta con cautela y cierto recelo con las personas que acaba de conocer. Katie es extrovertida y conversadora y cuando los dos salen juntos a dar un paseo puede entablar rápidamente una conversación con el hombre que acaba de preguntarle por una dirección o con la mujer cuyo perro se interpone en su camino. Brian es sumamente crítico con su forma de ser. ¿Acaso no se da cuenta de que los demás se ríen de ella? Ella cree que a esos desconocidos les gustan esas conversaciones casuales, pero en realidad levantan la vista al cielo mientras se preguntan a qué viene tanta charla. Aquel hombre que le preguntaba por una dirección solo estaba intentando seducirla, ella debería haberse percatado de la mirada lasciva que le echó cuando estaba a punto de darle la espalda. Y, por otra parte, su conducta es una falta de respeto hacia él, su novio. ¿Cómo cree que se siente cuando la ve intercambiando miradas con cualquier tío con el que se cruzan en la calle?

Al principio Katie se ríe de las quejas de su novio. Ella ha sido así toda la vida, le dice, le encanta ser sociable. Pero tras unas semanas de críticas incesantes comienza a dudar de sí misma. Tal vez la gente realmente se ría de ella y la mire con desdén. Quizás sea verdad que cuando pasea con Brian coquetea con otros hombres delante de sus narices. ¡Vaya forma horrorosa de tratar al hombre que la ama!

Katie no sabe comportarse de otro modo cuando va por la calle. No desea renunciar a su forma de relacionarse afablemente con el resto del mundo, pero ahora cada vez que sonríe a un desconocido no puede evitar pensar en lo que diría Brian.

Liz es una ejecutiva de alto nivel de una importante agencia publicitaria. Es una mujer elegante de cuarenta y tantos años, con un matrimonio sólido desde hace veinte años y no ha tenido hijos. Se ha esforzado mucho para llegar al lugar donde está, invirtiendo toda su energía en su profesión. Ahora parece estar a punto de conseguir su objetivo de ser la máxima responsable de la nueva oficina de la empresa en Nueva York.

Sin embargo, en el último momento el puesto es asignado a otra persona. Liz se traga su orgullo y le ofrece al nuevo jefe toda la ayuda que necesite. Al principio, él se muestra agradecido y también encantador, pero pronto Liz comienza a observar que la excluye de las decisiones fundamentales y no la invita a las reuniones importantes. Oye rumores de que los clientes han recibido la información de que no quiere trabajar más con ellos y que les han sugerido que hablen con su nuevo jefe. Cuando lo comenta con sus colegas, ellos la miran perplejos. «Pero ¡si él habla maravillas de ti, te pone por las nubes! —insisten—. ¿Por qué habría de decir cosas tan maravillosas si pretendiera deshacerse de ti?».

Finalmente, cuando Liz decide hablar con su jefe, él le da una explicación creíble para cada una de las cuestiones que le plantea. «Mira —le dice amablemente al final de la conversación—, creo que le estás dando demasiada importancia a este tema, quizás incluso estés un poco paranoica. ¿Por qué no te tomas unos días de descanso para relajarte un poco?».

Liz se siente completamente impotente. Sabe perfectamente que la está saboteando, pero ¿por qué es la única que piensa eso?

Mitchell es un estudiante de poco más de veinte años que quiere ser ingeniero eléctrico. Es alto, desgarbado y un poco tímido, y ha tardado mucho tiempo en encontrar a la mujer adecuada. Ahora ha empezado a salir con una chica que le gusta de verdad. Cierto día, su novia le señala discretamente que se viste como si fuera un niño. Mitchell se siente un poco avergonzado pero comprende lo que ella pretende decirle, así que decide ir a unos grandes almacenes y le pide a un vendedor que lo ayude a elegir su nueva indumentaria. La ropa que se ha comprado lo hace sentir un hombre nuevo, sofisticado y atractivo, y en el autobús de camino a casa disfruta de las miradas que le echan las mujeres.

El domingo siguiente se viste con su ropa nueva para ir a comer a casa de sus padres. Su madre se echa a reír en cuanto lo ve. «Oh, Mitchell, esa ropa no te sienta nada bien, estás ridículo —le dice—. Por favor, la próxima vez que decidas ir de compras déjame ayudarte». Los comentarios de su madre le sientan fatal y Mitchell le pide que se disculpe. Ella mueve la cabeza con gesto triste y responde: «Solo estaba intentando ayudarte. Pero ahora soy yo la que quiere que tú también te disculpes por el tono de voz con que me has hablado».

Mitchell se siente confundido. Su nueva ropa le gusta, pero quizás sea verdad que tiene un aspecto ridículo. ¿En realidad ha sido grosero con su madre?

COMPRENDER EL EFECTO LUZ DE GAS

Katie, Liz y Mitchell tienen algo en común: todos ellos sufren el efecto luz de gas. El efecto luz de gas se produce en una relación entre dos personas: un maltratador que necesita tener la razón con el fin de preservar su sentido de identidad y su sensación de tener poder y una víctima que le permite definir su sentido de realidad porque lo idealiza y necesita su aprobación. Las dos partes pueden pertenecer a cualquier sexo, y este tipo de maltrato puede presentarse en cualquier relación. No obstante, me referiré a los maltratadores en masculino y a las víctimas en femenino, porque es lo que veo con mayor frecuencia en mi consulta. Voy a analizar varias clases de relaciones (amigos, familiares, jefes y colegas), aunque me centraré especialmente en la relación amorosa entre un hombre y una mujer.

Tomemos por ejemplo al novio de Katie, que le hace luz de gas. Él insiste en que el mundo es un lugar peligroso y que la conducta de Katie es inapropiada y desconsiderada. Cuando se siente estresado o amenazado, necesariamente ha de tener razón respecto a estas cuestiones y además conseguir que Katie esté de acuerdo con él. Katie valora la relación y no quiere perderlo, y por este motivo comienza a ver las cosas desde el punto de vista de Brian. Tal vez es verdad que las personas con las que conversa en la calle se ríen de ella. Quizás sea cierto que flirtea con los hombres. El efecto luz de gas se ha puesto en marcha.

En el segundo caso, el jefe de Liz insiste en que realmente se preocupa por ella y afirma que sus inquietudes no son más que pura paranoia. Liz quiere que tenga una buena opinión de ella —después de todo está en juego su carrera— y por eso comienza a dudar de sus propias percepciones y tiende a adoptar las opiniones de su jefe. Sin embargo, las explicaciones que le ofrece este hombre realmente no tienen ningún sentido para ella. Si no está intentando sabotearla, ¿por qué no la incluye en las reuniones? ¿Por qué sus propios clientes no devuelven sus llamadas? ¿Por qué se siente tan confusa y preocupada? Liz es una persona tan confiada que no puede creer que alguien pueda ser tan descaradamente manipulador como parece ser su jefe; ella debe de estar haciendo algo para que la trate tan mal. Liz desea desesperadamente que su jefe tenga razón, pero en lo más profundo de su ser está convencida de que no la tiene. Se siente completamente desorientada, y ya no está segura de lo que ve ni de lo que sabe. La luz de gas está en su apogeo.

La madre de Mitchell insiste en que ella tiene derecho a decirle a su hijo cualquier cosa que se le ocurra, y le recrimina que se comporte de una manera tan grosera cuando ella no aprueba sus comentarios. A Mitchell le gustaría que su madre fuera una persona cariñosa y bondadosa, y no alguien que por lo general le hace comentarios negativos. Por ese motivo cuando hiere sus sentimientos, él se culpa a sí mismo en lugar de culparla a ella. Ambos están de acuerdo: la madre tiene razón y Mitchell está equivocado. Juntos están creando el efecto luz de gas.

Como es evidente, Katie, Liz y Mitchell tienen otras opciones. Katie podría ignorar las observaciones negativas de su novio, pedirle que deje de hacer esos comentarios o, como último recurso, separarse de él. Liz podría decirse a sí misma: «Vaya, este nuevo jefe se las trae. Quizás su encanto y zalamería hayan engañado a mis compañeros de trabajo, pero ¡no a mí!». Mitchell podría responder tranquilamente: «Lo siento, mamá, pero eres tú la que me debe una disculpa». Los tres podrían admitir que a un nivel muy profundo están dispuestos a vivir con la desaprobación de sus maltratadores.

Ellos saben que son personas bondadosas y dignas de ser amadas, y eso es todo lo que importa. Si fueran capaces de asumirlo, el maltrato luz de gas no existiría. Probablemente sus maltratadores seguirían comportándose de la misma forma, pero su conducta ya no provocaría ningún daño. La luz de gas solo funciona cuando crees lo que dice el maltratador y necesitas que tenga una buena opinión de ti.

El problema es que la luz de gas es insidiosa. Juega con nuestros peores miedos, nuestros pensamientos de mayor ansiedad, nuestros deseos más profundos de ser comprendidos, valorados y amados. Cuando una persona que amamos, respetamos y en la que confiamos habla con una certeza rotunda —especialmente si hay un ápice de verdad en sus palabras o si acierta de pleno en un asunto que nos genera inquietud—, puede ser muy difícil no creerle. Y cuando idealizamos al maltratador que nos hace luz de gas, cuando lo vemos como el gran amor de nuestra vida, un jefe admirable o un padre maravilloso, tenemos todavía más dificultades para atenernos a nuestro propio sentido de realidad. Nuestro maltratador necesita tener razón, nosotros necesitamos ganar su aprobación... y la luz de gas se perpetúa.

Es evidente que ninguna de las dos partes es completamente consciente de lo que está sucediendo. El abusador puede estar convencido de cada palabra que te dirige o sentir sinceramente que lo único que está haciendo es salvarte de ti misma. Recuerda que actúa impulsado por sus propias necesidades. Tu manipulador puede parecer un hombre fuerte y poderoso, o un niño inseguro que tiene rabietas de vez en cuando. En cualquier caso, la realidad es que se siente débil e impotente, y para sentirse fuerte y seguro de sí mismo tiene que demostrar que tiene razón y también conseguir que tú estés de acuerdo con él.

Entretanto, tú lo has idealizado y estás desesperada por conseguir su aprobación sin ser consciente de ello. Pero si una mínima porción de ti piensa que no eres lo suficientemente buena, si una ínfima parte de ti siente que necesitas el amor o la aprobación del manipulador para ser una persona digna, eso indica que estás predispuesta a sufrir la luz de gas. Y él se aprovechará de tu vulnerabilidad para hacerte dudar de ti misma una y otra vez.

¿Estás sufriendo el maltrato conocido como luz de gas?
ENCIENDE TU RADAR PARA DETECTARLO.
PRESTA ATENCIÓN A LAS SIGUIENTES VEINTE SEÑALES

Es probable que la luz de gas no incluya todas estas experiencias o sentimientos, pero si te reconoces en cualquiera de ellos, debes estar todavía más atenta.

1. Te cuestionas constantemente a ti misma.
2. Te preguntas: «¿soy demasiado sensible?» una docena de veces al día.
3. A menudo te sientes confundida e incluso alterada en el trabajo.
4. Te disculpas constantemente con tu madre, padre, novio o jefe.
5. Te preguntas con frecuencia si eres una novia/esposa/empleada/amiga/hija lo «suficientemente buena».
6. No puedes comprender por qué no eres feliz teniendo tantas cosas buenas en tu vida.
7. Adquieres ropa, muebles para tu apartamento o cualquier otro objeto de índole personal teniendo en cuenta a tu pareja y pensando en lo que le gustaría a él en lugar de pensar en lo que te haría feliz a ti.
8. A menudo te disculpas ante tus amigos y familiares por el comportamiento de tu pareja.
9. Te abstienes de contar ciertas cosas a tus amigos y familiares para no tener que dar explicaciones ni pedir disculpas.
10. Sabes que algo va mal, pero no puedes aceptarlo ni siquiera ante ti misma.
11. Empiezas a mentir para no sufrir humillaciones y evitar que distorsionen tu realidad.

12. Tienes problemas para tomar decisiones simples.
13. Tienes que pensarlo dos veces antes de abordar ciertos temas de conversación aparentemente inocentes.
14. Antes de que tu pareja llegue a casa repasas mentalmente lo que has hecho durante el día para anticiparte a cualquier cosa que hayas podido hacer mal.
15. Tienes la sensación de haber sido una persona muy diferente, más segura de ti misma, más divertida, más relajada.
16. Empiezas a hablar con tu marido a través de su secretaria para no tener que decirle personalmente cosas que podrían disgustarlo.
17. Tienes la sensación de que no haces nada bien.
18. Tus hijos comienzan a protegerte de tu pareja.
19. Observas que te enfadas con personas con las que siempre te has llevado bien.
20. Te sientes triste y desesperanzada.

CÓMO DESCUBRÍ EL EFECTO LUZ DE GAS

He trabajado como terapeuta en mi consulta privada durante los últimos veinte años, y también como profesora, *coach*, asesora y miembro del *Woodhull Institute for Ethical Leadership*, donde ayudé a desarrollar e implementar entrenamientos para mujeres de todas las edades. En todas las áreas de mi trabajo, conozco constantemente mujeres fuertes, inteligentes y de éxito. Sin embargo, no dejo de oír la misma historia: muchas de estas mujeres seguras de sí mismas y con éxito profesional han caído de alguna manera en relaciones caracterizadas por la desmoralización, la destrucción y el desconcierto. Pese a que sus amigos y colegas las consideran empoderadas y competentes, ellas han llegado a sentirse incompetentes y a ser incapaces de confiar en sus propias habilidades y en su percepción del mundo.

Había algo familiar, que resultaba desagradable, en todas esas historias. Poco a poco caí en la cuenta de que las estaba escuchando no solamente desde un punto vista profesional sino también personal, ya que todas hablaban de experiencias que habían vivido mis propias amigas, e incluso yo misma. En todos los casos había una mujer fuerte involucrada en una relación con un amante, marido, amigo, colega, jefe o familiar que la llevaba a cuestionarse su propio sentido de la realidad, le generaba ansiedad y confusión y la sumía en una profunda depresión. Estas relaciones eran todavía más sorprendentes considerando que estas mujeres parecían ser muy fuertes en otras áreas de la vida. No obstante, siempre había una persona especial —la pareja, el jefe o un familiar— cuya aprobación ella se esforzaba por ganar incluso a pesar de que la maltratara. Como comenté anteriormente, inspirada por una antigua película llamada *Luz de gas*, finalmente llegué a ponerle nombre a esta dolorosa situación. El nombre elegido para este tipo de maltrato fue «efecto luz de gas».

La película clásica de 1944 es la historia de Paula, una cantante joven y vulnerable (interpretada por Ingrid Bergman) que se casa con Gregory, un carismático y misterioso hombre mayor (interpretado por Charles Boyer). Paula ignora que su amado marido está intentando enloquecerla para poder quedarse con su herencia. Él le dice constantemente que está enferma y que es una persona frágil; modifica la distribución de los objetos domésticos y luego la acusa de ser la responsable de dichos cambios. Pero la más artera de sus conductas es manipular el gas para que ella vea que la luz baja de intensidad sin ninguna razón aparente. Bajo el hechizo del plan diabólico de su marido, Paula piensa que se está volviendo loca. Confusa y asustada, comienza a mostrarse nerviosa y trastornada, y llega a convertirse en la persona frágil y desorientada que él pretende hacerle creer que es. En un círculo vicioso descendente, cuanto más duda de sí misma, más confusa y alterada se siente. Busca desesperadamente la aprobación de su marido y necesita que le diga que la ama, pero él se niega a hacerlo e insiste en que está perdiendo la razón. Vuelve a recuperar la salud y la confianza en sí misma cuando un inspector de policía le asegura que él también ve que las luces se atenúan.

Como deja claro la película, una relación caracterizada por este tipo de manipulación requiere necesariamente la participación de dos personas. Gregory necesita seducir a Paula para sentir que es un hombre fuerte y que tiene todo bajo control. Y Paula desea con vehemencia que él la seduzca. Ella ha idealizado a este hombre fuerte y guapo, y necesita desesperadamente creer que llegará a valorarla y protegerla. Cuando él comienza a manipularla, se resiste a culparlo por su actitud y aceptar lo que está sucediendo, pues prefiere preservar la imagen romántica del marido perfecto. Su falta de confianza en sí misma y la idealización de su marido constituyen el escenario perfecto para esta manipulación.

En la película, el maltratador tiene un objetivo muy claro: desea conscientemente que su mujer enloquezca para poder apoderarse de sus propiedades. Aunque en la vida real hay pocos casos que sean tan diabólicos, los efectos del comportamiento de este tipo de maltratadores pueden ser verdaderamente dañinos. No obstante, desde su punto de vista su conducta está simplemente destinada a protegerse. Tienen una imagen tan imperfecta de sí mismos que no pueden tolerar que nadie se oponga a la forma en que ellos ven las cosas. Por su necesidad de reafirmarse, deciden imponer a los demás su propia perspectiva, o generarles una ansiedad insoportable.

Supongamos que le sonríes a un hombre que conoces en una fiesta y por este simple gesto la persona que te está haciendo luz de gas se siente incómoda. Un hombre que no te somete a este tipo de maltrato podría decir: «Sí, lo sé, soy un tipo celoso» o «Sé que no estás haciendo nada malo, querida, pero no puedo soportar que disfrutes o te diviertas con otros hombres». Al menos está dispuesto a considerar que la situación le causa malestar debido a sus propias inseguridades. Y si se diera el caso de que estuvieras realmente coqueteando con alguien (e incluso aunque estuvieras haciéndolo de un modo escandaloso), podría llegar a pedirte que dejaras de comportarte de ese modo a pesar de reconocer que con tu conducta, que a él le parece reprobable, no pretendías hacerlo sentir mal.

Por el contrario, un maltratador que hace luz de gas nunca tiene en cuenta sus propios celos, inseguridad o paranoia. Se atiene a su propia explicación de las cosas. Se siente incómodo porque está convencido de que estás realmente coqueteando con alguien. Pero no le basta con estar convencido de su propia visión de las cosas, además necesita que tú estés de acuerdo con él. Si no lo estás, durante las próximas horas te tratará fríamente o se mostrará enfadado, se encargará de herir tus sentimientos o te someterá a duras críticas («No puedo entender cómo no te das cuenta del daño que me estás haciendo. ¿Acaso no te importan mis sentimientos?»).

Pero para bailar un tango se necesitan dos personas. El efecto luz de gas se produce exclusivamente cuando hay una víctima dispuesta a ser maltratada, alguien que idealiza al maltratador y busca desesperadamente su aprobación. Si no estás dispuesta a someterte a la luz de gas, sencillamente puedes echarte a reír y hacer caso omiso de las críticas de tu novio cuando te acusa injustamente de estar coqueteando con alguien. Pero ¿qué es lo que sucede cuando no puedes soportar que no te valore? En ese caso es posible que empieces a discutir con él con la intención de hacerlo cambiar de opinión («Cariño, *no* estaba coqueteando con nadie. Era una sonrisa totalmente inocente»). El maltratador espera desesperadamente que su novia se disculpe, y la víctima espera desesperadamente conseguir su aprobación. Ella puede estar dispuesta a hacer cualquier cosa con tal de preservar la relación, incluso aceptar sus críticas y sus conductas negativas.

LUZ DE GAS: DE MAL EN PEOR

El efecto luz de gas suele desarrollarse por fases. Al principio, puede representar un problema relativamente insignificante; de hecho, quizás ni siquiera lo adviertas. Cuando tu novio te acusa de pretender deliberadamente hacerlo quedar mal frente a sus compañeros de trabajo llegando tarde a la fiesta de su oficina, tú lo atribuyes a que está nervioso o piensas que no ha tenido realmente la intención de decir eso. Tal vez incluso llegas a considerar la posibilidad de que esa haya sido tu verdadera intención, pero más tarde te olvidas de ello.

Pero el efecto va progresando hasta que finalmente se convierte en un problema importante en tu vida y comienza a generar pensamientos negativos y emociones agobiantes. El resultado es que caes en una depresión, consumida por la desesperanza y la tristeza, y ni siquiera eres capaz de recordar a la persona que fuiste alguna vez, con tus propios puntos de vista y tu confianza en ti misma.

Es evidente que no todos los casos incluyen estas fases, pero lo cierto es que para muchas mujeres el efecto va de mal en peor.

Primera fase: la desconfianza

La primera fase se caracteriza por la desconfianza. Tu maltratador te dice algo ofensivo, como por ejemplo: «Ese tío que te preguntó por una dirección en la calle en realidad estaba intentando llevarte a la cama». Tú no das crédito a lo que estás escuchando; piensas que has malinterpretado sus palabras o incluso que él estaba bromeando. El comentario es tan absurdo que puedes pasarlo por alto, pero también puede suceder que intentes subsanar el error sin invertir demasiada energía. Quizás incluso te ves envuelta en interminables discusiones a pesar de estar muy segura de lo que piensas. Aunque te *gustaría* conquistar la aprobación de la persona que te está sometiendo a la luz de gas, todavía no es algo que necesites desesperadamente.

Katie permanece estancada en esta fase a lo largo de varias semanas. Sigue intentando convencer a su novio de que tiene una idea equivocada de su comportamiento, y le explica con insistencia que no está coqueteando con nadie y que nadie coquetea con ella.

Algunas veces tiene la sensación de que Brian está a punto de aceptar lo que ella dice, pero eso realmente nunca llega a suceder, y por ese motivo comienza a preocuparse: «¿Será él?, ¿seré yo? Puede ser tan dulce cuando las cosas van bien... ¿Por qué se comporta de un modo tan extraño en otras ocasiones?». Como puedes comprobar, el maltrato relativamente sutil de la primera fase de la luz de gas puede hacerte sentir confusa, frustrada y ansiosa.

Segunda fase: la defensa

La segunda fase está marcada por la necesidad de defenderte. Tú buscas pruebas para demostrarle al maltratador que está equivocado y discutes obsesivamente con él, a menudo en diálogos internos, en un intento desesperado por ganar su aprobación.

Liz está en la segunda fase de la luz de gas. Su única obsesión es que su jefe considere las cosas del mismo modo que ella. Cada vez que él la llama a su despacho, una vez acabada la reunión repasa mentalmente la conversación una y otra vez —de camino al trabajo, cuando almuerza con sus amigas, mientras intenta conciliar el sueño—. *Necesita* encontrar una forma de demostrarle que tiene razón. Tal vez entonces él le dará su aprobación y todo volverá a estar bien.

Mitchell también se encuentra en esta fase. Ha idealizado tanto a su madre que una parte de él desea realmente que ella tenga razón. Después de haber discutido con su madre, piensa que ha sido un poco duro con ella. Se siente fatal por haber sido un mal hijo, pero al menos no se siente mal por tener una mala madre. Puede seguir intentando conseguir su aprobación sin reconocer que ella lo ha tratado mal.

Sabes que te encuentras en la segunda fase de la luz de gas cuando tienes pensamientos obsesivos frecuentes que en algunos momentos pueden llegar a sumirte en la desesperación. Ya no estás segura de poder conseguir la aprobación de la persona que te está haciendo luz de gas; sin embargo, no abandonas las esperanzas.

Tercera fase: la depresión

La tercera fase es la más difícil de todas: la depresión. Cuando llegas a este punto, tu intención es demostrar a toda costa que tu maltratador tiene razón. De este modo podrías hacer las cosas a su manera y conseguir finalmente su aprobación. Esta fase es extenuante y a menudo te sientes demasiado agotada como para discutir.

Mi paciente Melanie se había quedado bloqueada en ella. Melanie era una mujer encantadora de unos treinta y cinco años, que trabajaba como analista de *marketing* para una importante empresa de Nueva York. La primera vez que vino a verme no podía imaginar que la mujer que tenía delante de mí era una ejecutiva brillante. Vestida con un jersey deformado, agotada y temblando, estaba sentada en el borde del diván llorando desconsoladamente.

El suceso que había desencadenado que acudiera a mi consulta había sido una visita al supermercado. Había estado corriendo entre los pasillos tratando de reunir todos los productos que necesitaba para una cena que tenía que preparar esa noche para su marido y sus compañeros de trabajo. Jordan le había pedido que preparara los filetes de salmón a la parrilla que eran su especialidad, y había hecho hincapié en que sus amigos tenían una alimentación muy sana y que había que servir salmón salvaje. Cuando Melanie llegó al mostrador de la pescadería descubrió que lo único que había era salmón de piscifactoría. Tenía dos opciones: comprar ese pescado de categoría inferior o cambiar el plato principal.

«De repente me puse a temblar —me contó mientras seguía llorando desconsoladamente—. En lo único que podía pensar era en que iba a decepcionar a Jordan. En la mirada que me echaría cuando le dijera que en la pescadería no había salmón salvaje. En todos sus reproches: "Podrías haber sido más previsora y haberlo comprado antes. Has preparado este plato muchas veces y sabes perfectamente todo lo que se necesita. No te has ocupado con suficiente interés de la cena de esta noche. Te dije que era muy importante para mí. ¿Hay algo que te importe más que esta cena? No, por favor, dímelo, quiero saberlo"».

Melanie respiró profundamente y agarró un pañuelo de papel. Continuó hablando: «El problema es que todas esas preguntas y cuestionamientos son interminables. He intentado reírme, explicar e incluso disculparme. También he tratado de *decirle* por qué a veces las cosas no funcionan como él piensa, pero nunca me cree. —Acomodándose un poco más en el sofá mientras se arropaba con el jersey, continuó—: Probablemente tenga razón. Yo solía ser muy organizada, pero me he convertido en una persona totalmente desordenada. No sé qué es lo que me ha ocurrido, pero lo cierto es que ya no puedo hacer nada bien. Simplemente no puedo».

Melanie era un ejemplo extremo del efecto luz de gas: una persona completamente identificada con la visión negativa del manipulador y que ya no puede conectar con su verdadero ser. En cierto sentido, no se equivocaba. Se había convertido en la persona indefensa e incompetente que su maltratador le decía que era. Idealizaba tanto a su marido y deseaba tan desesperadamente que aprobara su comportamiento que aceptó su versión de las cosas incluso cuando la acusó de algo que ella sabía cabalmente que no había hecho. En este caso, de no haber puesto más interés en una cena que era tan importante para él. Para Melanie era más fácil rendirse y darle la razón que afrontar que su conducta podía ser realmente provocadora y que jamás conseguiría la aprobación sincera y permanente que tanto necesitaba, o creía necesitar, para sentirse una persona íntegra.

LAS TRES FASES DEL EFECTO LUZ DE GAS: UN CAMINO TORTUOSO

Es posible evitar el descenso por las tres fases del efecto luz de gas. Algunas personas se quedan en la primera de ellas, ya sea en una misma relación o en una serie de romances, amistades o situaciones laborales frustrantes. Una y otra vez se encuentran enredadas en el mismo tipo de discusiones, y cuando la relación comienza a ser demasiado tormentosa sencillamente la dan por terminada. No obstante, más adelante establecen una nueva relación con las mismas características y vuelven a iniciar el ciclo.

Hay personas que luchan constantemente con los demonios de la segunda fase. Aparentemente pueden seguir ocupándose de su vida; sin embargo, todos sus pensamientos y emociones se consumen en esa relación caracterizada por esta dinámica. Todos tenemos al menos una amiga que no puede hablar más que de un jefe que es insoportable, un novio insensible o una madre pesada. Está bloqueada en la segunda fase y no puede dejar de hablar de ellos. Y aunque el resto de sus relaciones sean maravillosas, la luz de gas lo envenena todo.

No es extraño que en una relación en la que impera este tipo de maltrato las dos partes alternen los roles, especialmente cuando se encuentra en la segunda fase. Puedes tener «permiso» para hacer luz de gas a tu pareja cuando se trata de temas emocionales. Por ejemplo, puedes explicarle qué es lo que «pretende realmente decir» cuando comenta o hace algo que no te gusta. Del mismo modo, él puede sentirse autorizado a imponerte normas de conducta para las reuniones sociales y acusarte de hablar demasiado en una fiesta o de incomodar a los invitados con tus opiniones políticas. Las dos partes se esfuerzan por tener razón o conseguir la aprobación del otro, aunque con respecto a diferentes tipos de asuntos o situaciones.

En ocasiones también sucede que una relación funciona bien durante varios meses, o incluso años, antes de que se inicie el efecto luz de gas. Es posible que este tipo de maltrato se produzca en momentos puntuales, o que incluso haya algunos altibajos a lo largo del camino, pero básicamente la relación puede considerarse saludable. No obstante, llega un día en que tu marido pierde su trabajo, tu amiga se divorcia o tu madre se siente frustrada por las vicisitudes del envejecimiento, y el efecto comienza a manifestarse seriamente porque en ese preciso momento el maltratador empieza a sentirse amenazado y recurre a la manipulación en un intento de fortalecerse. O tal vez la que se siente amenazada eres *tú*, por lo que repentinamente necesitas la aprobación de tu manipulador con más vehemencia. Tu desesperación hace que él se sienta fuerte y que reafirme su poder tratando de convencerte de que él tiene razón y la equivocada eres tú. Y así comienza el proceso.

A veces tienes una amiga que durante años ha hecho luz de gas a su marido, a sus hijos o a otra amiga. Sin advertir realmente qué era lo que estaba ocurriendo, tú puedes llegar a ponerte de su lado y creer que era la otra persona la que la estaba manipulando. Luego el marido se marcha de casa, los niños crecen o la otra amiga se cansa de ser maltratada, y de pronto tu amiga solo te tiene a ti para poder seguir haciéndolo. Acostumbrada a sentir empatía por sus quejas, pueden pasar semanas, e incluso meses, antes de que te percates de que no te gusta la forma en que te trata.

Sufrir este tipo de maltrato de una persona en quien has confiado durante tantos años puede debilitarte aún más que mantener una relación de esas características desde el principio. Debido a la confianza que has depositado en ella, la sorpresa es todavía mayor cuando empiezas a reconocer que te maltrata, y es muy probable que además tiendas a culparte a ti misma. ¿Cómo podría esa persona ser el problema? El problema debes de ser tú.

En cualquiera de estos casos el efecto luz de gas puede quedarse en la primera o en la segunda fase, o ir y venir entre ellas, y esto puede ser muy doloroso. Sin embargo, cuando llega a la tercera fase, los resultados pueden ser absolutamente devastadores. Si has llegado hasta este punto, la luz de gas te ha convertido en un ser indefenso, desesperanzado y triste; deambulas por un gran desierto sin mapas ni puntos de referencia incapaz de tomar ni siquiera la más pequeña decisión. Apenas eres capaz de recordar quién eras antes de involucrarte en esta relación. Todo lo que sabes es que las cosas van horriblemente mal, y que lo más probable es que tú seas la culpable. Después de todo, si realmente fueras una *buena* persona, una persona verdaderamente *competente*, serías capaz de ganar la aprobación de quien te manipula, ¿no es verdad?

Después de tratar a docenas de mujeres que luchaban por liberarse del efecto luz de gas, y de haberlo experimentado en mi propia vida, doy fe de que puede destruir el alma. Acaso el peor momento sea cuando tomas conciencia de cuánto te has alejado de lo mejor que hay en ti, de tu *verdadero* ser. Has perdido la confianza en ti misma, tu autoestima, tus opiniones, tu valentía. Y lo peor de todo es que también has perdido la alegría. Lo único que te importa es conseguir la aprobación de la persona que te hace luz de gas. Y cuando llegas a la tercera fase empiezas a comprender que nunca lo conseguirás.

TRES TIPOS DE MALTRATADORES

Este tipo de maltrato emocional se manifiesta de diversas formas. Algunas veces consideras que la conducta de tu pareja es una manipulación, y en otras ocasiones piensas que es un buen tipo e incluso un amante romántico. A continuación voy a darte algunas ideas sobre las formas que puede adoptar este tipo de maltrato.

El maltratador glamuroso: cuando crea un mundo especial para ti

Supongamos que tu novio no te ha llamado durante dos semanas. Le has enviado varios mensajes pero no has recibido ninguna respuesta. Cuando vuelve a aparecer te trae un enorme ramo de tus flores favoritas y una botella de un buen champán, y además te invita a pasar un fin de semana en el campo. Tú estás furiosa y te sientes frustrada. ¿Dónde estaba? ¿Por qué no te devolvía las llamadas? Pero él insiste en que no ha hecho nada malo al ausentarse sin dar explicaciones, y además te pide que disfrutes de la velada romántica que ha organizado. Igual que todos los maltratadores que utilizan la luz de gas, está distorsionando la realidad y pretende que aceptes su opinión distorsionada. Se comporta como si no hubiera hecho nada censurable y actúa como si no tuvieras motivos para estar disgustada. Su glamur y su romanticismo pueden obnubilarte y hacerte olvidar su mala conducta y lo mal que lo has pasado.

Esto es lo que yo denomino un maltratador glamuroso que practica la luz de gas. Algunos hombres caen una y otra vez en este tipo de comportamiento; otros, como Brian, el posesivo novio de Katie, pueden adoptar esta conducta glamurosa solo de forma ocasional, quizás después de una pelea particularmente desagradable. En cualquier caso, el hecho de practicar la luz de gas recurriendo al glamur puede llegar a ser muy desconcertante. Sabes que algo va mal pero te encanta el romanticismo, por lo que si no puedes conseguir que reconozca que hay un problema, comienzas a darle la razón y te convences de que todo está bien.

Cuando recuerdo la relación que yo misma tuve con un maltratador glamuroso que me sometió a la luz de gas, tengo la sensación de que me rendí a su mágico hechizo y empecé a vivir en un mundo encantado donde él y yo éramos los amantes más afortunados del mundo. El manipulador que ejerce la luz de gas se muestra encantador al principio de la relación, y las conductas que más adelante provocan conflictos son las mismas que lo ayudan a dar una buena impresión en las etapas iniciales. Te dice que eres la mujer más maravillosa del mundo, la única que lo comprende, la princesa de un cuento de hadas que ha transformado su vida. Te hace saber, e incluso te promete, que él también transformará la tuya, te colmará de afecto, te llevará a lugares maravillosos, te llenará de regalos, te hará confesiones íntimas y te hará disfrutar de la sexualidad como nunca antes lo has hecho. Él brilla, y tú brillas con él. Para las mujeres que creen que enamorarse puede ser algo mágico (¿y hay alguna de nosotras que no lo crea en algunas ocasiones?) el maltratador glamuroso puede ser el hombre más atractivo del mundo porque crear esa magia es su especialidad.

Muy bien, ¿y qué hay de malo en esta descripción?

Efectivamente, enamorarse puede ser una experiencia mágica y yo sería la última en disuadirte de vivir un nuevo romance. Sin embargo, en ocasiones los hombres que más capacidad tienen para crear magia son aquellos a quienes básicamente les encanta la *idea* de mantener una relación.

Los maltratadores glamurosos tienen mucha práctica en montar el escenario perfecto para sus representaciones románticas; todo lo que necesitan es una mujer que se preste a ser la protagonista femenina. Y cuando apareces en escena, de inmediato recibes un guion y te ves arrastrada a participar en esa grandiosa producción. Esto puede ser entretenido y emocionante durante algún tiempo —restaurantes de moda, romanticismo, momentos íntimos, sexo—. Se trata de un hombre que disfruta siendo el protagonista de la escena.

Ya en la primera fase de todo este glamur puedes detectar algunos signos de malestar, pero prefieres pasarlos por alto porque ¡todo es tan mágico! Volvamos al ejemplo de Katie y Brian. En sus primeras citas, ella disfrutaba enormemente de los gestos románticos de su pareja (cuando le traía un ramo de flores o le daba un masaje en los pies) pero también le fastidiaba que la acusara periódicamente de ser demasiado coqueta o demasiado ingenua. No obstante, como la colmaba de atenciones y creaba momentos románticos, intentó convencerse de que sus acusaciones carecían de importancia y que desaparecerían en cuanto Brian llegara a conocerla mejor. También llegó a pensar que podría haber malinterpretado sus palabras.

En otras relaciones caracterizadas por una versión glamurosa de la luz de gas, todo puede parecer perfecto hasta que se produce el primer percance. Él te acusa por primera vez de algo que tú no has hecho y además espera que le des la razón. Puedes seguir inmersa en ese brillo romántico durante varias semanas, o incluso meses, antes de que vuelva a acusarte de algo o te culpe por disgustarte cuando desaparece durante dos semanas y no responde a tus llamadas. A esas alturas tú ya estás plenamente entregada a la relación, de manera que aunque no te guste su mal comportamiento ni el maltrato que te inflige, te aferras a ella deseando desesperadamente volver a recuperar el brillo que tenía.

Mientras escuchaba a una de mis pacientes describir su creciente malestar con uno de estos maltratadores glamurosos, me encontré visualizando la imagen de una bola de nieve, una bola de cristal que envuelve un mundo maravilloso y frágil. La bola es hermosa... hasta que se hace añicos: el mundo entero se destruye y no hay forma de recomponerlo.

Suele suceder, especialmente en la primera fase, que la luz de gas glamurosa se alterna con periodos de agradable romanticismo, por lo que resulta prácticamente imposible identificar el problema. Y aunque llegues a aborrecer este tipo de manipulación, tal vez consideres que es un precio que debes pagar a cambio de la intimidad y la ternura que recibes. Si no has tenido pareja durante un tiempo, como era el caso de Katie, o tienes hijos en común con tu maltratador, quizás te aterroriza el mero hecho de pensar en terminar con la relación a pesar del sufrimiento que te provoca. Esta dinámica hace que los buenos tiempos sean aún más valorados. El novio de Katie tenía ataques de mal humor cada vez más frecuentes, pero cuando le traía flores, le masajeaba los pies o la sorprendía con su perfume favorito, ella se decía: «¿Lo ves? Te quiere de verdad. Pronto se arreglarán todos estos problemas».

Entretanto, su autoestima se iba deteriorando progresivamente y empezaba a creer que era tal como la describía su novio: exageradamente ansiosa, inadecuadamente coqueta y ridícula. Y pronto empezó a prescindir de su simpatía y cordialidad.

Por otra parte, en algunas ocasiones las buenas épocas compensan de forma inmediata las malas rachas. Un maltratador que recurre a la luz de gas puede sermonearte durante horas debido a tu mal comportamiento, pero luego se deshace en disculpas cuando estás al borde de las lágrimas. «Te ruego que me perdones, sabes que a veces me salgo de mis casillas –podría decirte–. No puedo soportar la idea de perderte». Tal vez utilice regalos, el sexo u otros gestos íntimos para recuperar la confianza perdida, una actitud que tú recibes con gran alivio.

¡No te habías equivocado, es un hombre maravilloso! Cuanto más desagradable sea su conducta, mejor recibido es ese gesto amable que parece disolverla y devolverte a la magia de otros tiempos. Algunas mujeres pasan meses, años o incluso toda la vida esperando ese retorno al pasado.

Hay muchas maneras de utilizar el glamur y el romanticismo en una relación y, por supuesto, no todas son negativas. Pero si tu pareja los está empleando para distraerte de tus propios sentimientos (por ejemplo, te trae flores para que dejes de quejarte porque ha llegado tarde o te insulta en presencia de tus amigos y a continuación te hace un cumplido exagerado que te quita el aliento) y ante su actitud empiezas a dudar de tus propias percepciones y te dices que no hay ningún problema, déjame decirte que has sucumbido a una versión glamurosa del maltrato luz de gas.

¿Es tu pareja un manipulador glamuroso? Comprueba si algún elemento de la siguiente lista te resulta familiar.

¿Mantienes una relación con un manipulador glamuroso?

Algunos de los elementos incluidos en esta lista son negativos, y muchos de ellos son neutrales o positivos. Pero si estás preocupada porque tu pareja recurre al glamur para distraerte de tus sensaciones y sentimientos, debes saber que incluso los elementos positivos pueden indicar luz de gas.

- ¿Sueles tener la sensación de que los dos tenéis un mundo propio y especial?
- ¿Describirías a tu compañero como «el hombre más romántico que has conocido»?
- ¿A las discusiones y desacuerdo les siguen intensos momentos de unión y romanticismo, regalos especiales, mayor intimidad o mejores relaciones sexuales?
- ¿Están tus amigas impresionadas por los gestos románticos de tu compañero?
- ¿Están tus amigas un poco inquietas por los gestos románticos de tu compañero?
- ¿Coincide la impresión que tienes de tu pareja con la que tus amigas tienen de él?
- ¿Su conducta en público es marcadamente diferente a la que tiene en la intimidad?
- ¿Es el tipo de hombre que necesita seducir a todas las personas que hay en la habitación?
- ¿Tienes a veces la sensación de que dispone de un repertorio completo de ideas románticas que no necesariamente se adecuan a tus estados de ánimo, tus gustos o la relación que compartís?
- ¿Se muestra insistente con su actitud romántica, sea sexualmente o en otro aspecto, cuando le acabas de decir que no estás de humor?
- ¿Piensas que existe una discrepancia considerable entre lo que sentías al principio de la relación y lo que sientes ahora?

Ten en cuenta que no solamente los compañeros sentimentales pueden ser maltratadores glamurosos. Muchos jefes, colegas e incluso amigos y familiares pueden atraernos hacia un mundo maravilloso y fantástico, cuyo precio es sufrir el maltrato conocido como luz de gas que preferiríamos no soportar.

Si la persona que te maltrata emocionalmente recurriendo al glamur es un hombre y tú eres una mujer, puede conseguir que cualquier situación esté imbuida de su atractivo sexual, aun cuando no exista ninguna oportunidad de llegar a tener una relación sexual real. En otras palabras, te hace luz de gas insistiendo en que actúes como si los dos estuvierais iniciando un idilio, a pesar de que *sabes* que entre vosotros no hay una relación amorosa.

Una amiga que te hace luz de gas con conductas glamurosas puede intentar despertar en ti la sensación de que las dos estáis solas frente al mundo, reconfortarte con la promesa de que «seremos amigas para siempre» o insistir en que «ambas somos personas muy especiales». Ese es el cebo que utiliza para que accedas a su manipulación. Pero si algún día tienes que cancelar el *brunch* que acostumbráis a compartir debido a una emergencia familiar, ella te acusa de maltratarla deliberadamente y no respetar vuestra amistad. Si estás plenamente entregada al ideal de «ser amigas para siempre», es muy probable que te dejes convencer por sus artimañas para manipularte. Quizás *creías* que en aquel momento tu familia era la prioridad, pero en verdad *solo* la estabas descuidando.

También los familiares que utilizan la luz de gas de forma glamurosa pueden crear una idea romántica de la familia y animarte a formar parte de ese clan tan especial. Sin embargo, que pertenezcas a su exclusivo clan no supone ningún obstáculo para su propósito de distorsionar la visión que tienes de ti misma y persuadirte de que aceptes su opinión. Tal vez luego te hagan reproches similares a: «¡Siempre montas algún escándalo!» o «No sé por qué no puedes ser creativa como tu hermana», y en lugar de defenderte o desaprobar su actitud aunque no lo manifiestes, terminas por aceptar lo que te dicen porque necesitas desesperadamente pertenecer a «la familia». Estar de acuerdo con sus afirmaciones parece ser el precio que debes pagar para que te admitan en el círculo familiar. Quizás un hermano, uno de tus padres o algún otro miembro de la familia te invite a formar una alianza para enfrentarte al resto, como si ambos compartieseis un mundo especial que nadie más comprende. Una vez más, este es el cebo que te hace picar, y el resultado es que intentas adaptarte al punto de vista del manipulador cuando insiste en que consideres las cosas a su manera. «Tienes cabeza de chorlito», puede decirte tu madre, tu hermana o una prima por la que sientes especial cariño. Tú no estás de acuerdo con esa afirmación y en realidad la consideras un insulto. Sin embargo, te gusta la sensación de formar una alianza frente al resto de la familia, y para poder mantener ese vínculo tan especial, empiezas a pensar que tal vez *tengas* una mente un poco dispersa.

Como puedes ver, en todos estos casos la fórmula básica para este tipo de manipulación es siempre la misma: alguien insiste en que aceptes su punto de vista y, a pesar de saber que es equivocado, intentas convencerte de lo contrario con el fin de ganar la aprobación de esa persona y preservar una relación que te hace sentir bien, amada y competente, en definitiva, que te hace sentir una persona especial. Tu necesidad de una aprobación externa te mantiene sometida a una relación caracterizada por la luz de gas.

El maltratador que parece un buen tipo: cuando no puedes entender qué es lo que va mal

Mi paciente Sondra estaba muy confundida. Sondra es una mujer de unos treinta y cinco años, pelirroja y con unos asombrosos ojos verdes. A primera vista, parecía tener el matrimonio perfecto y la vida ideal. Ella y Peter, su «marido perfecto», tenían tres hijos preciosos, Sondra disfrutaba de su trabajo como asistente social y tenía una maravillosa red de amigos y colegas. A pesar de que ella y Peter, que también trabajaba como asistente social, tenían una agenda laboral muy ajetreada, como suele ocurrir hoy en día con los padres jóvenes que son profesionales, Sondra siempre se había enorgullecido de la forma en que compartían todas las actividades, incluidas las tareas de la casa y el cuidado de los niños.

Sin embargo, últimamente se sentía cada vez más insatisfecha pese a que, según me aseguró, no había ninguna razón aparente. De hecho, describió su estado emocional como «si estuviera anestesiada». Durante los últimos tres años se había sentido cada vez más fría e indiferente, como si nada le importara demasiado. Cuando le pedí que me dijera qué era lo último que le había hecho sentir dichosa, el rostro de Sondra se ensombreció por unos instantes antes de que volviera a recurrir a su máscara de serenidad. «Sinceramente, no puedo recordarlo —me respondió—. ¿Acaso eso es una mala señal?».

Durante el periodo en el que trabajamos juntas empezó a hablar de su marido en términos un poco diferentes. Peter hacía muchas cosas por ella y los niños, y en muchos aspectos podía decir que conseguía hacer todo lo que se proponía. Pero también me transmitió que Peter tenía un temperamento irascible y que toda la familia tenía mucho cuidado para no enfadarlo. A pesar de que Sondra había asumido esa situación, nunca podía saber con certeza qué era lo que podría desatar una discusión y se sentía agotada por el esfuerzo de estar continuamente «preparada para la batalla». Insistía en que su matrimonio era perfecto; sin embargo, parecía estar agotada y deprimida por sus enfrentamientos. En una ocasión me comentó:

Pongamos por ejemplo que quiero tener una noche libre para asistir a una reunión con mis colaboradores y esa misma noche Peter también tiene una reunión de trabajo. Entonces discutimos durante horas sobre cuál de las dos reuniones es más importante y yo termino agotada. Peter me pregunta una y otra vez: «¿Estás segura de que tienes que ir? Ya sabes que tiendes a preocuparte excesivamente por cosas sin importancia» o «Recuerda que la última vez estabas convencida de que debías asistir a la reunión y finalmente resultó

que no era necesario. ¿Estás segura de que esta vez es distinto?».
Puede ocurrir que finalmente yo «gane» la discusión. Entonces su
reacción es mirarme seriamente y decir: «Ya estás satisfecha, ¿verdad? ¡Has ganado!». Pero lo cierto es que nunca me siento satisfecha. Simplemente me siento exhausta.

Sondra estaba casada con un «buen tipo» que recurría a la luz
de gas para manipularla. Un hombre que necesitaba parecer sensato y «buena persona», pero que estaba decidido a salirse con la suya
en todo momento. Mi colega la psicoterapeuta Lester Lenoff, que
es también una querida amiga desde hace mucho tiempo, describe
acertadamente esta situación como un «trato irrespetuoso», en el
que en apariencia existe conformidad y consentimiento, pero en
realidad hay desconsideración y menosprecio. Peter *parecía* respetar a Sondra; sin embargo, se pasaba todo el tiempo sugiriendo que
quizás no sabía de qué estaba hablando o se preocupaba exageradamente por algo sin ningún motivo. En última instancia, esa falta
de respeto y de consideración era lo que llevaba a Sondra a retirarse
de la discusión y lo que le provocaba esa sensación de frustración,
independientemente de que «ganara o perdiera».

Si mantienes una relación con un hombre de estas características, es más que probable que te sientas confundida con frecuencia. En alguna medida puedes sentir que te falta el respeto o te
ofende, que nunca tiene en cuenta tus deseos y preocupaciones; no
obstante, eres incapaz de detectar qué es lo que va mal.

En algún momento de nuestra vida todos hemos experimentado la sensación de que algo «no iba bien» en la relación que man-
teníamos con una determinada persona, sin ser capaces de identificar cuál era el problema. Un jefe que nos llama a su despacho
para hacer aparentemente una evaluación positiva de un trabajo
que hemos hecho, y sin embargo salimos temblorosos e inseguros
de la reunión. Una amiga que nos ha ayudado mucho, y no obstante
nunca encontramos el momento oportuno para llamarla. Un novio

al que en teoría «deberíamos» adorar pero con el que no terminamos de comprometernos. Un familiar que es un «santo», aunque cada vez que vamos a visitarlo salimos de su casa malhumorados y deprimidos.

Estas experiencias que generan confusión y desconcierto indican con frecuencia que esa persona recurre a la luz de gas para minar o negar tu sentido de la realidad debido a su constante necesidad de tener razón. Lo que tú retienes de las conversaciones no es lo que realmente ha sucedido sino un mensaje encubierto: «¡Tú estás equivocada y yo estoy en lo cierto!». Como consecuencia, terminas sometiéndote a su opinión sin saber muy bien por qué, y aunque finalmente consigas lo que pretendías nunca te sientes realmente satisfecha. Pese a que no estás segura del motivo de tu malestar, sabes que hay algo que te incomoda. Igual que Sondra, te sientes insensibilizada, desempoderada, triste e incluso deprimida sin saber por qué.

El problema reside simplemente en que tu maltratador está atrapado por su propia necesidad de reforzar su autoestima, y esto lo lleva a querer tener razón e imponer su voluntad. *Necesita* hacer cosas bien hechas y comportarse de una forma agradable, pero no porque *tú* le preocupes sino porque está desesperado por demostrar que es un buen tipo. Y su conducta provoca en ti una profunda sensación de soledad, aunque no sepas por qué. Por otro lado, tú también estás desesperada por considerarlo una buena persona y por lograr que tenga una buena opinión de ti, de manera que ignoras tus frustraciones. Igual que Sondra, puedes incluso llegar a sentirte «anestesiada».

¿Es tu pareja un maltratador que parece un buen tipo? Comprueba si alguna de las siguientes situaciones te resulta familiar.

**¿Mantienes una relación con un maltratador
que parece un buen tipo?**

- ¿Se empeña constantemente en complacerte y también en agradar a otras personas?
- ¿Te ofrece ayuda o apoyo de una manera que te hace sentir frustrada o vagamente insatisfecha?
- ¿Está dispuesto a establecer acuerdos sobre las tareas del hogar y las actividades sociales o laborales, pero tú sigues sintiendo que no te «escucha», aunque presumiblemente hayas conseguido lo que pretendías?
- ¿Sientes que siempre se sale con la suya pero eres incapaz de detectar cómo puede conseguirlo?
- ¿Tienes la sensación de que nunca consigues lo que quieres pero eres incapaz de identificar de qué deberías quejarte?
- ¿Dirías que esta relación te hace feliz aunque de alguna manera te sientes insensibilizada o desanimada, o no sientes interés por la vida en general?
- ¿Te pregunta cómo te ha ido el día, te escucha atentamente y te responde con empatía, y a pesar de todo terminas sintiéndote peor que antes después de hablar con él?

El intimidador: cuando te acosa, te enreda con la culpa y te retiene

A menudo resulta difícil identificar a los manipuladores que recurren a la luz de gas, sea un maltratador glamuroso o el que parece un buen tipo, porque en otras circunstancias su forma de actuar podría ser algo muy deseado. No obstante, hay algunas conductas enmarcadas en la dinámica del efecto luz de gas que son más conflictivas a simple vista y por tanto más fáciles de identificar: gritar, ofender, denigrar, generar culpa y recurrir a otro tipo de castigos o intimidaciones. Puedes tener todo tipo de razones para aceptar esta conducta desagradable, como por ejemplo considerar que el maltratador es tu alma gemela, que es un buen padre para tus hijos o que las críticas que te hace son acertadas. No obstante, de alguna manera también sabes que no te gusta que te traten de ese modo.

En algunos casos, esas conductas cuestionables se alternan con comportamientos glamurosos o con las acciones de «un buen tipo». Pero dichas conductas a veces son tan frecuentes en la relación que sería correcto afirmar que ese hombre que te somete a la luz de gas utiliza la intimidación como amenaza. Por ejemplo, el marido de Melanie, Jordan, era el clásico intimidador. Cuando Melanie no pudo comprar el salmón salvaje para la cena de sus colegas, Jordan le gritó, la menospreció y la maltrató haciéndole un montón de preguntas que ella no fue capaz de responder. Y luego decidió retirarle la palabra durante varias horas. Esa era su forma de reaccionar cuando no le gustaba algo que ella hacía, y así consiguió erosionar su autoestima con sus críticas y ataques. Hacía mucho tiempo que Melanie había renunciado a defenderse, aunque nunca había dejado de intentar ser merecedora de su amor. Seguía pensando que la aprobación de su marido era lo único que podía demostrar que era una mujer fuerte, inteligente y competente que merecía tener una vida feliz, y el rechazo de Jordan era la prueba definitiva de que era una inútil.

¿Es tu pareja un intimidador? Veamos si puedes reconocer alguna de las siguientes situaciones.

¿Mantienes una relación con un intimidador?

* ¿Te menosprecia o recurre a otras formas de tratarte con desdén delante de otras personas o cuando estáis solos?

- ¿Utiliza el silencio como un arma para castigarte, ya sea para salirse con la suya o para darte un escarmiento cuando haces algo que le disgusta?
- ¿Tiene explosiones de ira frecuentes o periódicas?
- ¿Te sientes atemorizada en su presencia o cuando piensas en él?
- ¿Tienes la sensación de que se burla de ti abiertamente o de forma encubierta y luego dice, por ejemplo: «Solo estaba jugando» o «No era más que una broma»?
- ¿Te amenaza frecuente o periódicamente con abandonarte cuando haces algo que no le gusta, o se limita a sugerir o dejar implícito que te dejará?
- ¿Insiste frecuente o periódicamente en hacer alusión a tus peores temores? Por ejemplo: «Ya empiezas otra vez, ieres tan exigente!» o «¡Eres igual que tu madre!».

Por decirlo de la manera más suave, mantener una relación con un intimidador puede ser bastante complicado. Para que la relación sea más gratificante, ambas partes tendrán que trabajar en dos áreas: el maltrato conocido como luz de gas y la intimidación, una conducta que no forma parte de la luz de gas pero que es muy desagradable. Como es evidente, el intimidador necesita modificar su forma de relacionarse, pero tú debes resolver tu tendencia a soportar sus conductas intimidatorias y a rendirte inmediatamente a su voluntad con el propósito de evitar situaciones incómodas y dolorosas.

LUZ DE GAS: UNA NUEVA EPIDEMIA

¿Por qué este tipo de maltrato es un problema tan difundido en nuestros días? ¿Por qué tantas mujeres fuertes e inteligentes se encuentran atrapadas en relaciones conflictivas y agotadoras frente a las cuales los matrimonios de las telecomedias de los años cincuenta parecerían tolerantes y liberales? ¿Por qué hay tantos hombres y mujeres luchando por liberarse de jefes, familiares, cónyuges y amigos que son claramente manipuladores y a menudo crueles? ¿Por qué resulta tan difícil ver lo que sucede verdaderamente en estas relaciones?

Creo que hay tres motivos principales para la epidemia actual de luz de gas. Forman parte de un conjunto de mensajes muy potentes que son transmitidos en nuestra cultura y que van más allá de cualquiera de las razones individuales que nos llevan a permanecer en relaciones caracterizadas por este tipo de maltrato.

El profundo cambio de los roles femeninos y las violentas reacciones que despierta

Al hablar de las relaciones amorosas y profesionales entre hombres y mujeres, es importante recordar que los roles femeninos han cambiado rápida y repentinamente. La última vez que se modificaron de una manera drástica fue durante la Segunda Guerra Mundial, cuando un gran número de mujeres se convirtieron en la mano de obra destinada a asumir los trabajos que habían quedado vacantes debido al alistamiento de los hombres en las fuerzas armadas. La respuesta de Hollywood al nuevo poder económico de las mujeres fue producir varias películas con el tema «luz de gas», incluyendo la película *Luz de gas* original, de la que ya te hablé, interpretada por Ingrid Bergman y Charles Boyer. En dichas películas, los protagonistas masculinos que encarnaban a hombres seductores y poderosos se las arreglaban para engañar a mujeres fuertes pero vulnerables hasta conseguir que renunciaran a sus propias opiniones, un tipo de relación que parecía estar asociada a los cambios abruptos en las expectativas y experiencias de los dos sexos. Tanto en los años cuarenta como en la actualidad, las mujeres asumieron repentinamente un nuevo poder en su vida personal y profesional, una transformación que en principio pudo vivirse como un cambio potencialmente amenazador tanto por ellas como por sus maridos. A pesar de su nueva libertad para trabajar y participar de forma abierta en la vida pública, muchas mujeres deseaban mantener una relación amorosa tradicional, es decir, encontrar un hombre en quien pudieran confiar para que las guiara y apoyara. Y, por otra parte, muchos hombres en cierta medida se sintieron amenazados por la nueva conducta de las mujeres que demandaban los mismos derechos que ellos, tanto en la vida privada como en la pública.

Ante esta situación, algunos hombres reaccionaron intentando controlar a las mujeres fuertes e inteligentes por las cuales se sentían atraídos. Y algunas mujeres reaccionaron «reprogramándose» activamente para apoyarse en sus parejas, no solo en busca de protección emocional sino también para reforzar su sentido de identidad: «¿Quién soy yo en el mundo?». Estas circunstancias favorecieron que se creara una nueva generación de maltratadores que recurrían a la luz de gas y de víctimas que se dejaban someter a ella.

Paradójicamente, el mismo movimiento feminista que otorgó nuevas alternativas a las mujeres también contribuyó a que muchas de nosotras nos sintiéramos presionadas a ser fuertes e independientes y a tener éxito, es decir, una clase de mujeres que teóricamente serían inmunes a cualquier tipo de maltrato por parte de los hombres. Como resultado, las mujeres que son sometidas a la luz de gas y a otros tipos de manipulación o maltrato emocional pueden sentirse doblemente avergonzadas; en primer lugar por mantener una relación inadecuada y en segundo lugar por no vivir de acuerdo con sus propios criterios de fortaleza e independencia. Resulta irónico que las mujeres puedan utilizar las mismas ideas destinadas a apoyarlas como un motivo para *no* pedir ayuda.

El individualismo descontrolado y el aislamiento que lo acompaña

Las sociedades tradicionales tal vez no ofrecían demasiado espacio para el desarrollo individual, pero fueron muy efectivas en crear una red fiable y segura de relaciones para la mayor parte de las personas. No pretendo decir que las mujeres nunca hayan estado aisladas en sus matrimonios, pero solían tener acceso a una amplia red de relaciones familiares y a una serie de rituales sociales que les permitían pertenecer a un mayor grupo social. Incluso en nuestra moderna sociedad industrial hasta hace unas pocas décadas tanto hombres como mujeres tenían muchas más relaciones sociales (a través de los sindicatos, las iglesias, los grupos comunitarios, los grupos étnicos, etc.). Al menos hasta cierto punto se formaba parte de un mundo mayor en el que cualquier individuo (incluso los cónyuges o los patrones) podía ser considerado dentro de un contexto más amplio.

Ahora, con nuestro alto nivel de movilidad individual y el foco de nuestra sociedad puesto en el consumismo, estamos mucho más aislados socialmente. Pasamos muchas horas trabajando, a menudo con un elenco de compañeros o colegas que cambian con frecuencia, y por lo general pasamos nuestro tiempo de ocio en soledad o en situaciones privadas, con nuestra pareja o con un puñado de amigos, en lugar de formar parte de una congregación religiosa, de un sindicato o de una organización comunitaria. En este contexto que acabo de describir, cualquier individuo puede tener una influencia enorme sobre nosotros a medida que nos aislamos de otras fuentes de información e interacción. Una pareja sentimental parece ser el único apoyo emocional disponible, un jefe parece tener un poder casi ilimitado sobre la autoestima profesional y un amigo puede ser una de las pocas relaciones humanas que tenemos en una vida caracterizada por el aislamiento y el exceso de trabajo. El resultado es que cada vez necesitamos más la aprobación de las pocas personas con las que nos relacionamos, y esperamos que ellas completen o definan nuestro sentido de identidad. En las culturas tradicionales teníamos un amplio abanico de relaciones emocionales que nos hacían sentir estables y seguros; en la sociedad moderna suele suceder que cuando necesitamos que alguien nos escuche, nos comprenda y empatice con nosotros de una manera que ninguna relación puede llegar realmente a satisfacer, únicamente podemos recurrir a una persona (la pareja, un amigo, un miembro de la familia). Ansiosos por reafirmar que somos buenas personas, capaces y dignas de ser amadas, y cada vez más aislados de otras relaciones, somos los principales candidatos para sufrir la luz de gas.

La cultura de la luz de gas

La luz de gas puede encontrar un terreno aún más fértil en nuestra vida actual, en la que las personas sienten más ansiedad que nunca. Se nos bombardea constantemente con una cantidad ingente de información y noticias que, como todos sabemos, pueden no ser exactas, o incluso tratarse de «noticias falsas» o «hechos desvirtuados». Inmersos en esta situación, cada vez tenemos menos certeza de nuestras opiniones y creencias y, como consecuencia, somos más vulnerables que nunca a la luz de gas.

Un incidente ocurrido en marzo del 2016 ilustra de manera contundente el enorme poder que tiene este tipo de manipulación y la forma en que se ha introducido en nuestra cultura. El jefe de campaña del candidato Donald Trump, Corey Lewandowski, fue acusado de empujar y lesionar a la periodista de *Breitbart*, Michelle Fields, cuando se acercaba a Trump para formularle una pregunta. El reportero del *Washington Post* Ben Terris fue testigo del incidente, que más tarde se confirmó gracias a un vídeo de la estación de policía local. Acusaron a Lewandowski de agresión. Terris dio a conocer el incidente pero la historia se filtró en Twitter antes de que su artículo se publicase.

Tras los hechos se inició de inmediato una campaña de Trump en la que se insistió en que aquel suceso nunca había tenido lugar, que Fields era una «delirante» y que había otro vídeo que desmentía la historia. Este fue un caso típico de luz de gas: tanto Fields, que era la protagonista del incidente, como Terris, que había sido testigo de la agresión y se había compadecido de ella, comenzaron a dudar de lo que había ocurrido.

«Cuando hablé con Fields la semana pasada –escribió Terris–, me comentó que ella misma estaba empezando a cuestionarse el episodio a pesar de tener lesiones que lo demostraban». Terris le confesó que también él había comenzado a albergar dudas sobre lo que había visto. El artículo publicado en el *Washington Post* sobre el suceso y sus consecuencias llevaba por título «La guerra emprendida contra la realidad durante la campaña de Trump me hizo cuestionar lo que había visto. Cómo un incidente ocurrido en marzo desató meses y meses de luz de gas».

Es muy difícil y doloroso soportar este tipo de manipulación en una relación privada. Pero en el caso que acabo de mencionar, una gran cantidad de políticos y algunos reporteros se aliaron para intentar convencernos de que un incidente particular nunca había sucedido, a pesar de los relatos de testigos fiables e incluso de una grabación de vídeo. Esa fuerza persuasiva fue tan poderosa que aun los que participaron en el incidente comenzaron a cuestionar su propia experiencia personal. La luz de gas está ostensiblemente presente en pequeña y gran escala en nuestra cultura y representa una fuerza francamente preocupante.

Estos usos políticos son muy inquietantes. Sin embargo, el problema es aún más profundo y llega a aspectos de nuestra vida que parecen ser de índole muy personal pero que, en realidad, están profundamente influenciados por una cultura que intenta de forma reiterada convencernos de ideas y concepciones que evidentemente no son verdaderas.

Los anuncios publicitarios insisten en que ningún hombre puede amar a una mujer que no tenga el cuerpo con las medidas perfectas y un rostro hermoso. Basándome en mi propia experiencia y observaciones, puedo afirmar que eso de ningún modo es cierto. Las autoridades escolares les explican a mis hijos que el aprendizaje es valioso por sí mismo, pero al mismo tiempo les recuerdan que si no obtienen calificaciones altas y no pasan el examen SAT* no podrán asistir a las universidades que ellos elijan. Los políticos nos dan una explicación para sus acciones y luego cambian de opinión y nos ofrecen otras razones, sin siquiera reconocer que la nueva «línea del partido» no es la misma que la anterior. Por todo esto opino que estamos viviendo en una cultura de la luz de gas. En lugar de animarnos a descubrir o crear nuestra propia realidad, nos bombardean con un millón de preguntas diferentes solo para ignorar nuestras propias respuestas y actuar como si lo único que necesitáramos fuera lo que se comercializa actualmente en el mercado.

ENCONTRAR UN NUEVO CAMINO

Afortunadamente, existe una solución para este problema. La clave para liberarte de este síndrome incapacitante no es fácil, y sin embargo es simple. Todo lo que debes hacer es comprender que eres una persona bondadosa y competente que merece ser amada y que no necesitas ganar la aprobación de tu *idealizada* pareja. Como es evidente, resulta más fácil decirlo que hacerlo. No obstante, en cuanto te des cuenta de que puedes definir tu sentido de identidad por ti misma, que eres una persona valiosa y digna de ser amada, independientemente de la opinión del maltratador que te somete a la luz de gas, ya habrás dado el primer paso hacia la libertad.

En el momento en que comprendes que el concepto de ti misma no depende del manipulador con el que compartes tu vida, comienzas a esmerarte para erradicar la luz de gas de una vez por todas. Y como ahora sabes que tienes derecho a ser amada y a tener una vida gratificante, puedes ponerte firme: si el maltratador no te

---

* N. de la T.: el SAT es un examen de admisión aceptado por las universidades de Estados Unidos equivalente a nuestra prueba de selectividad.

trata bien, tal como mereces, abandonas la relación. Ese es el impulso que necesitas para dar un paso atrás, ver claramente cuál es la realidad y negarte a seguir soportando sus incesantes críticas, sus exigencias de perfección y su conducta manipuladora.

Soy consciente de que quizás en este momento esto pueda despertar temores en ti. Pero no tienes nada de qué preocuparte, pues te guiaré a lo largo del proceso para mostrarte el modo de apagar la luz de gas. Una vez que estés *dispuesta* a abandonar la relación, podrás decidir si *quieres* o no hacerlo.

Eso es lo que le sucedió a Melanie. Poco a poco aprendió a verse como la mujer competente, cordial e inteligente que realmente era. Aprendió a desentenderse de las discusiones agotadoras e interminables en las que nunca salía victoriosa, y al empezar a escuchar su propia voz interior consiguió desconectarse de las irritantes críticas y humillaciones de su marido.

A medida que Melanie comenzó a sentirse cada vez más fuerte, tomó conciencia de que Jordan le hacía luz de gas porque necesitaba imperiosamente tener siempre la razón, incluso a expensas de su mujer. Poco después ella dejó de idealizarlo y de preocuparse tanto por su aprobación. Y al hacerlo se percató de que Jordan no le ofrecía el amor, la ternura ni el compañerismo que necesitaba. Y en esas condiciones su matrimonio no merecía la pena.

Esa fue la decisión de Melanie, aunque no necesariamente tiene que ser la tuya. Cuando ya no necesites la aprobación de la persona que te manipula, tal vez podrás reaccionar de una forma diferente. Y quizás su comportamiento también cambie, a diferencia de lo que le sucedió a Jordan. Si quien te hace luz de gas es un miembro de tu familia, o tu jefe, puedes encontrar distintas maneras de poner límites mientras mantienes la relación. Por ejemplo, puedes decidir ir a visitar a tu madre únicamente cuando te acompaña una amiga o encontrar una forma de trabajar menos estrechamente con tu jefe. O, igual que Melanie, puedes decidir abandonar la relación.

Cualquiera que sea la decisión que te parezca adecuada, en tu interior tienes una profunda fuente de poder para liberarte del efecto luz de gas. El primer paso es tomar conciencia de tu propia participación en el maltrato, observando de qué forma tu propia conducta, tus deseos y tus fantasías te están haciendo idealizar al maltratador y anhelar su aprobación.

En el capítulo dos vamos a analizar más detalladamente el tango luz de gas.

El tango luz de gas

Trish era una mujer alta y atlética de cabello largo y rubio que rondaba los treinta años. Su carácter era resuelto y enérgico, y era la primera en admitir que vivía para discutir. En el instituto había formado parte de los equipos de debate y en la universidad había sido miembro del consejo estudiantil. Había llegado a convertirse en una experimentada abogada, que se dedicaba a argumentar y debatir para vivir, según sus propias palabras. Sin embargo, las constantes discusiones en su matrimonio habían llegado a convertirse en una preocupación, por lo que acudió a mi consulta con la esperanza de que la ayudara a encontrar otra forma de relacionarse con su marido, Aaron, que cada vez se mostraba más beligerante. «Siempre cree que tiene razón –me comentó Trish. Pronto me percaté de que ese pensamiento le daba vueltas en la cabeza siempre que empezaba a quejarse de su marido–. Nunca se da cuenta de que siempre soy *yo* la que tiene razón».

Inmediatamente después de decir esto Trish se echó a reír, con el fin de asegurarse de que entendiese que estaba bromeando. No obstante, percibí que su broma encerraba un atisbo de verdad. Le importaba mucho tener razón, y que los demás lo reconocieran. Los conceptos de «estar de acuerdo en no estar de acuerdo» o de «eludir una pelea» eran absolutamente ajenos a ella.

A medida que Trish y yo seguimos trabajando con los problemas que le preocupaban, comencé a advertir que su marido la sometía al maltrato que conocemos como luz de gas. Aaron, un abogado de prestigio como ella, también vivía para debatir, y cuando no se ponían de acuerdo esgrimía una ingente cantidad de argumentos para que ella se rindiera a su voluntad. De hecho, al inicio de su relación ambos parecían disfrutar de sus vehementes discusiones y de las relaciones sexuales que las sucedían, gracias a las cuales se reconciliaban. Pero llegó un momento en el que Trish comenzó a sentirse agotada. «No puede ser que *nunca* tenga razón —me dijo en cierta ocasión con una voz muy apagada que no era propia de ella—. No puedo ser tan *tonta*».

Paulatinamente, pronto quedó claro que Trish no era simplemente una víctima de la agresividad que Aaron mostraba durante sus discusiones. Como salió a relucir más adelante, ella misma participaba de forma activa en el tango luz de gas, aunque no fuera consciente de ello. Así como su marido se empeñaba en «machacarla» con hechos y cifras, tal como ella lo describía, Trish sentía la necesidad de desmontar sus opiniones con sus propios argumentos o apelando a las emociones. En un determinado momento le pregunté qué creía que sucedería si simplemente interrumpía una discusión diciendo: «Bueno, todavía no entiendo cuál es tu punto de vista, pero estoy dispuesta a pensar en ello», y al escucharme se puso furiosa.

—¡No me entiendes! —exclamó exaltada, poniendo en evidencia su intensa necesidad de tener razón—. No puedo *soportar* que Aaron piense que soy una rubia tonta. ¡Sencillamente no puedo *soportarlo*! Es la sensación más espantosa que podría tener. Sería como abandonar mi propia piel, como estar a punto de saltar desde un acantilado o de destruir mi propia casa. En esos momentos estoy dispuesta a hacer *cualquier cosa* para que cambie de idea. No puedo abandonar la discusión cuando se pone de ese modo, realmente no soy capaz de hacerlo.

—¿Realmente no puedes? —le pregunté.

—¡*No*! —me contestó alzando cada vez más la voz y con una crispación que nunca había manifestado—. Si piensa *eso* de mí... Quiero decir, es mi *marido*. ¿Por qué se *casó* conmigo si esa es la opinión que tiene de mí? ¿Y qué pasa si es *verdad*?

La situación de Trish es el ejemplo perfecto de la forma en que muchas de nosotras podemos quedar atrapadas en un tango luz de gas. Quienes se convierten en víctimas de este tipo de maltrato a menudo sienten horror ante la mera idea de que no los comprendan. A pesar de la confianza y de la contundencia con que se expresan, en realidad son extremadamente vulnerables a las opiniones de sus seres queridos, de sus socios o de sus colaboradores. Especialmente en las relaciones íntimas tienden a delegar en el hombre, o la mujer, que aman todo el poder, y lo invisten de una habilidad casi mágica de «verlos» y «entenderlos plenamente».

En este contexto, el hecho de sentirse incomprendidos puede considerarse un golpe mortal. Cuando su marido le decía que estaba equivocada, Trish lo vivía como algo mucho peor que un simple desacuerdo o una divergencia de opiniones de poca importancia. El entredicho atentaba profundamente contra su identidad. Y si Aaron la desaprobaba, ella sentía que el mundo se le caía encima. Por haberlo idealizado comenzó a necesitar desesperadamente que aprobara todos sus actos y que la tratara como una mujer competente e inteligente. Así llegó Trish a ser vulnerable a la luz de gas.

Una de las discusiones frecuentes de la pareja se debía a que ella usaba de forma desmedida su tarjeta de crédito y se gastaba todos sus ingresos. Era una compradora compulsiva; cuando volvía a casa del trabajo se entretenía comprándose ropa. Siempre pagaba las facturas a tiempo, aunque todos los meses solía acumular algunas deudas. Aaron era más austero porque había crecido en una familia de bajos ingresos e insistía en que lo que a ella le parecía un uso razonable de su dinero en realidad era un derroche peligroso. Cuando le comenté que, en términos prácticos, la opinión de Aaron tenía poca importancia porque Trish utilizaba su propia tarjeta de crédito, me miró con incredulidad. «Pero ¿cómo puedo vivir con un hombre que piensa tan mal de mí?», protestó. Ganar la discusión, es decir, conseguir que él aceptara la opinión que ella tenía de sí misma, era más importante para Trish que el hecho de que él intentara controlar cómo gastaba su dinero.

En el capítulo uno afirmé que el maltratador recurre a la luz de gas porque necesita imperiosamente tener razón para fomentar su autoestima y mantener su sensación de poder. La víctima tiende a idealizarlo y busca su aprobación. La necesidad que tenía Trish de que Aaron la valorara la llevaba a discutir con él incesantemente, en un intento de convencerlo de que compartiera sus opiniones, en especial el concepto que ella tenía de sí misma. Es probable que él no pudiera abandonar su actitud controladora, pero ella tampoco lo conseguía. Y aunque Aaron solía ganar las discusiones, ambos estaban igualmente implicados en ellas, porque él necesitaba tener razón y ella necesitaba su aprobación. Esta situación provocó que las discusiones fueran cada vez más tensas y que Trish terminara sintiéndose derrotada y deprimida.

BAILANDO EL TANGO LUZ DE GAS

Vista desde fuera la luz de gas puede parecer el trabajo de una sola persona —el maltratador—. Sin embargo, una relación definida por este tipo de maltrato siempre requiere la participación activa de las dos partes. En realidad, esta es una buena noticia. Si te sientes atrapada en una relación de estas características, tal vez no seas capaz de cambiar la conducta del maltratador, pero puedes cambiar la tuya. Debo decir una vez más que la tarea dista de ser fácil, aunque es bastante simple: *anularás el efecto luz de gas en cuanto dejes de empeñarte en ganar las discusiones o en convencer a tu maltratador de que sea razonable. La alternativa es simplemente retirarte.*

Vamos a analizar más detenidamente los pasos intrincados del tango luz de gas. El baile comienza generalmente cuando el manipulador insiste en defender una opinión que tú sabes que es falsa. ¿Recuerdas el caso de Katie, que mencioné en el capítulo uno? Su novio, Brian, insistía en que se rodeaba de hombres lascivos que se burlaban de ella, aunque ella pensara que la mayoría de las personas con las que se relacionaba simplemente eran amables. De la misma forma, el jefe de Liz insistía en que estaba de su parte a pesar de que era evidente que estaba intentando sabotearla. La madre de Mitchell afirmaba que no lo estaba insultando, pero el nudo que él sentía en el estómago era una prueba contundente de lo contrario.

No obstante, es preciso aclarar que en las relaciones afectivas ambas partes pueden tener desacuerdos, distorsionar la verdad o insultarse sin que esas actitudes constituyan necesariamente el maltrato conocido como luz de gas. En teoría, Katie hubiera podido limitarse a encogerse de hombros y decir: «Vale, aunque tú consideres que esos tíos son ogros, yo creo que simplemente son simpáticos y amables. Y no tengo ninguna intención de cambiar mi forma de ser». De manera similar, cuando el jefe de Liz recurría a sus encantos para manipularla, ella podría haberle echado una mirada larga y penetrante mientras pensaba: «Aquí está pasando algo raro. Me pregunto qué estará tramando». Asimismo, Mitchell podría haberle dicho a su madre: «Mamá, cuando te burlas de mí estás hiriendo mis sentimientos. No volveré a dirigirte la palabra mientras sigas manteniendo la misma actitud».

Si los tres hubiesen sido capaces de reaccionar de ese modo, el efecto luz de gas nunca se habría producido.

Ahora bien, también el novio de Katie, el jefe de Liz o la madre de Mitchell podrían haber actuado de forma diferente. Ante un cambio de actitud de las personas a las que hacían luz de gas, podrían haber cambiado su conducta, aunque también podrían haberla mantenido obstinadamente. En ese caso Katie, Liz y Mitchell se habrían visto en dificultades a la hora de decidir cuál sería el próximo paso. Sin embargo, no habrían sufrido el efecto luz de gas.

Este efecto puede darse únicamente cuando el individuo sometido se adapta al maltratador, de forma consciente o inconsciente, o se empeña en que considere las cosas de la misma forma que él, porque necesita desesperadamente su aprobación para sentir que es una persona valiosa y digna. Katie discute con Brian intentando persuadirlo de que *no* está coqueteando con nadie. Luego trata de aceptar el punto de vista de él, para así poder sentirse una buena persona, leal y que nunca flirtearía con otros hombres en presencia de su pareja. Liz se esfuerza por explicarle a su jefe todas las situaciones negativas que está viviendo. Y cuando él le contesta que quizás esté un poco paranoica, pretende convencerse de que su jefe tiene razón. De ese modo puede sentirse una empleada eficaz y competente, con capacidad para desarrollar eficazmente su labor profesional. Mitchell replica a su madre, pidiéndole que lo trate con más respeto. Pero más tarde, cuando ella lo acusa de ser *grosero*, piensa que tal vez tenga razón. Las tres víctimas de la luz de gas *saben* perfectamente que los maltratadores afirman algo que no es verdad. No obstante, en lugar de defender sus propias percepciones, tratan de ganar su aprobación buscando la forma de poder llegar a un acuerdo. En la mayoría de los casos, ceden ante los maltratadores y se afanan por modificar sus propias conductas.

¿POR QUÉ ACEPTAMOS ESTA SITUACIÓN?

¿Por qué nos doblegamos para adaptarnos a la opinión de un manipulador que nos hace luz de gas? Básicamente, por dos razones: el miedo a un apocalipsis emocional y la necesidad imperiosa de fundirse con otra persona.

El miedo a un apocalipsis emocional

La mayoría de los maltratadores que hacen luz de gas parecen tener en reserva un arma secreta, una explosión emocional que arrasa con todo lo que hay en los alrededores y envenena la atmósfera durante las semanas venideras. Una persona que está atrapada en una relación de luz de gas está convencida de que si el maltratador llegara a sentirse presionado podría recurrir a este apocalipsis emocional. Y esto podría ser todavía peor que la desgastante situación de tener que aguantar un sinfín de preguntas irritantes y observaciones hirientes. Este apocalipsis es una experiencia tan dolorosa que la víctima termina por estar dispuesta a hacer cualquier cosa por evitarlo.

El apocalipsis emocional podría tener lugar en alguna ocasión aislada, o incluso no ocurrir nunca, pero el miedo a que se produzca a veces es mucho peor que el incidente en sí mismo. La víctima de la luz de gas se siente aterrorizada ante la mera idea de que su pareja sentimental pueda gritarle, criticarla o incluso abandonarla. Está segura de que si sucede lo que tanto teme, se sentirá absolutamente agobiada y desamparada. Una de mis pacientes me dijo en una ocasión: «Te sientes como si fueras a morir». Cuando le contesté: «Pero, de hecho, *no* vas a morir», observé que mi respuesta no la reconfortaba en absoluto.

El apocalipsis emocional para Katie era la furia de Brian. Ella nunca podía predecir sus explosiones de cólera. Su forma particular de expresar su enfado era hablar a gritos, lo que para Katie era especialmente aterrador. Pese a saber que nunca la golpearía, el mero hecho de escucharlo vociferar frenéticamente era suficiente para desencadenar su ansiedad. Como consecuencia, para poder mantener la situación bajo control tardaba muy poco en aceptar todo lo que él decía.

Si Katie hubiera sido capaz de simular que cedía a sus reclamos sin renunciar interiormente a su convicción de que *no coqueteaba* con los hombres, habría logrado escapar de los efectos más negativos de la luz de gas: la falta de confianza, la desorientación y la cada vez más amenazante depresión. Sin embargo, pensaba que someterse a su voluntad era mejor que comportarse como una cobarde que aplacaba continuamente la ira de su novio. Tampoco quería afrontar el hecho de que Brian tenía muy mal genio, un perfil muy alejado del novio ideal que en algún momento creyó tener. Como podemos ver, tenía razones poderosas para intentar convencerse de que Brian tenía razón, y eso le servía de excusa para seguir creyendo que no era una cobarde y él no era un mal tipo. En cierto modo, prefería distorsionar la situación pensando que las afirmaciones de su compañero eran acertadas, en lugar de asumir que estaba cediendo ante un hombre completamente irracional. Como consecuencia, cada vez que se sometía a Brian con el fin de evitar una explosión de cólera, no podía evitar preguntarse si él tendría razón. El precio que pagaba era sufrir la luz de gas, es decir, permitir que su novio definiera su propia visión del mundo y la opinión que tenía de sí misma.

El jefe de Liz la amenazaba con otro tipo de apocalipsis, el fracaso profesional. Liz invertía toda su energía en su trabajo como alta ejecutiva, y no podía soportar la idea de perderlo. También temía que su reputación profesional estuviera en riesgo. ¿Qué sucedería si su jefe la despedía y luego empezaba a divulgar rumores sobre su incompetencia y su personalidad «paranoide»? ¿Quién le ofrecería entonces un nuevo trabajo? Así como Katie no quería aceptar el maltrato al que su novio la sometía, Liz tenía miedo de identificar con claridad cuánto poder tenía verdaderamente su jefe y de reconocer cuáles eran las verdaderas opciones con las que ella contaba. Por lo tanto, cuanto peor se comportaba su jefe, más dudaba de sí misma.

El apocalipsis que paralizaba a Mitchell era la culpa. Desde que podía recordar, siempre se había preocupado por no defraudar a su madre y había tenido la esperanza de compensar todas las decepciones que ella había sufrido en su vida. Como resultado, era vulnerable al maltrato luz de gas que ella le infligía. Aunque rara vez lo acusaba directamente de nada, las miradas hirientes de su madre eran más elocuentes que sus palabras. «Siento como si le hubiera roto el corazón –me dijo en unas circunstancias especialmente dolorosas–. Haría cualquier cosa por evitar que me mirara de ese modo y también por hacerla sufrir». En lugar de preguntarse cuáles eran las posibilidades reales de hacer feliz a su madre y hasta dónde estaba dispuesto a sacrificarse para conseguirlo, Mitchell insistió en que su madre *podría llegar* a ser feliz si él fuera un mejor hijo.

Algunas veces el maltratador puede tener conductas cada vez más amenazantes, que abarcan desde hacer observaciones hirientes hasta vociferar, inducir culpa de un modo implícito o formular acusaciones explícitas. Y si su víctima se resiste, su conducta puede ser aún peor: gritos a diario, platos rotos, amenazas de abandono... La persona maltratada puede empezar a sentir que el mero pensamiento de enfrentarse al maltratador tal vez provoque una escalada de violencia, como si no fuera seguro oponerse a él ni siquiera en sus pensamientos. La víctima puede llegar a convencerse de que la única vía segura es someterse completamente, no solo a nivel emocional y mental, sino también en sus actos.

Cuando las víctimas del maltrato luz de gas intentan hablar de sus miedos apocalípticos, con frecuencia adoptan dos posturas contradictorias. Por un lado, pueden sentirse frívolas al verbalizar sus miedos; en esos casos mis pacientes suelen expresar que se sienten muy avergonzados y que dudan de sí mismos. «Ya sé que no suena muy... –pueden decir–. Solo un idiota se disgustaría por algo tan insignificante». O: «Estoy seguro de que no es tan grave, pero soy *tan* cobarde... No se cansa de decirme que soy demasiado sensible».

Por otro lado, si le pidiera a una persona que está sufriendo este tipo de maltrato que imagine lo que podría suceder si reaccionara al apocalipsis emocional encogiéndose de hombros o marchándose de la habitación, podría insistir con consternación en que no llego realmente a comprender lo mal que podría reaccionar el maltratador ante una actitud semejante. «No dejaría de gritar –podría decir–. Y si abandonara la habitación o le sugiriera que dejara de gritar, chillaría todavía más fuerte». Y si le preguntara por qué le asustan tanto sus gritos, me miraría con incredulidad. Es como si el arma secreta del manipulador, cualquiera que fuese esa arma, tuviera realmente el poder de aniquilar a su víctima y destruir al mundo entero.

Sé que una amenaza de apocalipsis emocional puede llegar a ser aterradora. Pero, de hecho, los gritos no conseguirán destruir tu mundo. Las críticas no terminarán con tu vida. Los insultos, más allá de lo dañinos que puedan ser, no conseguirán que tu casa se derrumbe hasta quedar en ruinas. Comprendo que puedas tener la sensación de que el apocalipsis emocional llegaría a destruirte, pero no es así. Y cuando consigues ver a través del miedo que te paraliza y obnubila tu mente, puedes ser capaz de rechazar el punto de vista de la persona que te está haciendo luz de gas y negarte a aceptarlo, sin creer en él ni rebatirlo, simplemente respetando tu propia verdad interior.

Apocalipsis Now:
las armas secretas del manipulador

¿Qué es lo que más te hace sufrir? Tu maltratador es un experto en poner el dedo en la llaga. Esa es su arma secreta. Tiene una gran facilidad para:

- **Recordarte tus peores temores**
  «Realmente estás demasiado gorda/eres frígida/demasiado sensible/complicada...».

- **Amenazarte con que va a abandonarte**
  «Nadie volverá a amarte».
  «Te quedarás soltera el resto de tu vida».
- **Mencionar otras relaciones en las que tienes conflictos**
  «No cabe duda de que eres incapaz de llevarte bien con tus padres».
  «Probablemente tu amiga Suzy se ha alejado de ti por este motivo».
  «No quieres darte cuenta, pero esta es la razón por la que tu jefe no te respeta».
- **Utilizar tus ideales en tu contra**
  «¿Acaso el matrimonio no significa amor incondicional?».
  «Yo creía que los amigos estaban para apoyarte».
- **Hacerte dudar de tus propias percepciones, recuerdos o sentido de realidad**
  «Nunca he dicho eso, solo lo has imaginado».
  «Prometiste hacerte cargo de esa factura, ¿acaso no lo recuerdas?».
  «A mi madre realmente le dolió mucho lo que le dijiste».
  «Nuestros invitados pensaron que eras ridícula, todo el mundo se reía de ti».

Uno de los primeros pasos para liberarte de una relación en la que impera la luz de gas es reconocer que consideras que este apocalipsis emocional es terriblemente desagradable y doloroso para ti. Si no puedes soportar que te hablen a voces, tienes todo el derecho de insistir en que los gritos no deben formar parte de las discusiones. Quizás a otra mujer no le moleste que le griten, pero a ti sí. Si por eso te consideran demasiado sensible, lo eres y punto. Estás plenamente autorizada a poner límites en el momento en que tú lo decidas, y no cuando los pondrían otras míticas mujeres «menos sensibles».

Y al mismo tiempo, es muy bueno para ti comprender que tu mundo no se caerá a pedazos por el hecho de que te hablen a voces. De manera que aunque tu maltratador se adjudique el derecho de seguir gritándote, no debes sentirte obligada a someterte a él cada vez que te amenace con hacerlo. Probablemente no sea agradable tener que alejarse de un hombre que habla a gritos, cerrar la puerta del estudio detrás de ti o incluso marcharse de casa. Tu reacción puede llegar a provocar una reacción todavía más intensa, pero lo importante es que no sientas que tu pareja posee un arma de destrucción masiva con la cual siempre puede obligarte a ceder a su voluntad.

En el capítulo seis nos ocuparemos más detenidamente de algunas técnicas para poner límites y reforzar tu núcleo interno de autorrespeto, los primeros pasos que es preciso dar para apagar la luz de gas. Sin embargo, antes quiero que te detengas en la segunda razón por la que tantas de nosotras renunciamos a nuestras propias opiniones para bailar el tango luz de gas.

La imperiosa necesidad de fundirse con otra persona*

Aquellos de nosotros que somos propensos a entrar en la dinámica de este tipo de maltrato tenemos aparentemente algo en común. Más allá de lo fuertes, inteligentes y competentes que seamos, sentimos una necesidad imperiosa de obtener la aprobación de quien nos está haciendo luz de gas y además tendemos a idealizarlo. Sin su aprobación somos incapaces de reconocer que ya somos esa persona digna de ser amada, buena y competente que ansiamos ser. El caso es que como necesitamos que nuestro maltratador nos valore, la sola idea de alejarnos de alguna manera de él nos aterroriza. Y por ello nos sentimos inquietos cuando tenemos

---

* Aunque el término *fundirse* tenga un significado especial en psicoanálisis, en este contexto lo utilizo en su sentido más coloquial, es decir, como el deseo de mantener un acuerdo total con la otra persona en el que no haya ningún conflicto.

distintos puntos de vista sobre las cosas, o cuando nuestras preferencias no coinciden con las suyas.

Mariana era una mujer muy atractiva de poco más de cuarenta años, con unos grandes ojos azules y cabello rubio. Trabajaba como supervisora en una pequeña oficina. Durante muchos años había mantenido una relación luz de gas con su amiga Sue. En una ocasión le pedí que describiera uno de sus enfrentamientos con ella, y mi intervención estuvo a punto de provocarle un ataque de ansiedad. «El mero hecho de pensar en nuestras discrepancias me hace sentir como si me hubiera caído del planeta y estuviera flotando en el espacio sin gravedad y sin nada que me sujete a la tierra», me respondió.

Este es un ejemplo más de que las reacciones son muy variables. Mariana y Sue tenían muchos problemas para tolerar sus diferencias de opinión, independientemente de que se refirieran al mundo de la moda, la política, las personas que conocían o incluso sus propias familias. En cierta ocasión pasaron varias horas discutiendo con el propósito de aclarar si Mariana había sido demasiado crítica con su madre. La mujer vivía en otro estado y Sue ni siquiera la conocía; sin embargo, ambas consideraron que era indispensable encontrar algún punto de coincidencia sobre ese asunto, incapaces de soportar la idea de tener opiniones diferentes sobre la conducta de Mariana.

En algunas relaciones donde se practica la luz de gas se puede considerar correcto disentir en algunos temas pero no en otros. Los desacuerdos que un determinado día no implican ningún conflicto serio, en otra ocasión pueden representar una situación de peligro. En muchos casos, el reconocimiento y la tolerancia de las diferencias cambian de acuerdo con el grado de estrés y seguridad de cada una de las personas implicadas en la situación. Si la relación entre ambas va por buen camino, es probable que se concedan mutuamente más espacio. Si una de ellas, o las dos, se sienten vulnerables, pueden exigirse más «lealtad», es decir, una aceptación y entrega incondicional.

Cuando quienes sufren la luz de gas sienten ansiedad debido a un desacuerdo con el maltratador, o a su reprobación, tienden a responder de dos formas. O bien ceden rápidamente ante su pareja, cónyuge, amigo o jefe, renunciando a sus propias opiniones con el fin de sentirse valorados y demostrarse a sí mismos que son buenas personas, competentes y dignas de ser amados, o bien recurren a una serie de argumentos o a una manipulación emocional para provocar que el maltratador acepte su propio punto de vista con el propósito de sentirse seguros y valorados.

En el caso de Trish, por ejemplo, ella estaba desesperada por convencer a su marido, Aaron, de que sabía administrar su dinero. No podía soportar el pensamiento de que la considerara una inútil, y estaba dispuesta a mantener interminables discusiones con tal de evitar que tuviera una opinión negativa de ella. Esgrimía todo tipo de argumentos para conseguir que su marido aceptara que ella tenía razón.

Mariana, en cambio, recurría a la manipulación emocional. Podía echarse a llorar en medio de una discusión y decirle a Sue que se sentía muy sola. O podía pronunciar un largo discurso acerca de lo mucho que Sue significaba para ella y lo importante que era su amistad, como si cualquier mínimo desacuerdo fuera una amenaza para su relación.

A pesar de expresar su ansiedad de una manera diferente, tanto Trish como Mariana temían que el hecho de tener puntos de vista diferentes a sus maltratadores pudiera implicar no solamente perder su aprobación, sino también marcar el fin de la relación. En tal caso sucedería lo que ambas tanto temían: se quedarían solas y aisladas. Por este motivo, estaban dispuestas a hacer prácticamente cualquier cosa para proteger esa sensación de intimidad con la otra persona, aunque a lo largo del proceso eso significara su propia aniquilación.

TU PARTICIPACIÓN EN EL TANGO

¿Estás bailando el tango luz de gas? Compruébalo con el siguiente cuestionario.

Para bailar el tango se necesitan dos personas: ¿te estás convirtiendo en una víctima de la luz de gas?

1. Tu madre te llama desde hace semanas intentando quedar contigo para comer juntas pero tú estás muy ocupada. Entre tu nuevo novio, tu gripe reciente y tu apretada agenda de trabajo, simplemente no consigues encontrar el momento para comer con ella. Ella se queja: «Bueno, ya veo que no tienes ningún interés en verme. ¡Me encanta descubrir que he criado una hija que es absolutamente egoísta!». Tú respondes:

   a. «¿Cómo puedes decir que soy egoísta? ¿Acaso no te das cuenta de que estoy sobrecargada de trabajo?».
   b. «Cielos, lo lamento mucho. Tienes razón. Soy una mala hija. Me siento fatal».
   c. «Mamá, lo paso muy mal hablando contigo cuando siento que me estás menospreciando».

2. Tu mejor amiga acaba de cancelar una cita que tenía contigo en el último momento, y no es la primera vez que lo hace. Te armas de coraje y le dices: «Realmente me sienta fatal que canceles una cita de ese modo. Me condenas a pasar una noche de fin de semana sintiéndome sola y abandonada. Y además me siento frustrada porque podía haber organizado un plan con otra persona. ¡Y, francamente, te echo de menos!». Tu amiga te contesta con un tono de voz afectuoso y que refleja cierta preocupación: «Bien, he estado intentando decirte que creo que empiezas a estar demasiado pendiente de mí. No me siento cómoda con alguien tan dependiente y demandante». Tú respondes:

a. «No soy tan dependiente ni tan demandante. ¿Cómo puedes decir eso? Yo hago cosas sola todo el tiempo. Simplemente se trata de que no me gusta que canceles las citas en el último momento; ¡ese es el problema!».

b. «Ah, ¿con que ese era el motivo de que no pasáramos más tiempo juntas? Creo que será mejor que modifique mi conducta. Lamento mucho ser una carga para ti».

c. «Pensaré en lo que me estás diciendo. Pero me gustaría saber cómo hemos pasado del hecho de que hayas cancelado una salida en el último minuto a que yo sea dependiente».

3. Tu supervisora está sufriendo una gran presión últimamente, y tú piensas que se está desquitando contigo. Aunque por momentos elogia tu trabajo y habla maravillas de ti, en otras ocasiones te lee la cartilla por pequeñas infracciones en cuanto entras en su despacho. Acaba de pasar diez minutos señalando que la fuente que has utilizado en tu último análisis de mercado no respetaba el formato estándar de la empresa. «¿Por qué insistes en hacer mi trabajo más difícil? —te pregunta—. ¿Piensas que mereces tener algún tipo de tratamiento especial? ¿O acaso tienes algún problema con la autoridad?». Tú respondes:

a. «No te exaltes, ¡se trata únicamente de la fuente utilizada en un documento!».

b. «No sé qué me pasa últimamente. Quizás tengo demasiados frentes abiertos en el trabajo».

c. «Lamento no haber seguido el procedimiento» (mientras piensas: «No puedo soportar *que me griten*»).

4. Tu novio se ha mostrado malhumorado y retraído toda la noche. Finalmente te recrimina: «No entiendo por qué tienes que divulgar mis secretos al mundo entero». Tú le pides que te

explique qué quiere decir con eso, y te contesta que en la fiesta organizada por sus compañeros de trabajo le has contado a alguien que pensáis iros de vacaciones al Caribe. «¡A quién le importa a dónde vamos a ir! —exclama—. La gente saca todo tipo de conclusiones de esas informaciones: cuánto dinero estoy ganando, cómo van mis ventas…, y no me interesa en absoluto que se enteren de eso. Es evidente que no tienes ninguna consideración por mi intimidad ni por mi dignidad». Tú respondes:

a. «¿Estás loco? No son más que unas simples vacaciones. ¿Cuál es el problema?».

b. «No tenía la menor idea de que era tan desconsiderada. Ahora me siento fatal».

c. «Lamento que estés disgustado. Pero por lo general solemos tener distintos puntos de vista sobre las cosas, ¿verdad?».

5. Has estado conversando con tu marido sobre el mismo asunto durante horas. Te has olvidado de recoger su ropa de la tintorería, tal como le habías prometido, y ahora él no tiene ningún traje limpio para el viaje de trabajo que va a iniciar mañana. Le pides disculpas pero él insiste en que lo has hecho intencionadamente pues has llegado a la tintorería cinco minutos después de que cerrara. Él destaca que esta no es la primera vez que llegas tarde cuando tienes que hacerle algún favor. Tú admites que por lo general llegas tarde a los sitios, pero añades que no es un problema personal con él. Él te acusa de intentar sabotear su viaje para que se quede en casa contigo. O quizás de que estás celosa de su nueva compañera de trabajo. O a lo mejor simplemente estás aburrida de tu propio trabajo y lo envidias porque a él le encanta el suyo. Tú respondes:

a. «¿Cómo puedes decir cosas tan horribles de mí? ¿No puedes ver lo mucho que me esfuerzo? Si estuviera intentando sabotearte, ¿me hubiera marchado de mi trabajo una hora antes para ayudarte?

b. «No lo sé, quizás tengas razón. Es probable que estuviera intentando fastidiarte por algo».

c. «Tú tienes tu opinión sobre lo que he hecho, y yo tengo la mía. Y en este punto tendremos que llegar al acuerdo de no estar de acuerdo».

Si has respondido (a): Discutes constantemente con tu maltratador y nunca sales triunfadora de ninguna de las polémicas. Le das el poder de «volverte loca» porque necesitas imperiosamente su aprobación. Y aun en el caso de que tengas razón, es probable que te convenzas de lo contrario para dar por zanjada la discusión y poder terminar de bailar el tango.

Si has respondido (b): Al parecer tu maltratador ya te ha convencido de que consideres las cosas desde su punto de vista. Estás dispuesta a aceptar sus opiniones porque necesitas desesperadamente su aprobación, incluso pagando el precio de tener una baja autoestima. Pero aunque hubieras cometido un error, no tienes ninguna obligación de someterte a la opinión negativa que tiene de ti. Sigue leyendo. Te ayudaré a volver a valorar tu propio punto de vista y a tener una opinión sana y positiva de ti misma.

Si has respondido (c): ¡Enhorabuena! Cada una de estas respuestas es una forma estupenda de salir airosa del tango luz de gas. Eres más fiel a tu propio sentido de realidad que a tu deseo de ganar la aprobación del manipulador y, por lo tanto, tienes la fuerza necesaria para abandonar las discusiones e interrumpir la luz de gas. Estás en el buen camino para liberarte del efecto luz de gas.

Independientemente de que hayas respondido (a), (b) o (c) a la mayoría de las preguntas, no debes preocuparte por nada. En el resto del libro ofrezco muchas sugerencias específicamente destinadas a ayudarte a abandonar el tango luz de gas. Recuerda que en tanto haya una pequeña parte de ti que crea necesitar al manipulador para poder sentirte a gusto contigo misma, potenciar tu confianza o tu identidad en el mundo, estarás dejando una ventana abierta para sufrir la luz de gas.

A continuación vamos a analizar otro aspecto del tango luz de gas que a menudo nos hace sentir la tentación de participar en ese peligroso baile.

LA TRAMPA DE LA EMPATÍA

La empatía es la capacidad de ponerse en el lugar de otra persona para imaginar lo que está sintiendo. Cuando mi amiga me informa de que su última mamografía ha dado un resultado dudoso o cuando me entero de que se han burlado de mi hijo en el colegio o que a mi pareja le han negado una subvención, no solamente lo lamento por ellos, también comparto sus miedos, sus sentimientos heridos y su frustración. Y lo hago conectando con situaciones en las que yo misma me sentí asustada, frustrada o decepcionada. Y cuando me comunican que mi amiga no tiene ningún problema de salud, que mi hijo tiene un nuevo amigo o que mi pareja ha conseguido un ascenso en el trabajo, también comparto sus alegrías.

Hay muchas situaciones en las que la empatía es la mejor virtud en la que puedo pensar: un bálsamo que hace soportable la aflicción, un regalo que multiplica la alegría. La empatía es la corriente que fluye entre dos personas que tienen una relación íntima. Nos ayuda a sentirnos menos solos y reafirma nuestra sensación de ser amados y comprendidos. No obstante, en algunas circunstancias la empatía puede ser una trampa, y esto se aplica especialmente a una relación caracterizada por la luz de gas. Tu capacidad para ser empática, así como también la necesidad de que lo sean contigo, podría convertirte en una persona propensa a sufrir el efecto luz de gas.

Katie, por ejemplo, era una de las personas más empáticas que he conocido jamás. Sintonizaba de una manera notable con los sentimientos de todos sus seres queridos, era capaz de imaginar con increíble precisión cómo podría afectarles un suceso determinado. Si se veía obligada a pedirme que cambiáramos la fecha de una cita, se disculpaba por causarme molestias, demostrándome que no solo era consciente de sus propias necesidades sino también de las mías. Gracias a esta cualidad podía ser una excelente amiga y pareja.

Sin embargo, también observé que la empatía de Katie dificultaba que defendiera sus propios puntos de vista en lugar de aceptar los de su novio. «Me doy cuenta de que Brian se enfada cuando hablo con el encargado de la charcutería. Es como si tuviera miedo de que lo dejara definitivamente. Me siento fatal cuando veo lo asustado que está. No puedo soportarlo». A menudo estaba tan pendiente del miedo de su novio que se olvidaba de lo que ella pensaba sobre esas charlas y de lo que realmente significaban para ella. Estaba tan dispuesta a considerar las cosas desde el punto de vista de Brian que había perdido su propia perspectiva.

Desafortunadamente, Brian no manifestaba la misma empatía con ella. Apreciaba la forma de reaccionar de Katie y, en gran parte, la razón por la cual estaba tan unido a ella era precisamente por lo comprensiva que era. No obstante, él no respondía de la misma manera. Rara vez, si acaso alguna, llegaba a pensar: «A Katie le sienta muy bien que alguien le sonría, la hace sentir feliz y segura» o «Reconozco que a Katie le molesta mucho que le grite, pues eso la hace sentir insegura e incómoda». La mayor parte del tiempo, solo era consciente de sus propias necesidades y sentimientos. En realidad, consideraba que tener en cuenta los sentimientos de Katie implicaba renunciar a los suyos. Reconocer que ella podía tener sentimientos u opiniones diferentes era lo mismo que admitir que los suyos no tenían ningún valor. Era *incapaz* de empatizar con ella sin sentirse derrotado, como si adoptar esa actitud significara abandonar toda esperanza de que ella comprendiera y respetara sus puntos de vista.

Tal vez Brian careciera realmente de la capacidad de percibir los sentimientos de otra persona. O quizás tuviera miedo de ser capaz de sentir empatía, porque considerara que eso lo convertiría en un hombre débil que se dejaría vencer. De hecho, en algunas escasas ocasiones en que acudieron juntos a las sesiones de terapia, comentó: «No entiendo por qué siempre tengo que ver las cosas de la misma forma que ella. ¡Nunca hacemos nada a mi manera! Cada vez que acepto lo que ella dice, termino renunciando a mi parecer».

En esta dinámica de luz de gas, la empatía de Katie generó una especie de trampa. Estaba dispuesta a aceptar el punto de vista de su novio, pero no a defender el suyo. Durante sus discusiones le daba espacio para que él desarrollara sus argumentos, pero él nunca le cedía terreno. Cuando le sugerí que intentara empatizar con Katie, Brian se sintió frágil y vencido. Por el contrario, ella sentía que era sensible y afectuosa cuando empatizaba con él. Sin embargo, su empatía compulsiva la llevó a desentenderse de sus propios sentimientos y percepciones en un esfuerzo por ver las cosas desde el punto de vista de Brian.

Katie no solamente se mostraba empática, también deseaba con desesperación que los demás fueran empáticos con ella. Y además anhelaba que la valoraran como persona, pues esa era la única forma en que podía demostrarse a sí misma que era una buena persona, leal, y no la mujer coqueta e infiel que Brian la acusaba de ser. Su anhelo por recibir la empatía y aprobación de su pareja era tan desmedido que constituía una amenaza para su capacidad de pensar con claridad. Y esa imperiosa necesidad de someterse al punto de vista de su novio le impedía tolerar cualquier desacuerdo entre ellos. El amor significaba para ella una comprensión total y una aceptación incondicional, y sin ese amor Katie se sentía inútil, abandonada y sola. Estaba siempre dispuesta a sufrir la luz de gas a la que Brian la sometía, debido a su demanda constante de aprobación, comprensión y amor.

En cierta ocasión le pregunté a Katie si podría llegar a aceptar el hecho de que su novio tal vez nunca sería capaz de comprender por qué era tan importante para ella ser abierta y sociable. Y a continuación añadí que quizás podría dejar de insultarla, aunque seguramente nunca podría dejar de tener opiniones diferentes a las suyas. Katie se quedó boquiabierta.

—Pero Brian me ama —protestó—. Haría cualquier cosa por mí.

—Puede ser —contesté—. Pero los sentimientos y los actos de amor no son lo mismo que la comprensión. Algunas veces amamos a personas sin ser capaces de percibir lo que ellas sienten. Y en otros momentos no aprobamos los actos, decisiones u opiniones de los demás, incluso aunque se trate de la propia pareja.

Katie me miró fijamente como si estuviera hablando en griego.

—Eso no es amor —dijo finalmente—. Si amas a alguien, lo comprendes; puedes sentir lo que él o ella siente. ¡Y piensas que esa persona es maravillosa! Y Brian me ve de ese modo, solo que no todo el tiempo.

Y pasó a contarme que una vez había vuelto completamente agotada del trabajo y él le había hecho un masaje en los pies. Me había contado esa historia en innumerables ocasiones, y en cada una de ellas había repetido: «¡Simplemente supo lo que necesitaba, y me lo dio! Entonces me di cuenta de que yo significaba mucho para él, y que siempre estaría dispuesto a cuidarme». Era un recuerdo tan preciado para ella que estaba dispuesta a resistir los insultos y los gritos de Brian, con la esperanza de poder vivir otra vez esos escasos momentos especiales en los que se había sentido «comprendida» por él y había pensado que Brian siempre estaría ahí para cuidar de ella.

¿Cómo puedes escapar de la trampa de la empatía? Prueba las siguientes sugerencias.

Cómo liberarte de la trampa de la empatía

Aclara tus propios pensamientos y sentimientos. Al mantener una relación donde impera la luz de gas, a menudo nos concentramos completamente en el enfoque de nuestra pareja, hasta tal punto que nos olvidamos de nuestras propias opiniones. Intenta completar las siguientes oraciones sobre una relación que consideres conflictiva, de acuerdo estrictamente con lo que tú piensas. Te sugiero que apuntes las respuestas, que las leas en voz alta o que hagas ambas cosas. ¡Te resultará muy útil *escuchar* y *ver* tu propia perspectiva, y no solamente pensar en ella!

En esta relación yo quiero _____

_____

Lo que me gustaría cambiar es _____

_____

No puedo soportar que _____

_____

Me veo básicamente como _____

_____

Me gusta cuando la gente _____

_____

¿Cómo te has sentido al completar esas oraciones? Si has estado a punto de tener un ataque de ansiedad, no debes preocuparte. Eso solo es una evidencia de que para ti es una novedad centrarte completamente en tu propia perspectiva. Intenta sentarte a reflexionar sobre tus sentimientos y ver qué es lo que sucede. Quizás te resulte más fácil pensar en estas preguntas de un modo más simple y concreto.

Algo que querría que mi novio hiciera esta semana es _____

_____

Algo que querría que mañana fuera diferente sería _____

_____

*Algo que me gusta de mí misma es*_____

_____

Si lo prefieres también puedes dibujar tus sentimientos o utilizar una combinación de palabras e imágenes. (En el Apéndice A encontrarás un «vocabulario de sentimientos»).

Consulta con tu «consejero ideal». Visualiza una persona sabia que te inspire absoluta confianza. Puede ser alguien que conozcas o ese consejero perfecto que desearías tener. Puedes visualizar a un ser humano real, un guía mágico o espiritual e incluso un animal. Visualiza a este guía presenciando una situación conflictiva que has vivido recientemente con quien te está haciendo luz de gas, viendo todo lo que está sucediendo con absoluta claridad. Ahora imagina que vas a visitar a ese guía después del conflicto. ¿Qué es lo que te dice acerca de lo sucedido? ¿Cuál es su consejo?

Habla con alguien en quien confíes. Si tienes un amigo o un familiar en quien confíes plenamente, explícale que estás haciendo un ejercicio para descubrir tu propio punto de vista sobre las cosas. Trata de decirle exactamente lo que piensas sobre una situación complicada que incluya a la persona que te hace luz de gas. Pídele que te interrumpa con suavidad, quizás simplemente tomándote de la mano, cada vez que te escuche deslizarte desde tu propio punto de vista hacia el de otra persona, muy especialmente el del maltratador. Tu objetivo es aclarar tus propios pensamientos y sentimientos, sin tener a nadie más como referencia. ¡Asegúrate de que no se inmiscuya con su propia opinión! Si no puedes soportar el hecho de ignorar lo que piensa tu amigo o familiar, proponle conversar sobre el ejercicio al cabo de un día o dos. Luego intenta

vivir durante las siguientes veinticuatro horas concentrada únicamente en tu propia opinión.

El tango luz de gas puede ser un baile muy seductor pero,
como ya hemos visto, se suele pagar un alto precio por él. Independientemente de que el efecto luz de gas constituya una parte
insignificante de tu vida o que sea la dinámica esencial de tus relaciones, te beneficiarás encontrando formas de dejar de bailar. En
los tres capítulos siguientes analizaremos las tres fases de este tipo
de maltrato y veremos algunas formas específicas de liberarte de
todos los tipos existentes, desde los que parecen más triviales hasta
los que resultan francamente angustiosos.

3

Primera fase:
«¿De qué estás hablando?».

Has ido al cine con el hombre con el que estás saliendo, y mientras estáis sentados esperando que comience la película de repente sientes sed y le dices: «Disculpa, me estoy muriendo de sed. Enseguida vuelvo». Abandonas la sala para beber un vaso de agua y luego vuelves a tu asiento. Mientras te acomodas en la butaca, observas que tu compañero te está mirando fijamente.

—¿Pasa algo? –le preguntas.

—¿Qué has estado haciendo? –dice con rabia–. ¿Cómo puedes ser tan desconsiderada? Me has dejado aquí sentado durante casi veinte minutos. ¿Qué se supone que debía hacer?

—¿De verdad ha pasado tanto tiempo? –te sorprendes. La película ni siquiera ha empezado, y estás segura de que no habéis llegado con tanta anticipación.

—Quizás no has controlado el tiempo, pero yo sí lo he hecho –te contesta. En ese momento las luces se apagan y él te rodea con el brazo de esa forma cariñosa que tanto te gusta–. Cualquiera que

sea el perfume que llevas esta noche, deberías usarlo siempre –
te murmura románticamente al oído. El resto de la velada es tan
agradable que te recuerdas una y otra vez los motivos por los que
te gusta tanto su compañía. Y al día siguiente, cuando le cuentas a
tu mejor amiga cómo lo has pasado, ni siquiera mencionas el incidente del agua.

Acabas de conocer a tu nueva jefa, y tu primera impresión es que
es perfecta. Te invita a almorzar con ella durante la primera semana, y
pasa gran parte del tiempo elogiando el buen trabajo que haces. Nunca te has sentido tan halagada, y estás ansiosa de poder demostrarle
lo que *realmente* eres capaz de hacer cuando te dan la oportunidad.

Pero cierto día te quedas dormida y llegas a la oficina cuarenta y cinco minutos tarde. Te disculpas de mil maneras mientras tu
nueva jefa sonríe y dice que te comprende. «Cuando nos sentimos
amenazados por algo, a veces tendemos a evitar lo que nos hace
sentir de ese modo —expresa dulcemente—. De manera que te pido
por favor que me digas qué es lo que te parece amenazante en tu
situación laboral actual. Me complacería mucho colaborar contigo
para que este sea un sitio donde te sientas más a gusto».

Tú le respondes que al poner el despertador sencillamente te
has confundido de hora (no quieres admitir que la noche anterior
saliste y te acostaste muy tarde). Independientemente de lo que
digas, ella se limita a sonreír.

«Lamento que no te atrevas a ser sincera conmigo —manifiesta
finalmente mientras te pide que vuelvas a tu despacho—. Si cambias
de opinión, mi puerta estará siempre abierta».

No podría haberse mostrado más amable. Tú te sientes extremadamente incómoda, pero no terminas de entender cuál es la
razón. Y cuando un poco más tarde, ese mismo día, tu jefa te asigna
un trabajo que has estado esperando durante los últimos seis meses, te prometes a ti misma que nunca volverás a llegar tarde y te
olvidas del incidente.

Tu familia está organizando la fiesta del ochenta cumpleaños de uno de tus tíos, que es muy querido por todos. Llamas a tu tía Jean para preguntar qué es lo que puedes llevar. «Mira, teniendo en cuenta que eres una profesional muy ocupada –te responde–, creo que simplemente podrías comprar pan en una buena panadería. Así no tendrás necesidad de cocinar».

Insistes en que te encantaría preparar algo para el tío Ira, pero como la tía Jean no quiere ni oír hablar de ello, finalmente aceptas llevar el pan. El día anterior a la fiesta la tía Jean te llama a la oficina. «Tu madre me acaba de contar la fabulosa tarta de chocolate y avellanas que preparaste para el cumpleaños de tu padre –te dice–. A Ira le encanta el chocolate. ¿Por qué no traes esa tarta?».

Le explicas que necesitas una serie de ingredientes y varias horas de preparación para hacerla. Y agregas que ya no tienes tiempo para prepararla ni para comprarla, porque precisamente ahora estás muy ocupada con un trabajo para el que tienes una fecha de entrega muy ajustada.

«Pero ¡me *dijiste* que querías preparar algo! –insiste la tía Jean con un tono de voz quejumbroso. Y cuando le dices que vas a ocuparte de comprar una tarta en una pastelería, se limita a suspirar–. De acuerdo, cómprala. Estoy segura de que nunca será tan rica como tu receta especial, pero no tiene importancia. Si hubiera sabido que estabas tan ocupada, no te habría molestado –dice finalmente.

Cuelgas el teléfono sintiéndote confusa. Inicialmente te habías ofrecido a preparar algo para el cumpleaños, y la verdad es que te hubiera encantado cocinar algo especial para tu amado tío Ira. ¿Qué ha sucedido para que terminaras sintiendo que les has fallado?

LA PRIMERA FASE DEL EFECTO LUZ DE GAS: UN PUNTO DE INFLEXIÓN CRUCIAL

Lo complicado de la primera fase del efecto luz de gas es que parece algo sin importancia. Apenas un pequeño malentendido, un simple momento incómodo, perder los nervios durante unos instantes o un desacuerdo insignificante. Si nunca has considerado la luz de gas como una forma de maltrato, quizás ni siquiera hayas tomado nota de esos incidentes aparentemente triviales. E incluso en el caso de que seas muy consciente de lo que implica este sutil modo de maltrato, puede resultarte difícil afirmar si las incidencias como las que he descrito anteriormente son solo pequeñas contrariedades que hay que pasar por alto, problemas que surgen por tu culpa o señales de advertencia que anuncian un patrón de conducta destructivo.

No obstante, la primera fase a menudo resulta ser un punto de inflexión crucial en la relación. Y es bastante frecuente que una relación tome cualquiera de las dos siguientes direcciones: encaminarse hacia la luz de gas o salir de ella, todo depende de cómo responda la persona maltratada. De manera que un rechazo claro y decisivo en esta primera fase puede ayudarte a cortar de raíz esa tendencia del maltratador y a tener una relación más sana. (No debes preocuparte. Un poco más adelante, en este mismo capítulo, te mostraré exactamente cómo puedes negarte a participar desde esta primera fase).

En ocasiones la luz de gas se instala en una relación que ha sido relativamente sana durante semanas, meses o incluso años. En este caso puede resultarte mucho más difícil advertir que tu pareja, tu amigo o tu jefe te está haciendo luz de gas. Sin embargo, cuanto antes te des cuenta de lo que está sucediendo y dejes de participar en ese patrón de conducta, más posibilidades tendrás de recuperar la relación sana que habíais mantenido hasta entonces.

Por otra parte, el hecho de reconocer la primera fase podría ayudarte a decidir mucho antes, y con mucho menos sufrimiento, que este tipo de relación nunca será buena para ti, independientemente de que sea reciente o antigua. De ese modo, podrás plantearte dar por terminada esa relación de amor o de amistad, o al menos conseguir que los desacuerdos no sean tan conflictivos.

Si no puedes evitar relacionarte con quien te está haciendo luz de gas, porque es un familiar, tu jefe o un compañero de trabajo, debes asegurarte de limitar los contactos que tienes con esa persona y evitar implicarte tanto emocionalmente en la relación.

Y por último, identificar el patrón en esta etapa temprana te permitirá tomar conciencia de tu propia inclinación a bailar el tango luz de gas. Ahora es el momento perfecto para corregir esas respuestas que te llevan a someterte a este tipo de maltrato. El efecto luz de gas se encuentra todavía en un nivel manejable y tu sentido de identidad está relativamente intacto.

De modo que vamos a empezar por analizar algunos signos que ponen de manifiesto que has entrado en la primera fase del proceso. Como podrás ver, algunos de esos signos se contradicen mutuamente, y todos ellos pueden explicarse de muy diferentes maneras. Pero si reconocerte en algunas de las situaciones mencionadas en las listas te provoca ansiedad o tristeza, o si algunos de estos signos te resultan verdaderamente familiares, se trata de un indicativo de que debes prestar mucha atención. Tu reacción puede servirte para descubrir que estás inmersa en la primera fase del efecto luz de gas.

Signos que revelan que has entrado en la primera fase luz de gas

CON TU NOVIO O MARIDO

- A menudo discutís por saber quién tiene razón y quién está equivocado. Descubres que dedicas menos tiempo a pensar en lo que tú deseas que a descubrir si él tiene razón.
- No puedes comprender cuál es el motivo de que parezca estar juzgándote constantemente.

- A menudo tienes la sensación de que distorsiona los hechos, de que describe las situaciones o las recuerda de una forma completamente diferente a cómo han ocurrido en realidad.
- Es frecuente que su punto de vista no tenga ningún sentido para ti.
- Tu imagen de la relación es que va estupendamente bien, «excepto por» esos incidentes aislados que permanecen clavados en tu mente.
- Cuando describes el punto de vista de tu pareja, tus amigas te miran como si estuvieras loca.
- Cuando pretendes describir lo que te fastidia de la relación, ya sea frente a los demás o ante ti misma, te sientes incapaz de expresar cuál es el problema.
- No hablas con tus amigas de esos pequeños conflictos que te perturban; prefieres ignorarlos.
- Te dedicas activamente a rodearte de amigos que creen que tienes una buena relación sentimental.
- Consideras que es un hombre dominante y responsable, en lugar de pensar que es controlador y exigente.
- Lo ves como un tipo encantador y romántico, en lugar de admitir que es poco fiable e impredecible.
- Crees que es razonable y servicial, pero luego te preguntas por qué no te encuentras más satisfecha en la relación.
- A su lado te sientes protegida y segura, y no estás dispuesta a renunciar a esa seguridad debido a un mal comportamiento ocasional.
- Cuando se muestra posesivo, malhumorado o preocupado, anhelas poder hacer algo para que se sienta mejor.
- Tratas de hacerlo entrar en razón, pero es inútil. Sin embargo, sigues teniendo la esperanza de conseguirlo.

Con un jefe o supervisor

- Te habla todo el tiempo de ti, y la mayoría de sus comentarios son negativos.
- Te elogia cuando está contigo; sin embargo, tienes la sensación de que está socavando tu reputación a tus espaldas.
- Tienes la impresión de que no hay nada que puedas hacer para complacer a tu jefe.
- Solías sentirte competente en el trabajo, pero ahora ya no es así.
- Conversas constantemente con tus compañeros de trabajo con el fin de comprobar si tus percepciones son correctas.
- Al salir del trabajo vuelves a repasar todas las conversaciones que has mantenido con tu jefe.
- Cuando repasas las conversaciones que has mantenido con tu jefe eres incapaz de afirmar cuál de los dos tiene razón.
- Cuando repasas las conversaciones que has mantenido con tu jefe, prácticamente no puedes recordar lo que te ha dicho pero sabes que te has sentido atacada.

Con un amigo

- Tenéis desacuerdos frecuentes.
- Cada desencuentro parece convertirse en algo personal, aunque no se haya mencionado absolutamente nada acerca de ti.
- A menudo te incomoda la opinión que tu amigo parece tener de ti y sueles intentar persuadirlo de que la cambie.
- Evitas ciertos temas de conversación con él.
- Te sientes decepcionado por tu amigo.
- Adviertes que no te apetece mucho hacer ningún plan con él.

CON UN MIEMBRO DE LA FAMILIA

- La imagen que tus padres u otros familiares tienen de ti no concuerda con la que tú tienes de ti misma, y les encanta hacértelo saber.
- Tu familiar te acusa constantemente de algunas conductas o actitudes que tú no reconoces.
- Tu familiar tiene una imagen de ti y de sí mismo que no coincide con la tuya, e insiste en que compartas su punto de vista.
- Tu familiar se empeña en tratarte como si estuvieras bloqueada en un rol infantil; si eres la más pequeña, te trata como si todavía actuaras como un bebé; si eres la mayor, se comporta como si intentaras estar al mando.
- Observas que estás a la defensiva con mucha frecuencia.
- Sientes que nunca te esfuerzas lo suficiente.
- Cuando pides algo, sientes que eres una «niña mala».
- A menudo te sientes culpable por alguna situación.

¿QUIÉN ESTÁ LOCO, ELLOS O YO?

Suelo ponerme un poco nerviosa cuando tengo que hacer un viaje en avión, a pesar de saber racionalmente que las probabilidades estadísticas de sufrir un accidente aéreo son inferiores a las de conducir en la ciudad. Sin embargo, frente a unas pequeñas turbulencias tengo la inmediata sensación de que el avión se va a caer. *Sé* positivamente que esto es muy improbable, pero ¿y si fuera cierto? ¿Cuándo debo hacer caso de mis sensaciones, y cuándo debo decirme a mí misma que tengo que ignorarlas?

Hace algunos años me encontraba atrapada en este dilema y me sentí muy agradecida por el consejo que recibí de una buena amiga: «Observa a los auxiliares de vuelo. Si están tranquilos, puedes relajarte e ignorar esa sensación de angustia alojada en la boca de tu estómago. Pero si los ves mirarse mutuamente o murmurarse cosas al oído, puedes empezar a preocuparte de verdad».

El consejo de mi amiga siempre vuelve a mi memoria cuando mis pacientes me preguntan cómo pueden saber si alguien les está haciendo luz de gas. Al fin y al cabo, en todas las relaciones existen momentos incómodos o incluso conflictivos, y todas las personas tenemos defectos. Por lo tanto, ¿cuál es el problema si tu compañero se enfada porque lo has dejado solo en la sala de cine, tu jefa pierde un poco los estribos cuando llegas tarde o tu anciana tía Jean vierte sobre ti todo el nerviosismo que le produce organizar el cumpleaños de su marido? Si los consideramos objetivamente, ninguno de los incidentes mencionados al inicio de este capítulo representa un problema verdaderamente importante, apenas algunas turbulencias y unas pocas sacudidas.

No obstante, hay ocasiones en las que una señal de advertencia realmente indica un peligro, e ignorarla sería una tontería por tu parte. Por lo tanto, mi consejo es que mires a tus «auxiliares de vuelo». Trata de encontrar algún indicador fiable (otras personas, un presentimiento o una voz interior) que te ayude a detectar en qué momento tu ansiedad tiene una base real y cuándo se trata simplemente de una sensación que deberías poner en suspenso.

Algunos auxiliares de vuelo que pueden detectar el peligro

- Sensaciones frecuentes de confusión o perplejidad.
- Pesadillas o sueños inquietos.
- Una incapacidad preocupante de recordar detalles de la situación que has vivido con la persona que te está haciendo luz de gas.
- Indicadores físicos: angustia alojada en la boca del estómago, opresión en el pecho, dolor de garganta, trastornos intestinales.

- Una sensación de miedo o un estado de alerta exagerado cuando el maltratador llama por teléfono o llega a casa.
- Un esfuerzo desmedido por convencerte, o convencer a tus amigos, de que tienes una buena relación con el maltratador.
- La sensación de que estás tolerando que te traten de una forma que compromete tu integridad.
- Amigos o familiares dignos de confianza que te expresan frecuentemente su preocupación.
- Evitar a tus amigos, o negarte a conversar con ellos de tu relación sentimental.
- Has perdido la alegría de vivir.

La primera fase del maltrato luz de gas es insidiosa. Es probable que no incluya ninguna de las señales que tradicionalmente asociamos con el abuso emocional. No hay insultos, observaciones hirientes, desprecios ni conductas controladoras. Incluso puede ser que en esta primera fase ni siquiera exista un apocalipsis emocional, que sí puede presentarse más adelante. Pero incluso en esta primera fase este tipo de manipulación es profundamente desestabilizadora y debilitante porque ansiamos ganar la aprobación del maltratador, y es bastante probable que ya hayamos comenzado a idealizarlo. Hemos decidido que *este* hombre sabe «quién somos de verdad» y si tiene una mala opinión de nosotras, es posible que tenga razón. Por lo tanto, discutimos con él, verbal o mentalmente, desesperadas por demostrar que sus críticas son falsas e injustas, y que *realmente* somos buenas personas. Obsesionadas por conquistar su aprobación, somos incapaces de ver con claridad que no nos trata bien.

Esa vaga sensación de que algo va mal, aunque seas incapaz de detectar qué es, puede ser el único indicador de que hay un problema real. En el ejemplo que di sobre la escena en el cine, tú *sabes* perfectamente que has estado fuera solo unos minutos, de lo contrario la película habría comenzado; incluso aunque hubieras estado ausente más tiempo, no habrías hecho nada malo. Sin embargo, el enfado de tu compañero te transmite el mensaje de que te has comportado fatal. En esta situación tienes dos opciones:

No te sometes a la luz de gas: si consigues mantenerte fuerte y centrada, te desentiendes de la aprobación de tu compañero y te ciñes firmemente a tu propia realidad, quizás seas capaz de ver que su enfado es un reflejo de sus propias ansiedades. «Está nervioso por nuestra cita –puedes pensar–. O quizás le produzca ansiedad quedarse solo durante cinco minutos». En cualquiera de los dos casos, sabes que es *su* problema y no el tuyo, y de este modo has evitado una oportunidad de ser sometida a la luz de gas. (¡Más tarde puedes decidir si quieres seguir viendo a ese hombre que se enfada con tanta facilidad!).

Te sometes a la luz de gas: si ya te has convencido de que es un hombre estupendo y tu único anhelo es que te quiera, lo más probable es que ya en esta primera fase te esmeres por ganar su aprobación. En este caso, te sentirás culpable por disgustarlo. Puedes empezar a pensar que es posible que seas desconsiderada, preguntarte por qué te has comportado de ese modo o cuestionarte tu noción del paso del tiempo. Te aterroriza la idea de que este hombre maravilloso crea que eres descortés o que no tienes sensibilidad. Y quizás tiene razón. En consecuencia, tu forma de demostrar lo contrario es conseguir su aprobación. Y así comienzas a bailar el tango luz de gas.

La situación que has vivido con tu nueva jefa es muy similar al ejemplo anterior. *Sabes* perfectamente que has llegado tarde porque la noche anterior te has ido de fiesta y has trasnochado. No obstante, tu jefa insiste en explicar tu demora en unos términos con los que no estás de acuerdo. Una vez más, puedes elegir entre dos alternativas:

No te sometes a la luz de gas: si tienes confianza en ti misma y en la forma en que desempeñas tu trabajo, el hecho de obtener la aprobación de tu jefa no tiene por qué preocuparte tanto. Como es evidente, deseas caerle bien y que te asigne buenos trabajos, pero lo que opine de ti no tiene realmente demasiada influencia sobre el concepto que tienes de ti misma. Gracias a tu autoestima puedes pasar por alto su extraña interpretación de los motivos por los que has llegado tarde a la oficina y evitar el efecto luz de gas. Puedes pensar: «Vaya, esta mujer tiene unas teorías bastante raras. Será mejor que no vuelva a llegar tarde, o tendré que escucharlas otra vez».

Te sometes a la luz de gas: si te consideras una buena trabajadora y una persona lista y competente únicamente gracias a la aprobación de tu jefa, es muy probable que empieces a preguntarte si tiene razón. Quizás *estés* realmente evitando alguna situación. Tal vez es cierto que te *sientes* amenazada por algo. O puede ser que el hecho de llegar tarde signifique que te estás saboteando. En cuanto empiezas a tener en cuenta las teorías de tu jefa, a pesar de *saber* que no son ciertas, te estás exponiendo a sufrir la luz de gas.

En el caso de la conversación con la tía Jean, es bastante factible que te sientas frustrada y confusa. Te insinúa que al hablar con ella la primera vez te ofreciste a preparar una comida para llevar al cumpleaños del tío Ira, y que ahora te niegas a hacerlo. En esa versión de los hechos hay evidencias suficientes como para sacarte de tus casillas. La realidad es que *realmente* te ofreciste a preparar algún plato, pero cuando la tía Jean rechazó tu ofrecimiento decidiste ocuparte de tus otros compromisos. ¿Cuáles son aquí tus dos opciones?

No te sometes a la luz de gas: si tienes un buen concepto de ti misma y te consideras una persona amable, cariñosa y generosa, seguramente *sabes* qué es lo que le ha sucedido a la tía Jean para que distorsione de ese modo la realidad. Así, la situación no te genera ninguna sensación desagradable. Incluso puedes sentir compasión por ella, comprendiendo que probablemente está nerviosa por la fiesta, y te olvidas de todo lo que te ha dicho.

Te sometes a la luz de gas: si, como muchas de nosotras, estás muy comprometida con tu familia y sabes que todos te aprecian mucho, la falsa interpretación de la realidad de la tía Jean te habrá dejado pasmada. No es suficiente para ti saber cuál es la situación real, también necesitas que la tía Jean la acepte. De lo contrario, puedes pensar que quizás tenga razón y has descuidado a tu familia comportándote de una forma egoísta. En consecuencia, te empeñas en convencerla de tus buenas intenciones, o discutes apasionadamente con ella sobre lo que realmente ha sucedido. ¡Incluso estás dispuesta a pasar la noche en vela para preparar la tarta! Y así empiezas a bailar el tango luz de gas.

La primera fase del efecto luz de gas se produce más fácilmente si...

* ... te dejas influenciar con facilidad por personas que parecen muy seguras de sí mismas.
* ... eres muy receptiva frente a personas que se sienten heridas o frustradas, o que son muy dependientes.
* ... necesitas desesperadamente tener razón y que los demás también piensen que la tienes.
* ... pones demasiado empeño en que los demás te aprecien y te comprendan.

- … para ti es muy importante ser capaz de arreglar las cosas y conseguir que todo salga bien.
- … tienes una gran capacidad para compadecerte de los demás, y observas que puedes adaptarte rápidamente al punto de vista de quien te está haciendo luz de gas.
- … te esfuerzas demasiado por preservar la relación.
- … por lo general, tratas por todos los medios de conservar tus relaciones afectivas, y lo pasas muy mal durante las separaciones.
- … tienes una gran necesidad de que la persona que te hace luz de gas tenga una buena opinión de ti.
- … lo pasas fatal cuando tienes que reconocer que alguien te está maltratando.
- … te sientes incómoda frente a los desacuerdos o conflictos.
- … te sientes más a gusto confiando en la opinión de otra persona que creyendo en la tuya.
- … sueles preocuparte por no ser lo suficientemente buena, lo suficientemente competente o lo suficientemente digna de ser amada.
- … *pretendes ganar la aprobación del manipulador, especialmente porque lo has idealizado o porque por encima de todo quieres preservar la relación.*

CUANDO LAS CRÍTICAS SE TRANSFORMAN EN UN ARMA

Supongamos que te has enamorado de un hombre que a menudo pierde los nervios y se pone a gritar. A ti esto te molesta profundamente; sin embargo, estás dispuesta a tolerarlo. Por lo tanto, cuando tu pareja habla a voces, le dices tranquilamente: «Te ruego que no me grites. Vamos a suspender esta discusión e irnos a la cama».

Hasta aquí todo va bien, nadie está sufriendo la luz de gas y la discusión parece disolverse. Pero ¿qué sucede si tu novio te dice:

«No entiendo por qué tienes que ser tan sensible» o «No estaba gritando, estaba hablando en un tono de voz normal»?

Ante esto, tienes pocas alternativas. Si respondes: «No quiero seguir manteniendo esta conversación», «Me temo que vemos las cosas de diferente manera» o incluso «Puede ser que tengas razón», todavía puedes dar por terminada la discusión y mantener intacto tu sentido de identidad. Observa que en ningún momento has admitido que tu novio *tiene* razón, solo que podría tenerla. Por tanto, estás reconociendo que ambos tenéis puntos de vista diferentes. En otras palabras, estás negándote a caer en la imperiosa necesidad de sentirte una sola persona con él, y esto constituye una magnífica protección contra el efecto luz de gas.

Pero ¿y si empiezas a dudar de si realmente eres demasiado sensible, o si tu novio en realidad no estaba hablando a voces? ¿Estás abierta a aceptar las críticas (algo que suele considerarse una virtud) o simplemente estás entrando en la primera fase del proceso?

Una vez más estamos hablando de una delgada línea. En algunas ocasiones nuestros seres queridos actúan *efectivamente* de forma distinta a la nuestra. Lo que nosotros consideramos «gritar», para ellos puede ser «un tono de voz normal, aunque vehemente». En otros momentos sus percepciones y comprensiones ponen a prueba las nuestras, y quizás pueden sernos de gran utilidad. Aprender a verte a ti mismo a través de la mirada de alguien a quien amas puede ser un tremendo incentivo para el crecimiento personal. Y, por otra parte, el hecho de ser receptivo a las críticas forma parte de cualquier relación importante.

Sin embargo, a veces quien te hace luz de gas recurre a la crítica como arma de ataque. Sus críticas te generan tanta ansiedad y te hacen sentir tan vulnerable que empiezas a experimentar la sensación de estar derritiéndote hasta convertirte en un charco de agua sobre el suelo. No puedes soportar que tenga una opinión tan mala de ti, y además temes que tenga razón al considerar que eres insensible, insensata o incompetente. Tal vez esté en lo cierto, y esa posibilidad te aterroriza. Y como eres tan vulnerable a sus críticas, consigues que se conviertan en un apocalipsis emocional.

Las críticas de una persona que practica la luz de gas pueden ser parcialmente auténticas, pero van dirigidas a minar tu confianza y no a ayudarte a modificar tu comportamiento. Aaron, por ejemplo, le recriminaba a Trish que abonara con retraso las facturas de su tarjeta de crédito y, como consecuencia, pagara altas comisiones. Es probable que tuviera razón al decirle que debía ser más cuidadosa y pagar puntualmente sus facturas. Y si se lo hubiera dicho que una forma cariñosa y con ánimo de ayudarla, Trish seguramente habría seguido sus consejos y se habría beneficiado de ellos. Pero lo cierto es que Aaron aprovechaba esas sugerencias para crear una imagen de Trish que no era real: una persona infantil e irresponsable, incapaz de gestionar su propio dinero, una derrochadora que iba a conseguir ponerlos a ambos al borde de la ruina. Y eso *no* era verdad. Pero en lo más íntimo de su ser, Trish albergaba el temor de que probablemente a Aaron no le faltaba razón. Sus intentos desesperados por disuadirlo de esa opinión en realidad eran esfuerzos por demostrarse a sí misma que no era la mujer irresponsable e infantil que su pareja parecía creer que era.

Por lo tanto, si alguien te critica y tú sientes ansiedad y te ves minusvalorada, te recomiendo que observes a tus auxiliares de vuelo. Tus buenos amigos y tus intuiciones fiables pueden ayudarte a decidir si debes escuchar las críticas con el corazón abierto o, por el contrario, debes protegerte firmemente de cualquier opinión negativa. En cuanto tengas la sensación de que te están despreciando o atacando, debes dejar de escuchar lo que te dicen y concentrarte en lo que es realmente importante: no te mereces que te traten de ese modo, más allá de lo que hayas hecho o dejado de hacer.

Algunos auxiliares de vuelo que pueden detectar el peligro

- Sensaciones frecuentes de confusión o perplejidad.
- Pesadillas o sueños inquietos.
- Una incapacidad preocupante de recordar detalles de la situación que has vivido con la persona que te hace luz de gas.
- Indicadores físicos: angustia alojada en la boca del estómago, opresión en el pecho, dolor de garganta, trastornos intestinales.
- Una sensación de miedo o un estado de alerta exagerado cuando el maltratador llama por teléfono o llega a casa.
- Un esfuerzo desmedido por convencerte, o convencer a tus amigos, de que tienes una relación muy buena con el abusador.
- La sensación de que estás tolerando que te traten de una forma que compromete tu integridad.
- Amigos o familiares dignos de confianza te expresan frecuentemente su preocupación.
- Evitar a tus amigos o negarte a conversar con ellos de tu relación sentimental.
- Has perdido la alegría de vivir.

Creo que este aspecto es tan importante que voy a insistir en ello. *Nunca* deberías escuchar críticas que estén principalmente dirigidas a herir tus sen

timientos, aunque se basen en la realidad. Si tus auxiliares de vuelo te dicen que alguien está utilizando la verdad como un arma, debes *dejar de escuchar* a esa persona y dar por terminada la conversación. De lo contrario, correrás el riesgo de verte arrastrada hacia el tango luz de gas.

Las críticas destinadas a minar tu confianza suelen...

* ... incluir insultos, exageraciones o burlas.
* ... surgir en medio de una pelea o de una discusión airada.
* ... formar parte de los esfuerzos que hace una persona por ganar una discusión.
* ... expresarse para contrarrestar tus objeciones o tu voluntad de dar por terminada una conversación.
* ... parece surgir de la nada.
* ... desviar la atención desde la conducta de otra persona hacia la tuya.
* ... producirse en un contexto en el cual no puedes reaccionar fácilmente.

LA TRAMPA DE LA EXPLICACIÓN

A sus casi sesenta años, mi amiga Leah es propietaria de un pequeño negocio. Es una mujer pequeña y de cabello canoso, con una forma de hablar muy directa y un sorprendente sentido del humor. Enviudó después de haber estado casada durante muchos años, y ahora está intentando volver a conocer a algún hombre. Hace poco tiempo una amiga la invitó a una cena y se sentó al lado de un hombre llamado Matt, que le pareció un poco arrogante y algo retraído. No se sintió especialmente atraída por él. No obstante, le hizo mucha ilusión que poco después Matt la invitara a salir un sábado por la noche.

Desde que se conocieron en aquella cena Matt no había dejado de enviarle correos electrónicos en los que le decía que estaba ansioso por verla otra vez, pero hasta aquel momento nunca le había hecho ninguna proposición concreta. Sin embargo, el sábado por la tarde la llamó para decirle que había surgido un problema familiar y que tenía que anular la cita. Se disculpó varias veces, pero para Leah fue una decepción tener que pasar el sábado por la noche sola.

El lunes siguiente Matt volvió a llamarla para concertar una nueva cita, pero debido a sus mutuas ocupaciones no podrían volver a verse hasta tres semanas más tarde. «Esto es terrible –dijo Matt–. Ahora me siento todavía peor por haber cancelado nuestra primera cita. ¿Estás segura de que no puedes encontrar un hueco para verme antes? Me encantaría salir contigo lo antes posible».

Leah respondió negativamente y acordaron verse al cabo de tres semanas, aunque fue más que evidente que a Matt no le había hecho mucha gracia tener que esperar tanto. Leah empezó a tener dudas sobre lo sucedido después de haber hablado por teléfono con él. ¿Tal vez había notado sus reservas y por eso había cancelado la primera cita? ¿Quizás estaba saboteando la oportunidad de tener una nueva relación amorosa al no acceder a encontrarse antes con él? Estaba claro que Matt estaba disgustado por haber cancelado la cita, pues lo había repetido una y otra vez durante la conversación telefónica. ¿Acaso no se merecía una segunda oportunidad? Tal vez habría estado más comunicativo si ella se hubiera mostrado más comprensiva.

Cuando Leah me contó todo esto, ya había encontrado una explicación para lo ocurrido. Había decidido que al dudar si debía o no salir con él de alguna manera había impuesto una cierta distancia entre ambos. Seguramente ese era el motivo por el que Matt había cancelado la primera cita. Y luego, al no aceptar salir con él antes de tres semanas, no había hecho más que volver a mantener la distancia. El mal humor o malestar que él había manifestado se debían claramente a su propia conducta.

«Pero, Leah –le dije–, estás omitiendo una parte muy importante de la historia. Matt canceló la cita en el último momento. Aun cuando comprendas sus razones, e incluso aunque todas tus explicaciones sobre su comportamiento sean correctas, eso no quita que haya hecho lo que hizo. Tú has decidido favorecer algunos aspectos de su conducta e ignorar otros. Sin embargo, el hecho de encontrar explicaciones para una situación determinada no significa que no haya tenido lugar». Leah se deslizaba cada vez más hacia la luz de gas a la que Matt ya había empezado a someterla debido a sus esfuerzos por justificar su mala conducta. En lugar de verlo como realmente era, encontraba explicaciones para verlo como él deseaba que lo viera.

Tal como yo lo entiendo, Leah estaba cayendo en la trampa de la explicación. Esta conducta se caracteriza por el esfuerzo que realizamos para justificar una conducta que nos perturba, incluyendo el maltrato luz de gas. En lugar de dejar que estas señales tempranas nos sirvan de advertencia, encontramos explicaciones aparentemente racionales para demostrarnos a nosotros mismos que esas señales de peligro en realidad no tienen tanta importancia. Tal como sucede con todas las conductas asociadas a la luz de gas, la trampa de la explicación nos afecta porque, en un determinado nivel, deseamos desesperadamente que una relación afectiva funcione; pensamos que así por fin lograremos conquistar la aprobación del hombre que nos hace sentir que somos buenas personas, competentes y dignas de ser amadas. De ese modo, buscamos razones para ignorar una verdad que nos desagrada, y además idealizamos al manipulador. A continuación expongo tres formas de pensar o actuar por las que puedes quedar atrapada en la trampa de la explicación.

«No es él, soy yo»

En esta versión interpretamos que todo lo que sucede en la relación se debe a nuestras propias acciones. Leah insistía en que Matt no había anulado la cita porque sentía ansiedad, ni porque era desconsiderado, ni porque había tenido un problema familiar; había sido ella la que había provocado esa situación debido a sus propios pensamientos, sentimientos y reacciones. Este tipo de explicación resulta muy tentadora para muchos de nosotros porque es una forma enmascarada de decir que somos todopoderosos. El hecho de pensar que tenemos la culpa de que el maltratador actúe incorrectamente nos permite creer que tenemos el control total de la situación. Todo lo que debemos hacer para que la relación mejore es seguir esforzándonos.

«Se siente muy mal»

En este caso confundimos la pena, la rabia o la frustración de la otra persona con un genuino arrepentimiento. En el caso de Leah, ella seguía afirmando que Matt se sentía muy mal por haber cancelado su cita. Pero lo que en realidad había sucedido es que se arrepintió de haberla anulado cuando se dio cuenta de que iba a ser difícil salir pronto con ella. Sus sentimientos eran egoístas porque le costaba aceptar que no iba a poder verla cuando él quería. En ningún momento tuvo en cuenta que Leah pudo haberse sentido sola, decepcionada o confusa cuando canceló la cita, solo le importó *su propio* malestar. Leah se estaba engañando a sí misma intentando convencerse de que se había preocupado por ella, poniendo el énfasis en lo mal que Matt se había sentido. Prefería seguir creyendo que era posible mantener una relación amorosa con él. Gracias al poder de la fantasía no lo vio como un hombre egocéntrico que apenas se había parado a pensar cómo se había sentido ella, sino como un hombre sensible que estaba afligido por lo que había hecho.

«Independientemente de cómo se comporte, debería pasarlo por alto»

Cuando todas las explicaciones fallan, siempre podemos tratar de convencernos de que la conducta impropia de la otra persona no nos afecta, o no debería afectarnos. En última instancia, Leah no pudo evitar que Matt cancelara la cita, pero lo que *sí* hizo fue intentar que eso no le afectara. Algunas veces «decidimos» que una determinada acción no nos aflige; y otras simplemente nos olvidamos de lo que ha ocurrido, tal como hizo Leah. En cualquiera de los dos casos, la intención es parecer lo suficientemente fuertes como para que la conducta de la otra persona no nos afecte. «Siempre lo querré, más allá de lo que haga —me dijo en una ocasión una paciente—. ¿Acaso no es eso amor incondicional?».

Esencialmente, creo que el problema del «amor incondicional» es que representa un ideal que se mantiene *al margen* de las relaciones. ¿Qué es lo que realmente está diciendo una persona que declara que su amor es incondicional? «Más allá de cómo me trates o de lo que hagas, siempre sentiré lo mismo por ti. ¡De modo que ni siquiera intentes cambiar mis sentimientos! Puedes anular una cita y yo seguiré amándote lo mismo que si no la hubieras cancelado. Puedes ignorar mis sentimientos y pensar exclusivamente en los tuyos, pero yo seguiré queriéndote como si estuvieras colmándome de amor. Puedes insultarme, ignorarme o exigirme cosas absurdas, pero nada de eso me afectará en absoluto. *Así* soy yo de buena persona, y *así* de grande es mi amor por ti. En última instancia, tú y tu conducta no me importáis en absoluto, lo único que me importa soy yo misma y el amor que siento».

Espero que no me malinterpretes. Estoy totalmente a favor de las personas que se mantienen firmes y son capaces de superar las malas épocas de una relación. Creo que cualquier vínculo amoroso requiere una cierta dosis de autosacrificio. Y sé que el amor no siempre es fácil. Pero la esencia del amor es que es una *relación*, lo que implica que cada una de las partes afecta a la otra. Esto es una buena y una mala noticia a la vez. El amor es aflicción y también es alegría. Es imposible que la conducta de la otra persona no nos afecte; si así fuera, podríamos gestionar solos la relación.

En ese caso, ¿por qué nos atrae tanto esta idea del amor incondicional? Para muchos de nosotros el amor ha sido una experiencia decepcionante. Nuestros familiares, amigos y parejas no siempre nos han tratado bien. Quizás crecimos en un hogar en el que nuestros padres nos fallaron, tuvimos amores que nos traicionaron o algunos colegas o amigos nos han decepcionado reiteradamente. Por ello podemos llegar a sentir, consciente o inconscientemente, que el amor no es una opción real para nosotros, que jamás conoceremos a nadie que sea verdaderamente capaz de entregarse a nosotros con generosidad, de cuidarnos y apoyarnos con empatía.

El miedo a sufrir nos empuja a intentar resolver el problema por nuestros propios medios, procurando ser fuertes, autosuficientes y todopoderosos. En efecto, nos esforzamos por subsanar los defectos de nuestros seres queridos tratando de ser mejores personas. En lugar de ver claramente cómo es nuestro padre, compañero sentimental o amigo y preguntarnos de qué es realmente capaz, preferimos aferrarnos a la fantasía de que la relación podría mejorar si modificáramos nuestras propias acciones. En vez de analizar cómo nos sentimos en la relación (¿satisfechos o vacíos?, ¿amados o rechazados?), nos dedicamos a imaginar cómo nos *sentiríamos* si fuéramos menos egoístas, más solidarios y cariñosos. Y de este modo nos exponemos a sufrir la luz de gas. Mientras exista una mínima parte de nosotros convencida de que debemos conseguir que quien nos está haciendo luz de gas tenga mejor opinión de nosotros, que debemos fomentar su confianza o potenciar nuestro sentido de identidad en el mundo, solo seremos víctimas a la espera de individuos que nos sometan a este tipo de maltrato.

Recuerda lo que sucede en una relación así: el maltratador, incluso en el caso de que en algunas ocasiones pueda relacionarse de manera auténtica contigo, se siente agobiado por su propia necesidad de reforzar su sentido de identidad y su afán de poder. Y para conseguir su objetivo no solamente debe demostrar que tiene razón, sino también convencerte de que aceptes sus opiniones. Nada de lo que diga sobre ti y tus sentimientos tiene importancia, únicamente le preocupa una cosa: que admitas que tiene razón.

Pero si estás cayendo en la trampa de la explicación, tal vez te esfuerces por encontrar una justificación para su comportamiento.

Necesitas con desesperación que te apruebe, y lo idealizas hasta el punto de ignorar lo que hace para concentrarte únicamente en lo que dice.

En el caso de Matt, por ejemplo, insistía en que quería salir con Leah pero, al mismo tiempo, nunca se decidía a concretar sus planes. Incluso después de invitarla a salir, anuló la cita en el último momento. Por otra parte, nunca dio muestras de preocuparse por los sentimientos de Leah, solo le interesaba su propia conveniencia. Y en lugar de admitir que la conducta de Matt no le gustaba, Leah se echó la culpa de lo que estaba ocurriendo. Se inventó una explicación que consiguió tranquilizarla: ella era la única responsable de que todo saliera mal y, por lo tanto, presumiblemente también era incapaz de solucionar la situación.

Pese a que era evidente que Max se había mostrado desconsiderado, a su manera Leah optó por ignorar su conducta. No quiso ver que a pesar de haber anulado la primera cita, Matt luego había tenido el descaro de expresar su disgusto por lo difícil que resultaba concertar una nueva. Y para no aceptar la realidad se dedicó a fantasear que era un hombre solitario y dulce, y que seguramente la trataría bien en cuanto estuviera seguro de lo que ella sentía. De ese modo, se culpó a sí misma por no ser lo suficientemente afectuosa.

¿Cómo puedes escapar de la trampa de la explicación? Manteniendo el contacto con tus auxiliares de vuelo. Ellos te ayudarán a ver la diferencia que existe entre las explicaciones que aclaran realmente una situación y aquellas que te ayudan a ignorar la realidad. Si te sientes presa de la ansiedad, inquieta o alterada, y tienes que repetirte la explicación una y otra vez (ya sea a solas o frente a una amiga), debes considerarlo como una buena señal de que estás intentando justificar algo. Una explicación genuina ofrece el alivio de la comprensión y la compasión. Sin embargo, la trampa de la explicación suele avivar la ansiedad que está destinada a aliviar.

Algunas formas de ponerte en contacto con tus auxiliares de vuelo

El hecho de realizar cualquiera de las siguientes actividades puede despertar sentimientos que tal vez te resulten incómodos. Pero lejos de representar un problema, esa reacción es una señal de que estás accediendo a la verdadera sabiduría interior que necesitas para resolver el conflicto. Entrégate a la experiencia, observa tus sentimientos y trata de comprender qué es lo que pueden enseñarte.

- **Escribe en un diario personal.** Si te sientes preocupada o insegura, comprométete a escribir al menos tres páginas al día durante siete días. Escribe lo más rápidamente que puedas, sin hacer pausas, para no tener tiempo de censurar ni analizar tus pensamientos. Deja que la verdad se manifieste.
- **Medita.** La meditación es la práctica de aclarar y aquietar la mente. Muchas personas afirman que después de meditar durante alrededor de quince minutos al día, descubren una claridad interior gracias a la cual sus sentimientos y pensamientos más profundos emergen a la superficie, ya sea durante la meditación o en otros momentos del día. La mayoría de los centros de yoga ofrecen clases de meditación. También te recomiendo leer el excelente libro *El secreto de la felicidad auténtica. El poder de la meditación*, de Sharon Salzber.
- **Practica meditación en movimiento.** Los ejercicios físicos que integran la mente y el cuerpo, como son el yoga, el taichí y muchas formas de artes marciales, suelen ser un tipo de meditación en movimiento. Estas disciplinas flexibilizan

el cuerpo y al mismo tiempo abren la mente, el corazón y el espíritu. Son una excelente manera de recuperar tu propia y singular visión y reconectar con tus percepciones más profundas y verdaderas.

- **Pasa tiempo en soledad.** A menudo nuestras vidas son tan ajetreadas y están tan llenas de actividades que no tenemos tiempo para conectar con nosotros mismos. El psicólogo Thomas Moore compara el alma con una criatura tímida de la naturaleza, y nos sugiere que esperemos pacientemente junto al bosque para verla aparecer y compartir su sabiduría. Si te sientes desconectada o confusa, es probable que solo necesites un poco de tiempo para volver a conectarte contigo misma.

- **Comparte tiempo con amigos o familiares.** Algunas veces, incluso durante la primera etapa del efecto luz de gas, empezamos a sentirnos cada vez más aislados, hasta el punto incluso de llegar a no relacionarnos con ninguna persona que no sea el maltratador. E incluso cuando no estamos en compañía de ese novio, colega o jefe conflictivo, nos permitimos preocuparnos por lo que podría decir, pensar, desear o exigir. Una excelente forma de reconquistar tus propios puntos de vista puede ser pasar un rato con una persona que te ve tal como eres.

CÓMO EVITAR EL TANGO LUZ DE GAS

La primera fase del efecto luz de gas es una época muy especial, la única de las tres fases en la que tienes la oportunidad no solamente de detener el tango luz de gas, sino también de evitarlo por completo. ¿Cómo puedes hacerlo? A continuación te ofrezco algunas sugerencias.

Con tu pareja

- **Presta atención.** Trata de identificar las lagunas que existen entre lo que tú crees que es importante y lo que él considera importante.
- **Aclara tus propios pensamientos y juicios.** Si parece estar acusándote de algo, debes preguntarte si estás de acuerdo con la forma en que describe tu comportamiento.
- **Conserva tu sentido del humor.** Si aparenta estar considerando una situación mucho más seriamente que tú, recurre a tu propio concepto de lo trivial, quizás incluso de lo *absurdamente* trivial.
- **Defiende tus ideas sin enredarte en una discusión.** Cuando alguien te acusa de algo que te parece ridículo, la mejor respuesta suele ser no decir nada. Empeñarte en demostrar que tienes razón es la actitud que más favorece que sigas bailando el tango, porque lo que impulsa el baile es precisamente la necesidad de aprobación.
- **Sintoniza con tus propios sentimientos.** Mientras compartes tu tiempo con él, ¿percibes que te sientes disgustada, ansiosa o absolutamente deslumbrada? Quizás sea demasiado pronto para decidir qué es lo que significa cada una de esas sensaciones, pero al menos puedes tomar nota de lo que te está sucediendo.
- **Mantén el sentido de la perspectiva.** Al final de la cita, sintoniza nuevamente contigo misma para descubrir cuál es tu sensación general durante el encuentro. Si lo positivo supera a lo negativo, posiblemente quieras volver a verlo, pero no debes olvidar ningún detalle que te haya sorprendido o preocupado.

Con tu jefe

- **Identifica su patrón de conducta.** Tu jefe te hace luz de gas, sugiriendo que eres una persona emocionalmente inestable e incapaz de soportar la presión, pero todavía no terminas de descubrir por qué recurre a este tipo de maltrato en todo momento o en respuesta a determinadas situaciones, como puede ser cuando cometes un error, haces las cosas excepcionalmente bien o pareces tener dificultades. Conocer el patrón que utiliza tu jefe para manipularte te ayuda a descubrir qué es lo que puedes y no puedes tolerar.

- **Descubre hasta dónde puede llegar tu jefe.** ¿Su maltrato acaba inevitablemente en un castigo (cambiar los trabajos que te ha adjudicado, suspenderte de sueldo o despedirte)? ¿O se trata simplemente de un juego psicológico? Insisto una vez más; si eres capaz de ver claramente cuál es la situación, también puedes reconocer tus propios límites.

- **Identifica hasta qué punto necesitas mantener un estrecho contacto con él.** Algunos jefes son una figura central en nuestra vida laboral, mientras que otros actúan más entre bastidores. A nadie le gusta que su jefe recurra a la luz de gas, pero puede resultar más fácil soportar su manipulación si desempeña un rol relativamente menor en el rendimiento diario de tu trabajo.

Con tu familia

- **Evita involucrarte.** Este es uno de esos consejos que «son fáciles de decir y difíciles de practicar» y posiblemente lo hayas oído docenas de veces. De todas maneras, sigue siendo la mejor forma de no bailar el tango con tu madre, padre, hermano, hermana o la gruñona tía Jean. En las relaciones familiares, los patrones de conducta están tan arraigados que es especialmente difícil deshacerlos. Negarte a participar en una conversación que implica un maltrato de este tipo suele ser la mejor respuesta.

- **Deja de esforzarte para que te consideren una persona íntegra.** Si necesitas que te vean de ese modo, eres vulnerable a sufrir la luz de gas. No pretendo decir con esto que debas renunciar a tu profunda certeza interior de *ser* una persona cabal; lo que quiero transmitirte es que podrás liberarte de la luz de gas a la que te someten los familiares cuando *realmente* no te preocupe lo que puedan pensar de ti.

- **No te empeñes en que los demás te comprendan.** «Si yo entiendo su punto de vista, ¿por qué no pueden ellos comprender el mío?», me dijo en cierta ocasión una paciente. Es duro sentirse incomprendida, más aún cuando se trata de tu propia familia. Pero lo repito una vez más, la necesidad de sentirte comprendida te hace vulnerable a sufrir la luz de gas.

DEJAR DE BAILAR

Ya en la primera fase del proceso podemos llegar a un punto en el que comenzamos a participar en el tango luz de gas. Y una vez que has empezado a bailar, ¿cómo puedes detenerte? He aquí algunas sugerencias que son útiles en cualquiera de las fases del efecto luz de gas, aunque son especialmente efectivas en la primera.

No te preguntes «¿quién tiene razón?», pregúntate «¿me gusta que me traten de este modo?»

Como hemos visto, uno de los aspectos que más nos «enganchan» a relaciones en las que impera la luz de gas es nuestra necesidad de tener razón. El hecho de preocuparnos por tener la sensación de no ser justos, demasiado sensibles o muy propensos a hacer un problema de una nimiedad, puede ser un motivo muy poderoso para que nos quedemos callados. Esto nos hace vulnerables a las manipulaciones de otra persona. Por el contrario, nos ahorraremos muchos momentos de confusión si nos dedicamos a reflexionar sobre cómo nos tratan. Para volver al ejemplo con el que comenzamos este capítulo, supongamos que cuando el hombre con el que has ido al cine se queja porque lo has dejado solo, tú no te preguntas «¿tendrá razón?», sino «¿me gusta estar con alguien que me habla de este modo?». Si te complace que comparta contigo sus sentimientos, estás arrepentida de una conducta que ha descrito exactamente o el incidente te deja absolutamente indiferente, no hay ningún problema. Y con más razón si el resto del tiempo su compañía te resulta agradable. Pero si el incidente ha herido tus sentimientos o te ha hecho sentirte enfadada, atrapada o confundida, debes reconocer esos sentimientos negativos y dejar que esa situación desagradable te ayude a decidir si quieres o no seguir viendo a ese hombre.

No te preocupes por ser «buena», preocúpate simplemente por ser lo «suficientemente buena»

Muchas de nosotras nos preocupamos por ser «una buena chica» o «una buena persona». Tener ese concepto de nosotras mismas nos resulta imprescindible, independientemente de lo que signifique para nosotras la palabra *buena*. Demandamos que nos consideren simpáticas, amables, generosas, atentas, comprensivas o receptivas frente a las necesidades de nuestra pareja. En lugar de dedicarnos a pensar en cómo nos tratan, enfocamos toda la atención en nuestra propia conducta. Esa puede ser una forma útil de asumir la responsabilidad en una relación, pero también puede servir para no ver la realidad. Y la realidad es que nuestra pareja nos maltrata y que no deberíamos tolerarlo. Si descubres que te preocupas constantemente por ser una «buena persona», podrías intentar cambiar el foco de atención para aceptar que confías en tus propias conductas y sentimientos y en tu propia integridad. Y además debes preguntarte si acaso no estarás sintiendo que eres la única responsable de que en la relación haya una «buena conducta». Si efectivamente tu pareja te está haciendo luz de gas, la relación no mejorará aunque intentes ser «buena». Eso solo será posible cuando decidas dejar de bailar ese tango, independientemente de que seas «buena» o no lo seas.

No discutas sobre lo que sabes que tienes razón

Si *estás convencida* de lo que ha sucedido, no necesitas discutir con tu pareja. De hecho, al enfrascarte en una discusión solo conseguirás sentir que te estás volviendo loca. Discutir por algo tan simple («No te he dejado solo durante veinte minutos», «No me siento amenazada por este trabajo», «Nunca dije que prepararía una tarta *en el último momento*») es una manera de sugerir que los hechos están sujetos a debate y que podrías cambiar de opinión si escucharas un buen argumento. También es una forma de invitar a la otra persona a que te agobie con chantajes emocionales o con sus comportamientos, hasta finalmente conseguir que te sometas a su voluntad. ¿Acaso discutirías con tu hijo de cuatro años sobre si la Luna puede caer sobre la Tierra, si los caramelos son un buen sustituto de las verduras o si se puede quedar despierto toda la noche sin sentirse cansado a la mañana siguiente? No lo harías porque sabes que tienes razón, y nada de lo que pueda decir un niño de cuatro años logrará que cambies de opinión. Y lo más importante, quieres que reciba el mensaje de que no estás dispuesta a discutir sobre esos temas; sabes cómo son las cosas y no hay nada más que hablar. Aunque el maltratador no sea un niño, es importante transmitirle el mismo mensaje: hay algunas cuestiones sobre las que no hay discusión posible.

Siempre debes ser sincera contigo misma sobre tu propia verdad

Esto puede resultar difícil porque el maltratador siempre te ofrece informaciones negativas sobre tu forma de ser, y es posible que sus críticas encierren cierta verdad. Tu trabajo es resistir las críticas que utiliza para atacarte y mantener una opinión real, equilibrada y compasiva de ti misma. Como ya he señalado, esta tarea no es sencilla cuando te encuentras inmersa en una relación caracterizada por la luz de gas; no obstante, es absolutamente necesaria para preservar tu sentido de identidad.

De modo que si el maltratador dice algo como por ejemplo «¡eres tan despistada!», tu diálogo interior podría responder a alguno de los tres siguientes patrones:

1. «¿Tendrá razón? ¿Realmente soy tan distraída? ¿Cuándo fue la última vez que me olvidé de algo? No puedo recordarlo. ¡Creo que en esta ocasión se ha pasado de la raya!».

2. «¿Tendrá razón? ¿Realmente soy tan olvidadiza? ¿Cuándo fue la última vez que me olvidé de algo? A ver, la semana pasada me olvidé de comprar la leche, quizás se refiera a eso. Y una semana antes también me olvidé de recoger la ropa en el tinte. Sin embargo, dos pequeños incidentes no son suficientes para decirme que soy despistada. No pienso preocuparme por esto».

3. «¿Tendrá razón? ¡Por supuesto que sí! Soy despistada desde los cinco años. Siempre he sido la típica "profesora distraída". ¿Y cuál es el problema? No está bien que utilice mis defectos para hacerme acusaciones, ni tampoco que pretenda hacerme sentir fatal. Tampoco pienso preocuparme por esto porque no tiene ninguna importancia. No se trata de un problema grave, y además tengo muchas virtudes».

Evita discutir con el manipulador

Una vez más, no te dejes atrapar en el debate de quién tiene razón y quién está equivocado. Lo importante no es quién gana la discusión, sino cómo quieres que te traten. A continuación encontrarás una lista de varias frases que puedes utilizar para evitar las discusiones de este tipo. Puedes modificarlas y adaptarlas a tu personalidad y a la del maltratador que te hace luz de gas. Algunos hombres te prestarán más atención si comienzas una frase diciendo «te quiero». Por ejemplo: «Te quiero, pero no deseo hablar de esto ahora. Vamos a dejarlo para más tarde». Otros ni siquiera te escucharán si utilizas un «cebo emocional», y solo responderán ante una orden clara: «Por favor, deja de hablar de eso ahora mismo». Es probable que tengas que probar diferentes alternativas hasta encontrar cuál de ellas te resulta más efectiva.

Frases que puedes emplear para evitar discusiones destinadas a dirimir quién tiene razón

- «Tienes razón, pero no quiero seguir discutiendo sobre esto».
- «Tienes razón, pero no quiero que me hables de ese modo».
- «Estoy dispuesta a seguir conversando contigo siempre que no me insultes».
- «No me siento a gusto con el rumbo que está tomando la conversación. Vamos a dejarlo para más tarde».
- «Creo que esta conversación ha llegado todo lo lejos que era posible llegar».
- «Tengo la impresión de que ahora no somos capaces de seguir discutiendo de una forma constructiva. Vamos a dejarlo para otro momento».
- «Creo que debemos ponernos de acuerdo en que no coincidimos».
- «No deseo seguir hablando contigo en este momento».
- «Quiero dar por terminada esta discusión».
- «Entiendo lo que dices, pero voy a darme un tiempo para pensar. Ahora mismo no quiero seguir hablando».
- «Realmente quiero seguir conversando contigo, pero no estoy dispuesta a hacerlo a menos que cambies el tono».
- «No me gusta lo que estoy sintiendo, y no tengo ganas de seguir hablando contigo».
- «Quizás no seas consciente de ello, pero me estás diciendo que ignoro la realidad. Y con todo respeto te digo que no estoy de acuerdo contigo. Te amo pero no seguiré hablando contigo de este asunto».
- «Me encanta tener conversaciones íntimas contigo, pero no cuando me faltas el respeto».

- «Tal vez no sea tu intención despreciarme, pero eso es lo que estoy sintiendo y no pienso seguir hablando contigo».
- «No es un buen momento para hablar de esto. Vamos a dejarlo hasta encontrar una ocasión más oportuna para ambos».

Puedes darte permiso para enfadarte, pero no te dejes enredar en una discusión sobre tus sentimientos ni sobre tu derecho a ser escuchada

Enfadarte puede ser una forma maravillosa de aclarar tus sentimientos, mientras que discutir sirve únicamente para que te sientas más confundida. Tal vez te parezca útil elegir una frase que resuma lo que quieres decir y luego limitarte a repetirla una y otra vez. Vuelvo a insistir en que puedes elegir el estilo que mejor se adapte a ti y a tus circunstancias. Si fuera necesario, prueba distintos tipos de frases hasta que encuentres la más efectiva.

Frases que puedes emplear para expresar tu rabia y al mismo tiempo evitar una discusión

- «Deja de hablarme en ese tono, por favor. Me disgusta profundamente».
- «Hasta que no dejes de gritar no podré entender lo que estás diciendo».
- «No escucharé lo que quieres decirme mientras sigas hablándome con desdén».
- «No seguiré hablando contigo mientras te dirijas a mí a voces».
- «No pienso seguir discutiendo en este momento».
- «Desde mi punto de vista estás distorsionando la realidad y, francamente, me fastidia. Hablaré contigo más tarde cuando esté más tranquila».
- «Tal vez no era tu intención herir mis sentimientos, pero ahora mismo estoy demasiado enfadada como para seguir hablando. Lo haremos en otro momento».

Detener el tango luz de gas puede ser muy difícil, especialmente si has estado bailándolo durante un tiempo con tu pareja actual, o quizás también en otras relaciones anteriores. Es muy probable que en algunas ocasiones discutas acaloradamente con tu pareja. O tal vez la relación pase por periodos de entendimiento intercalados con reincidencias ocasionales. En ningún caso debes preocuparte, así es como se producen la mayoría de los cambios, con altibajos y poco a poco. Serás capaz de avanzar en la medida en que no pierdas de vista tu objetivo. Y si te parece que no estás progresando de la forma que más te gustaría, puedes considerar la posibilidad de buscar un terapeuta, un grupo de apoyo o algún otro tipo de ayuda para que tus esfuerzos prosperen.

Si en la primera fase de la luz de gas puedes dejar de bailar y te sientes relativamente cómoda con tu propia opinión sobre las cosas, puedes considerarlo como un gran avance. Has conseguido evitar pasar a la segunda fase e incluso a la tercera. Como veremos en el próximo capítulo, dejar de bailar el tango resulta cada vez más complicado cuando ya te has quedado atrapada en intentar ganar la aprobación del manipulador. En consecuencia, lo mejor para ti es abandonar cuanto antes este patrón de conducta.

Segunda fase: «Tal vez tengas razón»

atie estaba saliendo con Brian desde hacía varios meses, y ya empezaba a sucumbir a la luz de gas. Al principio de su relación, cuando él la acusaba de coquetear con otros hombres, ella lamentaba que se enfadara e intentaba tranquilizarlo. Sin embargo, sabía que no estaba haciendo nada malo, y trataba por todos los medios de que Brian compartiera su opinión. En ese momento Katie se encontraba en la primera fase de la luz de gas.

Ahora empezaba a preocuparse por la posibilidad de que él tuviera razón y realmente estuviera coqueteando con otros hombres. En una sesión de terapia me comentó:

Yo no creo que esté flirteando, pero tal vez lo haga de forma inconsciente. Eso es lo que Brian dice, pero yo no puedo evitarlo. Asegura que aunque yo no me entere, todos los tíos se dan cuenta de que estoy intentando seducirlos, y además está seguro de que es una forma enmascarada de castigarlo. Pero, francamente, no *creo* que tenga ninguna intención de hacerlo. ¿Por qué habría de castigarlo? Yo lo amo. —Tras permanecer callada durante un minuto moviendo la cabeza con gesto dubitativo, murmuró—: Quizás deseo castigarlo precisamente *porque* lo amo. O quizás lo hago para enfadarlo. Eso es lo que dice Brian. Él cree que me gusta que se enoje, pero yo no entiendo por qué lo dice, pues la verdad es que *aborrezco* que grite. Últimamente cada vez grita más y sus gritos son cada vez más fuertes. Y sinceramente no puedo soportarlo. —Y mientras volvía a mover otra vez la cabeza, añadió—: A lo mejor me gusta que pierda los estribos y no soy consciente de eso. Todo es muy confuso...

Es evidente que Katie había dejado atrás la primera fase del proceso para pasar a la segunda. ¿Cuál es la diferencia? En la primera fase miras al maltratador con recelo. Cuando te critica, te intimida o te manipula, piensas: «¡Oh, vamos, déjalo ya!» o «Sencillamente eso no es verdad». Es posible que comiences a dudar, pero todavía estás muy convencida de tu propio punto de vista.

Sin embargo, en la segunda fase estás mucho más empeñada en conseguir la aprobación del manipulador, porque de ello depende que te consideres una buena persona, eficaz y digna de ser amada. Y él está cada vez más dedicado a demostrar que tiene razón. Si no estás de acuerdo con él, puede intensificar su propia versión del apocalipsis emocional, es decir, gritar cada vez más alto, encontrar insultos cada vez más hirientes o dejar de hablarte durante periodos de tiempo cada vez más largos. Tú no haces nada por evitar que te castigue con su silencio; todo lo contrario, te dedicas a complacerlo todavía con más ahínco. Igual que Katie, puedes enredarte progresivamente en esta fase intentando encontrar una forma de coincidir con sus opiniones. En lugar de confiar en tu propia perspectiva empiezas a apoyarte en la suya. El hecho de estar constantemente a la defensiva puede llegar a parecerte algo normal. Y cuando él reacciona de forma desproporcionada, ya no te preguntas «¿qué es lo que le pasa?», sino que tiendes rápidamente a aplacar su furia o defenderte.

¿Has pasado a la segunda etapa del efecto luz de gas? ¿Acaso...

- ... no te sientes tan fuerte como de costumbre?
- ... ves menos a tus amigos y a tus seres queridos?
- ... coincides menos con personas en cuyas opiniones confiabas?
- ... defiendes a tu maltratador cada vez con mayor frecuencia?
- ... omites un buen número de detalles cuando describes la relación que tienes con él?
- ... buscas excusas para disculparlo frente a ti misma y los demás?
- ... piensas constantemente en él?
- ... tienes cada vez más dificultades para recordar situaciones pasadas en las que ambos no os pusisteis de acuerdo?
- ... te obsesionas, a solas o ante los demás, pensando que quizás has contribuido a su enfado, inseguridad, retraimiento o cualquier otra conducta desagradable?
- ... te preguntas con frecuencia si podrías haber hecho algo diferente?
- ... lloras con mayor facilidad?
- ... te asalta con más frecuencia, o con más intensidad, la vaga sensación de que algo va mal?

Volvamos ahora al ejemplo del capítulo tres, en el que dejas a tu compañero en la sala de cine mientras sales a beber un poco de agua. A continuación expongo cómo podrías haber manejado la situación de una forma diferente, ya sea en la primera o en la segunda fase:

Pasar de la primera a la segunda fase

En la primera fase

- Quieres ganar su aprobación y conseguir que afirme que eres una buena persona y una mujer competente y digna de ser amada, pero no puedes soportar la idea de que tal vez no lo seas. Así que comienzas a defender tu propio punto de vista y cuando te dice algo que no es cierto, le respondes: «No es verdad que te haya dejado solo durante veinte minutos. ¡He mirado mi reloj y han sido solo cinco! Y, por otra parte, ¿cuál es el problema?».

  » Consideras que tu punto de vista es normal y que el suyo, cuando intenta manipularte, es erróneo, retorcido o indignante.

- Cuando se comporta de una forma hiriente o hace algo que te deja perpleja, te preguntas: «¿Qué es lo que le pasa?».

  » Tienes tus propias opiniones sobre lo que está sucediendo. «Dice que estuve fuera de la sala veinte minutos, pero estoy convencida de que eso no es verdad, de lo contrario la película habría empezado. E incluso si realmente hubiera empezado, ¿cuál sería el problema? No estoy segura de querer estar con un hombre que se enfada tanto por algo tan insignificante».

En la segunda fase

- *Realmente* quieres conquistar su aprobación, es la única manera de demostrarte a ti misma que realmente eres una persona valiosa que merece ser amada. Por lo tanto, comienzas a asumir su punto de vista como si fuera propio. Es probable que discutas con él, mentalmente o en voz alta, pero de cualquier forma les das prioridad a sus opiniones. «Dice que lo he dejado solo mucho tiempo. Yo sé muy bien lo que se siente al estar solo, especialmente cuando sales con alguien. Supongo que no puedo culparlo por haberse enfadado. Pero ahora que lo pienso, ¡no puede haber pasado tanto tiempo! Aunque supongo que cuando sales con alguien cinco minutos pueden parecer mucho tiempo, de modo que puedo comprender que se haya disgustado».

» Consideras que su forma de ver las cosas es normal y luchas desesperadamente por que escuche tu propio punto de vista. No puedes soportar la idea de que sus críticas puedan ser ciertas. «Por favor, cariño, piensa en ello durante un minuto. Sé que aborreces que te dejen solo, pero realmente no estuve fuera de la sala tanto tiempo. ¿O sí?». Tienes la esperanza de poder ganar la discusión para demostrar lo único que realmente te importa: que *eres* una buena persona, responsable y digna de ser amada porque este hombre cree que lo eres.

• Cuando se comporta de una manera hiriente o hace algo que te deja perpleja, te preguntas: «¿Qué es lo que me pasa?».

» Pierdes la capacidad de valorar la situación y ver las cosas en perspectiva, porque te dedicas a analizar detalladamente sus acusaciones: «*Sé* que no estuve fuera *tanto* tiempo. Pero quizás lo haya hecho sin darme cuenta. Por lo general, no tengo mucha noción del tiempo. No puedo culparlo por enfadarse. Sin embargo, la película todavía no había empezado, de manera que *no es posible* que pasaran veinte minutos. ¡Ahora mismo voy a decírselo! Aunque quizás he sido desconsiderada de algún otro modo...».

¿Todavía no estás segura de haber pasado a la segunda fase? El siguiente cuestionario puede darte una mejor perspectiva.

«Siempre a la defensiva»: ¿te has quedado estancada en la segunda fase?

1. Tu novio te invita a cenar en un restaurante elegante para celebrar su ascenso y tú estás encantada. En determinado momento te dice: «Me alegro de verte tan relajada y contenta. Durante las últimas semanas no has dejado de tratarme mal». Intentando mantener la calma, le preguntas a qué se refiere. «Ya sabes —te contesta—, el otro día cuando te dije que el vestido te hacía gorda, te enfadaste tanto que no me dirigiste la palabra durante media hora. ¿No te parece que eres demasiado sensible?». Tú respondes:

   a. «¿Estás *loco* o qué te pasa? ¿Acaso *nunca* nadie te ha enseñado cómo hablar con una mujer?».
   b. «Es un poco duro oírte decir eso. Lo único que quería hoy era pasar una noche agradable contigo. No me importaría discutir este asunto en otro momento, pero ¿acaso no puedo liberarme ni una sola noche de que me señales lo que hago mal?».
   c. «Lo siento mucho, supongo que debo tener más confianza en mí misma».
   d. «Independientemente de que tengas razón o no, ahora no me apetece escuchar ninguna crítica».

2. Estás de camino a casa y sabes que tu marido te está esperando. Te sientes:

   a. Contenta de verlo, aunque una parte de ti hubiera deseado salir a cenar con unos amigos.
   b. Contenta de verlo, pero un poco nerviosa porque últimamente ha estado un poco quisquilloso.
   c. Atemorizada.
   d. Plenamente entusiasmada por verlo.

3. Estás a punto de entregar un trabajo con cierta demora y sabes que tu jefe se va a enfadar. Antes de que asumiera su puesto en el departamento tu rendimiento siempre había sido excelente, pero reconoces que ha empeorado desde que llegó a la oficina. Últimamente ha estado acusándote de intentar sabotear su liderazgo, y estás completamente segura de que va a volver a sacar el tema. Piensas:

   a. «Me pregunto si tendrá razón. Quizás realmente esté intentando sabotearlo».

   b. «No *creo* que mi intención sea sabotearlo, jamás lo he hecho con nadie, aunque debo admitir que es un hombre bastante raro. Francamente no creo tener ningún motivo oculto para perjudicarlo, aunque tal vez lo tenga y no quiera verlo».

   c. «No puedo enfrentarme a él sin tomar un Valium».

   d. «Definitivamente, mi rendimiento en el trabajo ya no es el mismo. No me siento a gusto con la forma en que gestiona las cosas».

4. Estás a dieta y todos tus compañeros de la oficina lo saben. Una compañera se detiene junto a tu escritorio con algunos de sus famosos pastelitos caseros en la mano. Le dices educadamente: «Por favor, Anne, ya sabes que estoy a dieta». Ella te responde dulcemente: «Son bajos en grasas. Y, además, una mujer guapa como tú no necesita ponerse a dieta». Le contestas: «Anne, estoy hablando en serio. Si pruebo un pastelito, mi dieta se irá al traste». Ella vuelve a decirte dulcemente: «¡Nunca he visto a nadie que lo pase tan mal ante un poco de amabilidad! Quizás si alimentaras mejor tus emociones no tendrías que pasarlo tan mal haciendo dieta». Y, antes de marcharse, deja uno de sus pasteles sobre tu escritorio. Piensas:

a. «Nunca lo hubiera pensado de ese modo. ¿Tendré realmente dificultades para aceptar un gesto de amabilidad?».

b. «¡Esta mujer me saca de mis casillas! ¿Quién se piensa que es? La mataría, a ella y a sus estúpidos pastelitos. Tengo ganas de gritar».

c. «Muy bien, ¿y cuál es el problema? Si soy tan gorda y tan fea y tan difícil de tratar, lo que yo coma o deje de comer no marca ninguna diferencia».

d. «Santo cielo, ¡esta mujer es una controladora compulsiva! Ahora mismo voy a llevar su pastelito a la sala de descanso. Así no lo veré más, y ella tampoco. Y luego voy a olvidarme por completo de este asunto».

5. Tu hermana te llama en el último momento para pedirte que cuides a sus hijos. Con su infalible instinto, ha elegido la única noche que estás libre, una noche que estabas esperando con ansia para quedarte en casa a descansar. Le cuentas cuál es tu situación. Ella insiste: «Los niños se sentirán muy decepcionados si no te ven. Y además me dijiste que podía llamarte en cualquier momento. Creo que te gusta más la idea de ser tía que las responsabilidades que implica serlo. Supongo que no has tenido hijos por ese motivo. Bueno, espero que hayas tomado la decisión correcta». Tú respondes:

a. «¡Oh no, me has entendido mal! Adoro a tus hijos y soy una persona responsable. ¡Olvídate de lo que acabo de decir!».

b. «¿Cómo puedes decir eso? Sabes perfectamente cuánto me duele no tener hijos. ¿Qué es lo que pretendes? ¿Cómo puedes torturarme de ese modo?».

c. «Tienes razón. Es verdad que te dije que podías llamarme en cualquier momento. No sé por qué soy tan irresponsable; te ruego que me disculpes. Y hazles saber a los niños lo mucho que los quiero».

d. «Sí, ya sé que te dije que podías llamarme en cualquier momento; sin embargo, nunca te prometí que aceptaría ayudarte siempre que me llamaras. Tendrás que disculparme, pero esta no es la noche indicada. ¿Por qué no cambias tu plan para la próxima semana?».

¿Te has quedado estancada en la segunda fase?

Si has respondido (a): Tu reacción corresponde a la primera fase, lo que significa que buscas la aprobación del maltratador pero sin haber perdido todavía tu propia perspectiva. Sin embargo, debes estar atenta. Por lo general, si no se ponen medios, la primera fase suele conducir a la segunda.

Si has respondido (b): Al parecer ya has pasado a la segunda fase. Estás tan desesperada por conseguir que el maltratador te valore y te considere una buena persona, capaz y digna de ser amada que empiezas a considerarlo todo desde su punto de vista. Es probable que estés tratando de defenderte, pero no debes obviar el hecho de que estás invirtiendo demasiada energía en discutir con él con la esperanza de demostrarte a ti misma que sus críticas ofensivas no se basan en la realidad. En cierto sentido, siempre lo has dejado dominar la situación. ¿Y cómo lo has hecho? Sencillamente permitiéndole que utilice sus argumentos para persuadirte de que tiene razón.

Si has respondido (c): Es probable que ya ni siquiera estés defendiéndote, sino simplemente intentando sobrellevar la derrota. Aunque te encantaría ganar la aprobación del maltratador, a estas alturas prácticamente has perdido la esperanza de conseguirlo. Si realmente es así como te sientes, ya has abandonado la segunda fase y has entrado en la tercera. En este caso tal vez prefieras pasar directamente al siguiente capítulo.

Si has respondido (d): ¡Enhorabuena! Confías plenamente en tu sentido de realidad. Te resistes a caer en la imperiosa necesidad de fundirte con la otra persona y optas por eludir las discusiones en lugar de empeñarte en demostrar que tienes razón. Quizás te preocupes por lo que piensa el manipulador, pero puedes vivir sin su aceptación porque ya *sabes* que eres sensible, competente y digna de ser amada, independientemente de su opinión o de la de cualquier otra persona. El mero hecho de ser capaz de imaginar este tipo de respuesta es un gran avance.

LOS TRES TIPOS DE MALTRATADORES EN LA SEGUNDA FASE DEL EFECTO LUZ DE GAS

Cualquiera de los tres tipos de relaciones caracterizadas por la luz de gas puede pasar a la segunda fase; sin embargo, cada manipulador tiende a intensificar su maltrato de una forma diferente. El intimidador, el maltratador glamuroso y el maltratador que parece un buen tipo parecen tener su propia versión de la segunda fase del efecto luz de gas.

Los maltratadores que recurren a la intimidación

Si quien te hace luz de gas suele utilizar la intimidación, es más que probable que en la segunda fase saque toda su artillería pesada. Puede emplear una o más de las siguientes tácticas para originar un apocalipsis emocional con el fin de que creas que estás a punto de perderlo: gritar, generarte culpa, menospreciarte, castigarte con el silencio, amenazarte con abandonarte, hacer predicciones funestas («Eres demasiado tonta como para aprobar el examen jurídico estatal. No puedo entender por qué lo intentas») o torturarte con tus peores miedos («¡Eres igual que tu madre!»).

Algunos intimidadores te someten a sus peores maltratos en situaciones grupales; su propósito es ridiculizarte frente a otras personas («¡Es una suerte para la industria de la lencería que no todas las mujeres tengan los pechos tan pequeños como los de la mía!»). Y cuando manifiestas tu enfado por ese comentario, te dice que «no seas tan sensible» («Cariño, solo era una broma. ¿Has perdido el sentido del humor?»). Otros intimidadores se muestran amables y atentos en público pero se reservan los insultos para la intimidad («Imagino que ni siquiera te has dado cuenta de la vergüenza que me has hecho pasar esta noche. Cuando pronunciaste mal esa frase en francés, ¡deseé que me tragara la tierra! Mira, si no te enteras de lo que estás diciendo, ¿por qué no te limitas a mantener la boca cerrada?»).

Como es evidente, no todas las intimidaciones pueden estar asociadas a la luz de gas. Pero si la persona que te somete a este tipo de maltrato también es un intimidador, lo más probable es que recibas un golpe doble. Supongamos que está conduciendo el coche para ir a cenar a casa de su madre como todos los domingos, y tú estás en el asiento del acompañante. Le dices que conduce muy rápido y él comienza a manifestar una conducta intimidatoria:

Tú: Por favor, cariño, no vayas tan rápido. Me pone nerviosa.

Él: ¡No me hables mientras estoy conduciendo! ¿Quieres que tengamos un accidente?

De ninguna manera deseas que siga gritando, de modo que te quedas callada.

Él: ¡No me has oído? ¡Te he hecho una pregunta! ¿Quieres que tengamos un accidente? ¡Responde! ¿Por qué nunca me contestas?

Tú: Lo siento. Por supuesto que no quiero que tengamos un accidente. Lamento mucho haberte disgustado. Prometo no volver a hacerlo.

Él: No me has *disgustado*, simplemente has dicho algo *realmente estúpido*. ¿Acaso no se te ocurre nada mejor que decirme? Ya sabes cuánto me cuesta ir a casa de mi madre. Entonces, ¿por qué me agobias justo en este momento?

Tú: Sinceramente, no pretendía molestarte. Créeme. Y además tú eres el que insiste en venir todos los domingos a ver a tu madre.

Él: Yo no elegí este día. *Fuiste tú* la que dijo que teníamos que venir los domingos porque estabas ocupada el resto de la semana. ¡Eres tan egoísta!

Tú: ¡No soy egoísta! ¿Cómo puedes decir cosas tan horribles sobre mí?

Él: ¿Por qué sigues discutiendo conmigo? Me estás poniendo cada vez más nervioso. Es evidente que no te preocupas en absoluto por mí.

Tú: Cielo, claro que me preocupo. *Te ruego* que me creas...

Él: ¡No, no te preocupas! ¿Vas a seguir discutiendo también sobre eso?

Esta es la dinámica de la luz de gas en pleno apogeo:

- Un maltratador que necesita imperiosamente tener razón, con independencia de cuál sea el tema de discusión.
- Una víctima que necesita desesperadamente obtener la aprobación del manipulador para sentir que es una persona valiosa, digna de ser amada. En caso contrario, le pediría que dejara de gritar y de interrumpirla; incluso podría insistir en que parara el coche para poder bajarse.
- Un apocalipsis emocional, en este caso una terrible combinación de gritos, insultos y una manera de conducir imprudente que asusta a la mujer maltratada, la hace sentir confundida y la sume en un estado de desesperación.
- La imperiosa necesidad de sentirse una sola persona con el maltratador, porque la víctima todavía tiene la esperanza de poder llegar a un acuerdo con él.
- Un tango luz de gas, porque la víctima todavía intenta demostrarle al manipulador que la ha malinterpretado y que debería tener una opinión diferente sobre ella. Cree que si la considera una persona capaz y digna de ser amada, podrá demostrarse a sí misma que realmente lo es. Pero si él

considera que es incompetente e insensible, que nunca nadie podrá amarla, ella también pensará lo mismo. De manera que ganar las discusiones es de suprema importancia para tener un buen concepto de sí misma.

Como puedes ver, si bien es posible resistir el maltrato de un intimidador, eso no consigue detener la luz de gas ni suspender el apocalipsis emocional (los gritos, las críticas, las amenazas de abandono…). Él sigue esforzándose por tener razón, y tú sigues empeñada en ganar su aprobación. Y las discusiones no cambian nada. Aunque las ganes, ya le has dado al manipulador el poder de definir la imagen de ti misma y has aceptado que eres realmente tal como él te ve. Como consecuencia, invariablemente discutes con exasperación debido a tu imperiosa necesidad de afirmarte y sentir que eres una persona buena y competente que cualquier hombre puede amar.

Lo que *podría* funcionar, aunque nunca hay garantías, es la estrategia de la que ya hemos hablado en capítulos anteriores: resistirse a la imperiosa necesidad de fundirse con la otra persona y optar por no entrar en ninguna discusión. Vamos a ver qué sucede cuando la víctima ya no está preocupada por conquistar la aprobación del maltratador.

Tú: Por favor, cariño, no vayas tan rápido, me pone nerviosa.

Él: ¡No me hables mientras estoy conduciendo! ¿Quieres que tengamos un accidente?

Tú: Lo que quiero es que aminores la velocidad.

Él: ¡Caramba, te he hecho una pregunta! ¿Acaso quieres que tengamos un accidente?

Tú: Lo único que necesito es que conduzcas más despacio.

Él: ¿Acaso no se te ocurre nada mejor que decirme? Sabes muy bien cuánto me cuesta ir a la casa de mi madre. ¿Por qué demonios se te ocurre molestarme justamente en este momento?

Tú: Lo que te estoy diciendo es que reduzcas la velocidad. Si no lo haces, la próxima vez vendremos cada uno con su coche.

Él: ¡Es increíble! Eres la mujer más egoísta que he conocido en mi vida.

Tú: (*silencio*).

Él: ¡Y no solamente eres egoísta, también eres idiota! Y es evidente que no te preocupas en absoluto por mí.

Tú: (*silencio*).

Como puedes comprobar, evitar las peleas no siempre da como resultado que el maltratador modifique su conducta, pero al menos defiendes tu sentido de identidad y no te dejas enredar en una discusión que nunca habrás de ganar. No estás pendiente de lo que el maltratador piensa de ti ni de lo que tú piensas de ti misma, simplemente te ocupas de conseguir lo que deseas: sentirte segura y lo más tranquila posible hasta que lleguéis a la casa de tu suegra. El objetivo de la discusión ya no consiste en saber si eres o no una buena persona, sino en que tu marido conduzca a una velocidad en la que te sientas segura. Tal vez en esta ocasión acepte conducir más lentamente, pero también puede ser que no lo haga. Quizás insista en seguir con sus provocaciones, pero también puede ocurrir que abandone su actitud. Si ya has tomado la decisión de no discutir con él y te atienes a lo que acabas de decir (que si sigue actuando de ese modo no volverás a subir al coche con él), es muy posible que reconsidere su comportamiento.

El maltratador glamuroso

Es relativamente fácil identificar a un intimidador porque su conducta es claramente desagradable. Sabes que su comportamiento no te gusta aunque te culpes por lo que está sucediendo. No obstante, es mucho más difícil detectar a los maltratadores glamurosos. Son hombres que parecen buena gente, y a veces tan perfectos que no puedes dar crédito cuando te montan una escena que te hace sentir fatal. De hecho, pueden parecer tan estupendos que también consiguen engañar a tus amigos y familiares. Un maltratador glamuroso puede convencerte de que el problema no es él, sino tu incapacidad para aceptar la felicidad, para ser más flexible o para tolerar pequeñas imperfecciones normales.

¿Puedes reconocer a este tipo de maltratador que recurre a la luz de gas? ¿Alguna de las siguientes escenas te resulta familiar?

El maltratador glamuroso: la segunda fase

- Te sorprende con una docena de rosas pero a menudo se presenta tres horas más tarde o se niega a ajustarse a ningún horario. Y cuando te quejas, te acusa de ser controladora, paranoica o poco espontánea.

- Te sorprende constantemente con actitudes románticas, aunque sus atenciones a menudo no coinciden con lo que tú sientes o necesitas de verdad. Sin embargo, parece estar tan a gusto con sus esfuerzos por complacerte que sigues preguntándote qué problema tienes para no disfrutar más esos momentos.

- Alterna entre la sensibilidad más extraordinaria (a un nivel mental, emocional y sexual) y la más flagrante falta de sensibilidad. Estás exultante cuando se muestra atento y receptivo, y te culpas a ti misma cuando no se comporta de ese modo.

- Es generoso y solidario, pero periódicamente tiene explosiones de mal humor, se muestra esquivo manteniendo un silencio gélido o cae en una conmiseración infantil. Tú estás convencida de que todo es por tu culpa, a pesar de que no te responsabiliza directamente. Aun así, nunca llegas realmente a identificar qué es lo que has hecho mal.

- Cuando estáis juntos la vida es maravillosa, pero luego están esos pequeños detalles que no contribuyen al bienestar. El problema con algunos maltratadores glamurosos reside en el dinero: los números de tu cuenta bancaria no cuadran, aparecen cargos inexplicables en tus tarjetas de crédito. No puedes comprender cómo puede ser que en algunos momentos le sobre el dinero y en otros no tenga un céntimo. En otros casos, el problema se manifiesta en el terreno de la sexualidad. Cuando se muestra distante y evasivo, tienes la certeza de que te está engañando. Y cuando más tarde vuelve a mostrarse romántico, te preguntas por qué estás tan paranoica.

Si tienes una relación amorosa con un maltratador glamuroso, es muy probable que te hayas identificado con alguna de estas descripciones y, al mismo tiempo, te sientas confundida. Puedes reconocer que esa es efectivamente la dinámica de la relación, pero todavía no estás demasiado segura de por qué constituye un problema tan grave.

Bien, yo te lo explicaré: al menos una parte del tiempo (o quizás en todo momento) el manipulador está completamente entregado a demostrarse *a sí mismo* que es un tipo romántico. Esa es su propia versión de su necesidad de tener razón. Parece estar relacionándose contigo pero, en realidad, únicamente se relaciona consigo mismo. Las conductas que elige para satisfacer sus necesidades pueden *parecer* cariñosas, atentas y agradables, pero tú te sientes sola porque no mantiene una relación genuina contigo. Por ejemplo, supongamos que te trae de regalo un enorme ramo de lilas para celebrar el aniversario de su primer beso. ¡Qué romántico! Le agradeces su gesto, pero luego le recuerdas que eres alérgica a las lilas. Él se enfada y no te dirige la palabra durante horas, transmitiéndote el mensaje contundente de que eres egoísta y desconsiderada por haber criticado su obsequio. Y más tarde pierde los nervios por una situación evidentemente irrelevante, como por ejemplo que has puesto el aire acondicionado a una temperatura demasiado alta. Ha encontrado la forma de castigarte por no haber apreciado su gesto romántico, a pesar de que su regalo literalmente te pone enferma. Si sigues obsesionada por conservar la relación y conseguir que te valore, puede suceder que empieces a cuestionarte por qué eres tan insensible, en lugar de reflexionar por qué tu perfecto y romántico novio insiste en hacerte un regalo inapropiado.

A continuación voy a mostrarte cómo podría desarrollarse una escena típica con uno de estos maltratadores. Es interesante observar que una conducta que puede parecer correcta en otro contexto en este caso se convierte en una actitud manipuladora e insensible porque el maltratador glamuroso sigue insistiendo en que tiene razón, incluso mientras te elogia o te da un regalo.

Tú: ¿Dónde estabas? ¿Te ha pasado algo? Te he estado esperando para cenar durante tres horas y ni siquiera me has llamado.

Él: Quería hacerte un regalo y tuve que ir a tres tiendas antes de conseguir esta bata maravillosa que estoy seguro de que te parecerá perfecta.

Tú: Sí, es preciosa, pero ¿has tardado tres horas?

Él: ¿Por qué siempre tienes que estar pendiente de la hora? La vida es mucho más que mirar el reloj.

Tú: Pero estaba preocupada.

Él: ¡Oh, cielos, eres tan rígida! ¿Por qué siempre tienes que hacer planes o mantener la rutina?

Tú: No estoy pendiente de la hora ni me obsesiono con la rutina. Cualquier persona se disgustaría si hubiera estado esperando durante tres horas.

Él: Pero nosotros no somos «cualquier persona». ¿Por qué tenemos que compararnos con otras personas? ¿Realmente quieres ser tan convencional como los demás? ¡Es tan aburrido!

Tú: ¿Estás diciendo que soy aburrida?

Él: ¡Claro que no! Mira, reconozco que te he disgustado y lo lamento. Déjame invitarte a cenar. Cuando volvamos a casa te daré uno de mis masajes especiales de dos horas. Y luego puedes mostrarme cómo te queda esa fabulosa bata que te he comprado.

Tú: Vale, eso suena maravilloso...

¿Quién podría culpar a un hombre que te trae un regalo, te lleva a cenar, te da un masaje de dos horas y luego termina la noche con una buena sesión de sexo? Los regalos y los evidentes gestos afectivos *deberían* hacerte sentir bien. Pero después de la tercera, cuarta o vigésima ocasión que te ha hecho esperar, quizás sus escenas románticas no te parezcan tan maravillosas y es probable que te sientas demasiado frustrada porque no hace caso de tus quejas. Mientras sigas bloqueada en la segunda fase de la luz de gas, continuarás culpándote a ti misma por el disgusto y la confusión que sientes, en lugar de responsabilizar a tu compañero. Sin embargo, aún necesitas su aprobación para poder sentirte buena, valiosa y amable, y además quieres conservar la relación. Por ello, lo más probable es que aceptes su punto de vista y renuncies al tuyo, e incluso puede ser que te convenzas de que eres rígida, convencional y exigente, tal como él dice. Tal vez te preguntes qué es lo que ocurre contigo que no puedes apreciar sus gestos románticos. Tienes que estar dispuesta a renunciar a algunas «golosinas» para dejar de bailar ese glamuroso tango luz de gas.

Tú: ¿Dónde estabas? ¿Te ha pasado algo? Te he estado esperando para cenar durante tres horas y ni siquiera me has llamado.

Él: Quería hacerte un regalo y tuve que ir a tres tiendas antes de conseguir esta bata maravillosa que estoy seguro de que te parecerá perfecta.

Tú: No me apetece mirar regalos cuando estoy enfadada.

Él: ¿Por qué siempre tienes que estar pendiente de la hora? La vida es mucho más que mirar el reloj.

Tú: Te he dicho cientos de veces que si hay algo que me resulta insoportable es tener que esperar. La próxima vez, no voy a esperar más de veinte minutos. Me olvidaré de la cena y me ocuparé de otra cosa.

Él: ¡Oh, cielos, eres tan rígida! ¿Por qué siempre tienes que hacer planes o mantener la rutina?

Tú: Te he dicho claramente lo que haré en la próxima ocasión, y no hay nada más que hablar.

Él: Claro que sí. Eres una mujer guapa y glamurosa; ¿por qué tienes que ceñirte tan estrictamente a los planes? ¿Realmente quieres ser tan convencional como las demás mujeres? ¡Es tan aburrido!

Tú: No me estás escuchando, así que me voy a la cama.

El: Oye, reconozco que te he disgustado y lo lamento. Déjame invitarte a cenar. Cuando volvamos a casa, te daré uno de mis masajes especiales de dos horas. Y por la noche puedes mostrarme cómo te queda la fabulosa bata que te he comprado.

Tú: Quizás en otra ocasión. No me apetece estar contigo cuando noto que te da igual que esté enfadada.

Como puedes observar, el problema con este tipo de maltratador es que se muestra completamente indiferente a lo que sientes. Igual que al intimidador, solo le importa tener razón y mientras intenta conseguir su cometido se limita a levantar una seductora cortina de humo. Frente a un intimidador puedes oponerte a sus gritos, insultos o explosiones de cólera sin necesidad de analizar qué es lo que hay detrás de ellos, pero el problema con un mal-tratador glamuroso es que gran parte de su comportamiento sería muy deseable en otro contexto. ¿Por qué no disfrutar de las esce-nas románticas, los masajes prolongados y los regalos hermosos que te ofrece? Si pretendes que su conducta cambie, tendrás que fiarte de ti misma y respetar tus sensaciones de frustración e inco-modidad, en lugar de dejarte seducir por sus promesas glamurosas o generosas, incluso aunque ambos terminéis yéndoos a la cama disgustados.

El maltratador que parece un buen tipo

Igual que sucede con el maltratador glamuroso, la conducta de este hombre puede provocar confusión. Aparentemente es coo-perador, agradable y servicial, pero en el fondo te sientes confun-dida y frustrada. Observa si alguna de las siguientes situaciones te resulta familiar.

El maltratador que parece un buen tipo: segunda fase

- En un momento determinado te da el consejo perfecto para tra-tar a tu madre, pero cuando quieres seguir conversando sobre esa cuestión, él parece estar ausente. Y cuando le preguntas en qué se ha quedado pensando, o bien no te contesta o te asegu-ra que no le pasa nada.
- Discutes con él durante horas por un tema específico (como, por ejemplo, quién va a recoger a los niños, o a dónde vais a ir las próximas vacaciones). De repente, él da por terminada la discusión renunciando a sus deseos y haciendo exactamente lo que tú le has pedido. Es probable que no se sienta verdade-ramente satisfecho, pero te has salido con la tuya, de manera que ¿cómo podrías quejarte? También puede ocurrir que dé

---

por zanjada la discusión con generosidad: «Vale, las próximas vacaciones haremos lo que tú quieras. Siempre tienes ideas maravillosas y estoy seguro de que lo pasaremos fenomenal. ¿Recuerdas cuando fuimos a Maine y nos alojamos en ese *Bed & Breakfast* tan encantador que tú encontraste?». No obstante, pese a que ha aceptado tus propuestas de inmediato, sabes consciente o inconscientemente que se va a enzarzar en una discusión acalorada la próxima vez que tengáis un desencuentro. Terminas pensando que debes de estar loca, que eres una desagradecida o que nunca estás satisfecha con nada, porque no cabe duda de que él es un gran tipo.

- Se ocupa de hacer las tareas de la casa que le corresponden, e incluso también de algunas otras cosas, y la relación entre ambos funciona muy bien. Sin embargo, tienes la sensación de que no está plenamente comprometido con la relación. Y cuando le pides un poco de seguridad emocional o intentas conectar con él a un nivel más profundo, te mira como si no pudiera dar crédito a lo que le estás planteando, y tú te preguntas por qué eres tan egoísta y exigente.

Esta es la forma en que podría desarrollarse una conversación, durante la segunda fase, con un maltratador que parece un buen tipo. Mientras lees el diálogo, pregúntate por qué ella se siente tan frustrada y confusa.

Él: He pensado que el próximo domingo podríamos salir al campo.

Ella: Me parece una idea magnífica, pero creo que tenemos que ir a cenar con mi familia.

Él: Ohh… (*silencio prolongado*).

Ella: ¿Qué pasa?

Él: Nada.

Ella: No es verdad, estás molesto por algo. ¿Qué te pasa?

Él: No me pasa nada.

Ella: *Por favor*, dime cuál es el problema.

Él: La verdad es que creo que este mes hemos pasado bastante tiempo con tu familia, ¿no te parece? Y para ser sincero, siempre estás tan malhumorada después de ir a verlos que no estoy seguro de que sea bueno para ti pasar tanto tiempo con ellos.

Ella: Es mi familia. Y no creo que esté de mal humor después de ir a verlos. A lo mejor eres *tú* el que tiene algún problema con ellos.

Él: No, en absoluto, ya sabes que adoro a tu familia. Solo me preocupaba por ti. Pero si tú quieres iremos a verlos el próximo domingo, no hay ningún problema.

El domingo siguiente van a ver a su familia, pero él prácticamente no habla con nadie. Ahora vamos a ver qué es lo que sucede de regreso a casa.

Tú: Me parece que no te lo has pasado bien, ¿verdad?

Ella: ¿Por qué dices eso? ¡Me lo he pasado fenomenal! Me encanta ir a ver a tu familia, ya lo sabes.

Tú: Pero si no has hablado con nadie... No se te veía muy entretenido.

Ella: Francamente, no sé de qué estás hablando. ¿Acaso no te acuerdas de que me he pasado dos horas hablando con tu padre del jardín? Y me he reído muchísimo cuando tu madre ha comenzado a bromear sobre el viaje a las Bermudas.

Tú: Eso no es lo que yo recuerdo.

Ella: Pues es exactamente lo que ha sucedido.

Tú: Vale. ¿Y qué te ha parecido el bebé de mi hermana? ¿No es lo más bonito que has visto en tu vida? ¡Y tan atento a lo que sucedía a su alrededor! No puedo creer que apenas tenga tres meses.

Ella: Supongo que sí... (*silencio prolongado*).

Tú: Pero ¿qué te pasa ahora?

Ella: Siempre estás pensando que pasa algo.

Tú: Es que no me has dirigido la palabra durante los últimos quince minutos. Y pareces enfadado. Creo que estás molesto por algo.

Ella: Cariño, no me pasa absolutamente nada. Pero a lo mejor ahora aceptas lo que te decía el otro día. Cada vez que vamos a casa a tus padres vuelves malhumorada.

Como puedes observar, el maltratador que parece un buen tipo encuentra la forma de hacerte creer que hace todo lo que tú deseas, sin darte *realmente* lo que quieres. Está empeñado en asegurarse de que aceptas su versión de los hechos. En lugar de negarse a pasar otro domingo con tu familia, o de ir a ver a tus padres con la intención de pasar un buen día, te acompaña aparentemente de buen grado y luego se las arregla para mostrarte su enfado y resentimiento de diversas formas. El apocalipsis emocional de este maltratador es poner mala cara, enfadarse o mostrarse descontento sin admitir que tiene un problema. Otros maltratadores con este mismo perfil podrían provocar sus propios apocalipsis con explosiones de cólera ante situaciones aparentemente intrascendentes, intentando culpabilizarte por alguna cuestión ajena a lo que está ocurriendo o haciendo observaciones hirientes «de manera accidental», y luego disculparse reiteradamente.

¿Y de qué forma participas tú en la situación? Si estás decidida a mantener la relación, ganar su aprobación y seguir teniendo una buena opinión de él, serás incapaz de admitir lo que es obvio. Nunca dirías: «Mi marido no expresa sinceramente sus sentimientos y se enfada (o tiene ataques de rabia, tiende a culpabilizarme o insultarme) cuando no se sale con la suya. ¡No me gusta su actitud!». Por el contrario, te dices a ti misma: «Es un buen hombre, muy colaborador, siempre hace lo que le pido. ¿Qué me pasa que no puedo apreciar todo lo que hace por mí?». Consideras que eres tú la que tiene algún problema por pensar que algo va mal. Después de todo, te ha asegurado que no le pasa nada, y sabes que para él es muy importante tener razón. También puede ocurrir que te convenza de que eres tú la que no disfruta con tu familia, y no él. ¡No hay más que ver lo malhumorada que estás *en ese momento*!

Como es evidente, en este escenario el manipulador se siente con el derecho de negarse a pasar otro día con tu familia. Pero en lugar de hacerlo de forma explícita, en realidad recurre a la luz de gas para que pienses que es un buen tipo y no veas claramente cuáles son sus intenciones. Si te relacionas con este tipo de hombre, es muy fácil que te sientas confundida.

Una amiga me describió en cierta ocasión cómo se sentía cuando no conseguía dormir lo suficiente. «Yo creo que me encuentro en perfecto estado —me dijo—, pero luego en algún momento hago alguna estupidez, como puede ser dejar las llaves en el buzón, intentar verter la leche que me ha sobrado en el envase del zumo de naranja o mirar el teléfono durante cinco minutos sin ser capaz de recordar a quién quería llamar. Entonces me doy cuenta de que no estoy funcionando como debiera. Pero para serte sincera, es posible que ni siquiera así me percate de que estoy un poco soñolienta, torpe o confusa».

Creo que esta es la descripción perfecta de lo que puede sucederle a una mujer que se relaciona con un maltratador que parece ser un buen tipo. *Creemos* que todo va bien. Miramos a nuestro compañero y vemos un marido romántico, afectivo y entregado que parece hacer todo lo que le pedimos. Sin embargo, nos sentimos solas, estresadas, confundidas o insensibilizadas. Y no es así como se siente una mujer que está viviendo una relación verdaderamente satisfactoria. Tal como le sucedía a mi amiga cuando no dormía bien, el malestar se manifiesta a través de nuestras sensaciones aunque no seamos conscientes de todo lo que nos priva ese hombre.

De manera que ¿cuál es la solución si vives con un manipulador que simula ser un buen tipo? Vamos a ver qué es lo que sucede cuando dejas de esforzarte por ganar su aprobación, te niegas a idealizarlo y te despreocupas de su necesidad de tener razón para darle prioridad a tu propio sentido de la realidad.

Él: He pensado que el próximo domingo podríamos salir al campo.

Tú: Me parece una idea magnífica, pero creo que tenemos que ir a cenar con mi familia.

Él: Ohh... (*silencio prolongado*).

Tú: ¿Qué pasa?

Él: Nada.

Tú: Cariño, estoy cansada de preguntarte si te pasa algo y no obtener ninguna respuesta. Y ahora que lo pienso, la última vez que fuimos a ver a mi familia no hablaste con nadie y parecías estar pasándolo bastante mal. Así que he decidido ir sola. Podemos salir al campo cualquier otro día.

Él: No sé por qué dices eso; yo aprecio mucho a tu familia y no tengo ningún problema.

Tú: No tengo ninguna intención de discutir sobre esto.

Él: Pero quiero demostrarte lo mucho que te quiero, y también a tu familia. No veo por qué estás armando tanto jaleo. Si quieres ir a ver a tu familia, iremos juntos. ¿Cuándo me he negado a acompañarte?

Tú: Nunca te niegas explícitamente, pero luego tus actos hablan por ti. Así que tú verás qué es lo que quieres hacer. Puedes venir conmigo y hacer un esfuerzo genuino por pasarlo bien, o puedes quedarte en casa. No quiero seguir discutiendo contigo.

En la vida real esa conversación podría ser bastante más larga, pero creo que es suficiente para que veas la diferencia de enfoque. En esta versión optas por no enredarte en ninguna discusión. Te niegas a someter a debate lo que sabes que es verdad. Sabes perfectamente cómo se ha comportado tu marido en anteriores ocasiones, estás convencida de que no tiene razón y confías en tu propio sentido de la realidad. Tu marido puede empezar a poner mala cara, pero a ti no te da miedo su apocalipsis emocional ni sus veladas amenazas de privarte de su amor.

Con esta actitud también te resistes a la imperiosa necesidad de sentirte una sola persona con él. No tratas de convencerlo para que esté de acuerdo contigo ni haces ningún esfuerzo por conquistar su aprobación. Simplemente tomas tu propia decisión y te atienes a tu propia versión de la realidad. Y frente a esta conducta nadie puede hacerte luz de gas.

LA TRAMPA DE LA EXPLICACIÓN: SEGUNDA FASE

Mi paciente Nella era una mujer soñadora y romántica. Tenía poco más de cuarenta años, y creía haber encontrado finalmente el gran amor de su vida. Nella era curadora de un museo y viajaba con frecuencia a Europa y Latinoamérica debido a su trabajo. Tenía una vida profesional muy gratificante, pero nunca había formalizado una relación amorosa duradera. Ahora creía que por fin había llegado a su vida lo que siempre había añorado.

Su compañero, Frederick, era un hombre fascinante y muy atento. Sin embargo, Nella no tardó en descubrir que la vida con él no estaba exenta de dificultades. A Frederick no le caían bien sus amigos ni sus familiares, y le montaba una buena bronca cada vez que ella los veía. Con el tiempo, Nella comenzó a notar que estaba cada vez más aislada. Más adelante, él empezó a protestar por sus viajes a pesar de que a menudo lo invitaba a acompañarla. Frederick estaba jubilado y no tenía ningún inconveniente para hacerlo, pero aun así siempre rechazaba su propuesta. En consecuencia, Nella comenzó a rechazar los trabajos que tanto le gustaban. Hacía tiempo que había planificado hacer un curso de formación en su área de trabajo, pero el carácter posesivo de su pareja y el control que ejercía sobre ella también dieron al traste con esa posibilidad. Y como si todos estos problemas no fueran lo suficientemente graves, Frederick resultó ser un maltratador que utilizaba la intimidación como arma de ataque y encontraba constantemente nuevas formas de menospreciarla. Cuando las cosas se pusieron realmente tensas, se limitó a retirarle la palabra (su propio apocalipsis emocional) y Nella acabó suplicando su atención para poder sentirse amada otra vez.

A pesar de que Nella me había contado todas estas situaciones conflictivas, tardó varios meses en ser consciente del precio que estaba pagando por mantener esa relación caracterizada por la luz de gas. Ahora había llegado a un punto en el que era capaz de enumerar cada uno de los problemas que estaba sufriendo: se había alejado de sus amigos y sus seres queridos, tenía baja autoestima, había perdido oportunidades de trabajo y postergaba continuamente todos sus proyectos profesionales. Cuando le pregunté si pensaba en seguir adelante con esa relación amorosa y qué era lo que sentía al respecto, se limitó a sonreír. «Oh, ¡Frederick es un hombre *tan interesante*! —dijo luego apasionadamente—. Y también es un hombre complicado e imprevisible, nunca sabes lo que va a pasar a continuación. Nunca había estado con un hombre que tuviera tanto misterio».

En conversaciones posteriores comencé a advertir que en lugar de reconocer que los maltratos de Frederick (sus desprecios, sus periodos de indiferencia, su insistencia en prohibirle que viajara por motivos de trabajo y que viera a sus amigos) le afectaban a ella emocionalmente, Nella reaccionaba «al problema de Frederick», analizando la situación y buscando explicaciones para su conducta. *¿Por qué* se comportaba de una forma tan complicada y

161

demandante? ¿Qué había detrás de su necesidad de insultarla o retirarle la palabra? ¿Había una forma de predecir en qué momento dejaría de insultarla y cuándo comenzaría a mostrarse indiferente, de modo que ella fuera capaz de evitar ambas conductas? ¿Qué sucedía con esos momentos señalados en los que Frederick se mostraba especialmente abierto y le confesaba sus miedos y debilidades más profundos? ¿Cómo podía mostrarse tan confiado en un determinado momento y tan receloso inmediatamente después? Quizás su madre tuviera algo que ver con todo eso; o tal vez su hermana mayor. Nella podía pasar horas analizando gustosamente el comportamiento de su complicado novio.

Si hubiera sido capaz de reaccionar emocionalmente a la experiencia que estaba viviendo con Frederick, tal vez se habría cansado mucho antes de que la tratase con tanta desconsideración. Sin embargo, optó por seguir analizando constantemente la relación con el propósito de no perderlo. Nella había caído en la versión de la trampa de la explicación que corresponde a la segunda fase. En lugar de aceptar que la conducta de Frederick era frustrante, dolorosa y desmoralizadora, prefería considerarla interesante porque le ofrecía muchas oportunidades de analizarla y justificarla. De hecho, antes de salir con él había estado con un hombre que, según sus propias palabras, era mucho más simpático y estable. Cuando le pedí que me hablara un poco más de él, admitió de inmediato que su novio anterior la había tratado muy bien pero, sencillamente, no era tan interesante como Frederick.

Nella describió con tanta sinceridad el interés que le despertaba la personalidad maltratadora de Frederick que me hizo tomar conciencia de algo que he observado en muchas mujeres, incluida yo misma. Cuando estamos con personas que no nos tratan bien, dedicamos mucho tiempo a la relación porque siempre hay mucho que pensar, analizar y hablar. La relación no ofrece tantos motivos para la reflexión y el análisis cuando nos relacionamos con un hombre más abierto, franco y amable. Como es evidente, esas relaciones nos gratifican, pero no requieren ni por asomo que les consagremos tanto tiempo ni atención. Cuando nuestro compañero sentimental (o nuestro amigo o jefe) es capaz de ocuparse de sí mismo, se muestra atento y afectuoso, sabe manejar sus propios sentimientos y sensaciones y expresa con educación sus frustraciones, sencillamente no tenemos mucho que hacer.

Como muchas mujeres que participan en la segunda fase de la luz de gas, Nella parecía estar más interesada en analizar el drama de un vínculo conflictivo que en disfrutar la experiencia relativamente mundana de vivir una relación gratificante. Al parecer veía su relación sentimental como un problema de matemáticas particularmente complicado cuya dificultad era la mayor fuente de interés, en lugar de considerarla como un refugio, un apoyo o un amor estable.

¿Por qué a algunas de nosotras nos entusiasma analizar a nuestros maltratadores? He llegado a pensar que se debe a dos razones. Vamos a examinarlas.

Relacionarnos con una persona impredecible nos hace sentir más vivas

Una de mis pacientes describió la relación que había tenido con su padre en la infancia del siguiente modo:

Cada noche, cuando mi padre regresaba a casa, yo nunca sabía qué clase de hombre iba a atravesar la puerta de entrada. Podía llegar con los brazos llenos de juguetes y dispuesto a jugar con nosotros hasta la hora de la cena, pero también podía dedicarnos sus mayores insultos, o manifestar que lo único que quería era que lo dejaran solo. De manera que cada tarde mis hermanos y yo nos preguntábamos: «¿De qué humor crees que estará papá esta noche?». Sinceramente, cada día nos enfrentábamos a una escena dramática inesperada.

En un determinado nivel, mi paciente habría deseado tener un padre más previsible que fuera capaz de mostrarle la misma cara amable y cariñosa todas las noches. Sin embargo, tuvo que aprender a aplicar diariamente la estrategia de movilización de recursos[*] con el fin de afrontar los nuevos desafíos que su padre le planteaba de forma invariable. Así como los amantes de la naturaleza describen con agrado los incidentes inesperados que pueden encontrar al escalar una montaña o esquiar, mi paciente consideraba que la relación con su padre había sido una aventura constante que había sacado a relucir lo mejor de ella y había contribuido a que se sintiera plenamente viva. Y al convertirse en una mujer adulta siempre había tenido parejas que le habían ofrecido oportunidades similares de vivir «aventuras».

Intentar comprender a nuestro maltratador nos hace sentir que tenemos más control de la situación

Si nuestros padres no nos ofrecieron un amor predecible y estable a muy temprana edad, tuvimos que aprender que la vida es imprevisible. Una reacción frente a esta imprevisibilidad es la tentativa de ampliar nuestra propia zona de control. Pensamos que cuanto más control seamos capaces de ejercer, más seguras estaremos y menos posibilidades tendremos de sufrir por un padre, un amigo o una pareja poco fiable que nos falla o nos decepciona con frecuencia.

Desafortunadamente, la naturaleza misma de las relaciones implica una pérdida de control. La persona con la que compartimos la relación es libre de amarnos o no amarnos, apoyarnos o fallarnos, tratarnos amablemente o maltratarnos. En última instancia, su forma de comportarse con nosotras es *su* decisión, y no la nuestra. Lo único que nosotras podemos decidir es cómo respondemos a su conducta. El hecho de recurrir a la trampa de la

---

[*] N. de la T.: la teoría de la movilización de recursos enfatiza la importancia de buscar apoyos y recursos para el desarrollo y el éxito de los movimientos sociales. La autora la utiliza aquí para referirse a la vida personal.

explicación nos brinda la ilusión de tener más control del que realmente tenemos y nos hace pensar que si nos empleáramos en comprender al manipulador, podríamos dar los pasos necesarios para modificar su comportamiento. El resultado es que cuanto peor nos trata nuestro compañero, más interés nos despierta porque con su actitud nos ofrece muchas oportunidades para intervenir en la relación.

¿Cuál es la solución? ¿Cómo podemos librarnos de la trampa de la explicación? Insisto una vez más, tenemos que mirarnos a nosotras mismas y observar a nuestros auxiliares de vuelo. Debemos analizar claramente nuestro comportamiento y preguntarnos si estamos satisfechas con nuestra propia conducta. Por ejemplo, ¿nos sentimos a gusto con nosotras mismas cuando él nos grita y en lugar de decirle que deje de hacerlo le pedimos perdón? Es preciso que nos centremos en nuestras propias respuestas emocionales, que nos demos permiso para experimentar cualquier tipo de sentimientos. Debemos tomar conciencia de que las frecuentes decepciones, frustraciones y crisis de llanto provocadas por nuestros intentos de dar explicaciones están inextricablemente ligadas a ese romance, a esa aventura y a esa «sensación de sentirnos vivas» que tanto nos gusta, de la misma forma que una resaca es la consecuencia inevitable de una noche de borrachera.

Algunos auxiliares de vuelo que pueden detectar el peligro

- Sensaciones frecuentes de confusión o perplejidad.
- Pesadillas o sueños inquietos.
- Una incapacidad preocupante de recordar detalles de la situación que has vivido con la persona que te hace luz de gas.

- Indicadores físicos: angustia alojada en la boca del estómago, opresión en el pecho, dolor de garganta, trastornos intestinales.
- Una sensación de miedo o un estado de alerta exagerado cuando el maltratador llama por teléfono o llega a casa.
- Un esfuerzo desmedido por convencerte, o convencer a tus amigos, de que tienes una buena relación con el maltratador.
- La sensación de que estás tolerando que te traten de una forma que compromete tu integridad.
- Amigos o familiares dignos de confianza te expresan frecuentemente su preocupación.
- Evitar a tus amigos o negarte a conversar con ellos de tu relación sentimental.
- Has perdido la alegría de vivir.

Mis pacientes me preguntan con frecuencia cómo pueden liberarse de los malos momentos de una relación caracterizada por la luz de gas y conservar únicamente los buenos. Eso es imposible. En una relación más tranquila y estable podemos tener satisfacciones más profundas; sin embargo, quizás no nos parezca tan romántica ni aventurera como la que nos propone una persona compleja y maltratadora, con la que nunca puedes predecir qué es lo que va a suceder. Y en el caso de que tú y el maltratador seáis capaces de pasar página y conseguir transformar la relación para que sea más sana y gratificante, ya no tendrás esa sensación de imprevisibilidad que te hace vivir en un estado de alerta constante y te produce una agradable excitación. Por definición, tu nueva relación será más sana, menos complicada y más predecible, y en ella no te verás obligada a defenderte; simplemente deberás abrir tu corazón para dar y recibir. Y además deberás aceptar que el comportamiento de tu pareja está completamente fuera de tu control. Todo lo que puedes hacer es decidir cómo responder a su forma de tratarte.

Por lo tanto, si en la relación que estás viviendo te sientes frustrada con frecuencia (aunque también existan momentos de alegría ocasionales) o si te encuentras tomando decisiones que no coinciden con lo que deseas para tu vida (como le sucedía a Nella), debes considerar la posibilidad de que has caído en la trampa de la explicación. Tienes que estar dispuesta a reconocer todas las sensaciones que te despierta esta relación, y luego practicar el ejercicio «Encontrar tu verdad interior» (página 170), para reflexionar sobre qué es lo que quieres hacer a continuación.

LA TRAMPA DE LA NEGOCIACIÓN

Otra versión de la trampa de la explicación, especialmente común entre las mujeres que se relacionan con manipuladores que parecen buenos tipos, es la trampa de la negociación. Al igual que las mujeres que están atrapadas en la trampa de la explicación, las que caemos en la trampa de la negociación tendemos a centrarnos en el éxito obtenido al negociar con nuestra pareja, en lugar de preguntarnos si estamos satisfechas con la dinámica de la relación.

Por ejemplo, Laura era una enfermera de urgencias que tenía poco más de sesenta años. Estaba casada desde hacía muchos años con Ron, un ebanista con muchas de las características típicas de un maltratador que parece un buen tipo. Era bastante frecuente que los dos pasaran horas negociando por los aspectos más insignificantes de su relación. Tenían un elaborado sistema para establecer quién pagaba qué, y bajo qué circunstancias, cada vez que salían. Negociaban su placer sexual, planificando la forma en que cada uno de ellos podía obtener lo que deseaba en la cama sin que ninguno de los dos se sintiera explotado ni frustrado. Analizaban detalladamente su ajustada agenda laboral para programar las fechas que querían dedicar a estar solos, a encontrarse con sus amigos o a estar juntos. Las negociaciones nunca cesaban. Y en esas condiciones llegaron a vivir juntos, y más tarde se casaron y tuvieron cuatro hijos. Al parecer, ningún detalle de su vida en común, por grande o pequeño que fuera, quedaba al azar; todo estaba organizado de antemano.

No obstante, cuando Laura vino a verme, hacía ya bastante tiempo que se sentía desdichada. Las negociaciones que antes la hacían sentir dinámica, vital y fuerte le provocaban ahora una sensación de debilidad y agotamiento. Cada vez que hablaba de algo que le preocupaba, sabía que tendría que pasar horas discutiendo con su marido para llegar a una negociación. Y lo lamentaba profundamente. Por ejemplo, supongamos que expresara su insatisfacción porque Ron pasaba poco tiempo en casa desde que se había unido a un equipo de sóftbol para veteranos. En lugar de comprender que se sentía sola y frustrada, Ron se dedicaba a negociar: cuánto tiempo tenía «permiso» para estar fuera de casa, en qué medida el tiempo que invertía en jugar al sóftbol podía compararse con el tiempo que ella pasaba en el club de lectores al que acudía todas las semanas, qué podría hacer él para compensar ese tiempo cuando se terminara la temporada de sóftbol... *Aparentemente*, Ron se mostraba colaborador y solidario pero, de hecho, las negociaciones representaban su forma de ignorar las inquietudes de Laura y sus intentos por convencerla de que realmente la tenía en cuenta. Y como Laura estaba tan involucrada en la dinámica de las negociaciones, no se sentía capaz de expresar su rabia ni su tristeza por las ausencias de Ron, ni su sensación de que él la ignoraba. Creía que la función tenía que continuar, y simulaba negociar con él cuando en el fondo lo único que quería era llorar de frustración.

Durante nuestras conversaciones quedó claro que Laura y Ron utilizaban las negociaciones para evitar relacionarse en un terreno emocional más profundo. Ron no expresaba con franqueza lo que realmente deseaba (tener tiempo para jugar al sóftbol) y tampoco quería reconocer lo que sentía (para él era más importante su afición que pasar más tiempo con su mujer). Pero como siempre recurría a su imagen de buen tipo y a su disposición a negociar, Laura había llegado a creer que no tenía motivos para protestar. Como consecuencia, se sentía sola, desorientada e insensibilizada.

Laura se sentía cada vez más frustrada, y por este motivo decidieron hacer una terapia de pareja. Como la mayoría de estas terapias se centran en ayudar a ambas partes a negociar, el terapeuta tuvo dificultades para comprender en qué residía su problema. Los tres coincidieron en que tenían mucha facilidad para comunicarse, y esa conclusión provocó que Laura se sintiera todavía más confundida y se preguntara cuál sería la causa de su persistente insatisfacción.

Durante el tiempo que trabajamos juntas finalmente comprendió que había participado en todas esas negociaciones para evitar reconocer lo que realmente sentía por Ron y lo que pensaba de su relación. Era su forma de no aceptar que se sentía frustrada, sola e ignorada. Cada vez que expresaba su falta de satisfacción, Ron le demostraba que no había ningún problema, o al menos que no había nada de lo que él pudiera sentirse responsable. ¿Acaso no estaba siempre dispuesto a negociar con ella? ¿No accedía casi siempre a todo lo que ella le pedía? Entonces, ¿cómo podía haber algún problema? Laura era incapaz de rebatir sus argumentos y tenía la sensación de estar loca. Y como ella también creía en el proceso de negociación, a Ron le resultaba muy fácil demostrarle que no tenía ningún motivo para estar descontenta.

Sin embargo, sí que lo había. Laura no estaba dispuesta a enfrentarse a la verdad: sus negociaciones con Ron se habían convertido en una representación perfectamente elaborada. Él intentaba demostrarle que tenía razón, y ella pretendía demostrarse a sí misma de que él tenía razón. Por lo tanto, no era capaz de afrontar que su matrimonio se había convertido en una relación profundamente insatisfactoria.

Si bien es verdad que las negociaciones pueden ser muy productivas, es preciso tener cuidado para no dejar que el proceso te impida ver tu propia realidad emocional. Si no te sientes a gusto con el resultado final, no tiene ninguna importancia cómo has llegado hasta allí, qué es lo que él dice al respecto, ni siquiera si tu victoria parece garantizada. Lo único importante es tu auténtica y profunda verdad interior.

Encontrar tu verdad interior: técnicas para aclarar tus ideas durante la segunda fase de la luz de gas

1. Escribe un dialogo textual que hayas mantenido con la persona que te hace luz de gas para analizarlo. Ahora que no estás hablando realmente con el maltratador, ¿qué opinión te merece? ¿Te parece razonable? ¿Lo encuentras útil? ¿O está absolutamente fuera de lugar?

2. Habla con un amigo o con un mentor que te inspire confianza. Confía en mí, ¡las personas que te conocen mejor son las que saben cuáles son tus defectos! Si les comentas las críticas que recibes del maltratador, seguramente serán capaces de ayudarte a tener una nueva perspectiva, especialmente si esas críticas contienen alguna verdad. El maltratador puede ser muy hábil a la hora de convertir un problema real en un retrato completamente distorsionado. Por ejemplo, puede ser que tengas un problema crónico con la puntualidad; sin embargo, eso no significa que tus dificultades para ser puntual sean un intento deliberado de humillarlo. Él tiene todo el derecho de molestarse, pero eso no lo autoriza a propasarse con las acusaciones («Has llegado tarde con el único propósito de enfadarme», «Sigues haciéndome esperar deliberadamente con la intención de torturarme»). Un amigo o mentor puede ayudarte a recuperar el sentido de la proporción («Bueno, sueles llegar tarde, y esto es bastante molesto, pero no creo que lo hagas para fastidiar a Joe, porque lo haces con todo el mundo»).

3. Presta mucha atención a tus sentimientos y sensaciones. Suele suceder que cuando estás con un maltratador no eres capaz de encontrar tu camino a través de la niebla de la verborrea y el maltrato emocional. Por lo tanto, quizás no puedas saber con claridad qué es lo que piensas mientras estás hablando. Con todo, siempre puedes decir: «Empiezo a sentirme incómoda. Creo que vamos a dejar esta conversación para otro momento», y desentenderte de la discusión. Habla con el maltratador en tus propios términos y en el momento que sea más oportuno para ti y deja que tus sensaciones te señalen cuándo ya has tenido suficiente.

4. Haz un pequeño viaje de fin de semana, o simplemente sal a tomar un café. En algunas ocasiones lo único que necesitas para poder tomar conciencia de cómo se ha complicado la situación es poner un poco de distancia entre el maltratador y tú. Sería fantástico que pudieras pasar un tiempo con una amiga o con alguien que te haga sentir bien contigo misma. El contraste entre lo a gusto que estás con esa persona y lo confusa y frustrada que te sientes junto al maltratador debería ayudarte a comprender más claramente que estás inmersa en una relación marcada por la luz de gas.

5. Insiste en defender tus propias percepciones. Yo suelo recomendar elegir una frase que deje claro (tanto a ti como al maltratador) que tienes tus propias percepciones y puedes expresarlas con autoridad. A continuación te ofrezco algunas sugerencias.

- «Ya sé lo que sientes, pero no estoy de acuerdo contigo».
- «Yo lo veo desde otro punto de vista».
- «Esa es tu percepción, pero la mía es diferente».

LIBERARTE DE LA SEGUNDA FASE

Como ya hemos visto, la diferencia entre la primera y la segunda fase reside en que los agravios sean incidentes aislados o una conducta constante. En la primera fase se producen maltratos ocasionales, momentos que a menudo puedes identificar y recordar. En la segunda fase el efecto luz de gas ya se ha convertido en toda tu realidad, en la verdadera naturaleza de la relación. De la misma forma que un pez no sabe que está en el agua, ya no adviertes que estás viviendo una situación inusitada. Tu vida se reduce a una movilización constante de recursos destinados a defenderte (de los insultos, de los desprecios, de las atenciones románticas que te confunden y de las negociaciones insatisfactorias que mantienes con el maltratador que parece un buen tipo). En tanto exista una mínima parte de ti que crea necesitar al maltratador para sentirte mejor contigo misma, para potenciar tu autoconfianza o tu sentido de identidad y de pertenencia, serás vulnerable a sufrir la luz de gas.

Sin embargo, ya has comenzado a recuperar tu conciencia, y tienes la sensación de que el rumbo que han tomado las cosas ya no es el que tenían antes, ni el que deberían tener. Has comenzado a mirar al manipulador con nuevos ojos y a preguntarte de qué manera podrías modificar la relación. Independientemente de que estés tratando con tu pareja, un familiar, un amigo, un colega o tu jefe, ahora estás preparada para hacer algunos cambios.

¿Por dónde empezar? He aquí algunas sugerencias para liberarte de la segunda fase de la luz de gas.

Tómatelo con calma

¿Cuánto hace que te has dado cuenta de que hay problemas en tu relación? ¿Cuánto tiempo has tardado en pasar a la acción? No albergues la esperanza de que el maltratador avance más rápido que tú. De hecho, puede precisar todavía más tiempo de lo que tú has necesitado para asumir los nuevos desafíos y exigencias. Recuerda que durante todo el tiempo que te ha estado maltratando, has estado bailando el tango luz de gas con él. Ahora has empezado por fin a modificar las reglas, y eso es maravilloso, pero debes tener muy presente que las cosas no cambian de la noche la mañana.

Yo sugiero empezar por un paso pequeño y muy concreto. Por ejemplo, Katie decidió que cuando Brian comenzara a acusarla de flirtear con otros hombres, ya no se empeñaría en defenderse, simplemente se limitaría a evitar la discusión. Tampoco le pediría a Brian que dejara de hablarle a voces, no le haría saber que estaba disgustada ni lo amenazaría con abandonarlo si continuaba con sus acusaciones. Sencillamente recurriría al silencio o a pronunciar frases breves y simples que no requirieran ninguna respuesta. Y luego se limitaría a observar los efectos de su cambio de conducta. En la lista de la página 131 encontrarás ejemplos de frases simples que puedes repetir siempre que lo necesites. A continuación encontrarás un par de ejemplos sobre cómo funciona este proceso.

Antes de que Katie tomara la decisión de modificar su actitud:

Brian: ¿Viste anoche a ese tío que te miraba con insistencia? ¿Quién crees que era?

Katie: Brian, no tenía ninguna intención especial, simplemente me miraba con amabilidad.

Brian: ¡Caramba, eres tan ingenua! Creía que en esta ocasión por fin te habías dado cuenta. No estaba mirándote «con amabilidad», Katie. Estaba planeando algo.

Katie: Pero si llevaba alianza...

Brian: Vaya, ¡cómo si eso pudiera detener a un tío que quiere ligar! Y de todos modos, parece que lo has mirado detenidamente; de lo contrario, ¿cómo te hubieras dado cuenta de que llevaba una alianza? ¡Debe de haberte gustado!

Katie: Por supuesto que no. No me interesaba en absoluto. Yo quiero estar contigo.

Brian: Ya ni siquiera es suficiente con que un tío intente ligar contigo en mis propias narices, ahora eres tú la que empieza a mirar a otros hombres. ¿Ni siquiera puedes esperar que ya no esté contigo antes de intentar reemplazarme?

Katie: Brian, no tengo ninguna intención de sustituirte. Quiero estar contigo. Te he elegido a ti. Por favor, créeme, tú eres el hombre con el que quiero estar. *Nunca te engañaría.*

Brian: Lo mínimo que podrías hacer es ser sincera conmigo.

Katie: Pero si lo *estoy siendo.* ¿Acaso no puedes ver que me preocupo por ti?

Brian: Si te preocuparas tanto por mí, deberías admitir que estabas mirando a ese tío. Hazme el favor de ser sincera y admitirlo.

Katie: Pero ¡si no es verdad! ¿Cómo puedes decir cosas tan horribles sobre mí? Yo te amo. Por favor, créeme. Por favor, Brian...

Brian: Deja ya de mentirme, Katie. Eso es lo único que no puedo soportar.

La pelea continúa durante más de una hora. Brian se enfada y se acalora cada vez más tratando de demostrar que tiene razón, mientras Katie intenta desesperadamente imponer su opinión.

Después de que Katie tomara la decisión:

Brian: ¿Viste anoche a ese tío que te miraba con insistencia? ¿Quién crees que era?

Katie: (*suspira profundamente y no responde*).

Brian: ¡Caramba, eres tan ingenua! Creía que en esta ocasión por fin te habías dado cuenta. No estaba mirándote «con amabilidad», Katie. Estaba planeando algo.

Katie piensa: «Pero si llevaba alianza...». Y está a punto de comentarlo, pero en el último momento cambia de opinión:

Katie: Vamos a tener que aceptar que no estamos de acuerdo.

Brian: ¿Y por qué lo mirabas de ese modo? Debe de haberte gustado.

A Katie le gustaría decir: «¡No lo estaba mirando!». Pero no lo hace.

Katie: Vamos a tener que aceptar que no estamos de acuerdo. No quiero seguir con esta conversación.

Brian: O sea, que ahora ni siquiera quieres hablar conmigo. Me dejas completamente al margen de la situación. ¿Qué pretendes hacer? ¿Acaso estás pensando dejarme por ese tipo?

Katie desea desesperadamente decirle a Brian que no va a abandonarlo. ¡Si pudiera asegurarle que todo va bien, quizás conseguiría que se calmara! Pero se recuerda a sí misma que su plan es mantenerse callada, porque si habla cuando Brian está desquiciado, él distorsiona sus palabras o se niega a creerla, de modo que se traga las lágrimas y se limita a guardar silencio

Brian: Y no solamente el tío intenta ligar contigo en mis narices, sino que ahora me entero de que a ti también te gusta. En ningún momento te has preocupado por mí, ¿verdad? ¿Cuándo piensas abandonarme, Katie? ¿Durante cuánto tiempo lo has estado planificando?

Katie decidió abandonar la discusión y Brian se marchó de casa. Ella se sentía fatal, necesitaba imperiosamente la aprobación de su pareja y sentir que seguía amándola y creyendo en ella. No podía soportar que la acusara de mentirle y de ser infiel. Si él insistía tanto en su punto de vista, es probable que tuviera razón. Eso le preocupaba; había invertido tanta energía en verse a sí misma como una persona fiel y cariñosa que no podía soportar que él dudara de su amor. Cuanto más la insultaba, más deseaba Katie oírle decir que *realmente* no pensaba mal de ella. No quería que nadie la considerara una mala persona, y mucho menos Brian, a quien había otorgado el poder de juzgarla. Pero también sabía que cuanto más le suplicara, más agresivo e hiriente sería su comportamiento. Por lo tanto, optó por no discutir.

Este enfoque puede parecer contradictorio para muchas mujeres que han mantenido relaciones amorosas caracterizadas por la luz de gas, entre las que me incluyo. Cuando un hombre al que amamos, y al que incluso hemos idealizado, empieza a decirnos que somos malas personas, nuestro impulso natural es negarlo, hacer todo lo posible por mejorar nuestra conducta y rogarle que confíe en nosotras.

Sin embargo, debemos aprender a no dejarnos llevar por ese impulso y entrenarnos para modificar esa conducta. En lugar de suplicar a nuestro maltratador que nos valore, una actitud que promueve que sienta más ansiedad o enfado, tenemos que encontrar otras formas de evitar las discusiones.

Katie todavía no estaba preparada para alejarse de Brian cuando él estaba enfadado. Seguía creyendo que lo que pensaba de ella era verdad, y todavía tenía la esperanza de hacerlo cambiar de opinión. Con todo, estaba comenzando a ver que su empeño por obtener la aprobación de Brian daba lugar a interminables discusiones que eran muy molestas para los dos. Hasta que descubrió que al guardar silencio y contestar con pequeñas frases conseguía que las discusiones fueran más breves. Más adelante fue capaz de dar respuestas más asertivas frente a los planteamientos de Brian, probablemente escogidas de la lista que hay en la página 131. A esas alturas, todo lo que podía hacer era evitar las discusiones, de manera que eso fue precisamente lo que hizo. Le sorprendió descubrir que al dar ese pequeño paso ya se sentía un poco más fuerte. El hecho de no dejarse llevar por el efecto luz de gas la ayudó a tomar conciencia de que después de todo no necesitaba la aprobación de Brian para sentirse a gusto consigo misma y que su mundo no se derrumbaría debido a sus acusaciones y sus amenazas de retirarle su amor. A Katie *no* le gustaba que Brian se enfureciera con ella, ni que tuviera una mala opinión de su persona, pero ya no tenía la sensación de que eso la mataría o la convertiría en un mero charco de agua sobre el suelo. Reconocer que era capaz de sobrevivir a sus críticas, e incluso de vivir sin su amor, le dio coraje.

Encuentra el momento oportuno para hablar del problema

A menudo estamos tan ansiosas por hablar de un problema que nos mortifica que elegimos el peor momento posible para hacerlo. Por ejemplo, cuando está saliendo de casa deprisa para no llegar tarde al trabajo o cuando estamos conduciendo el coche para ir a visitar a su familia. En esos casos, cuando nos señala comprensiblemente que se le hace tarde o nos contesta mal porque está nervioso, nos decimos a nosotras mismas que nunca cambiará. Vale, quizás no lo haga, pero hasta que no expongamos el problema en un momento oportuno realmente nunca llegaremos a saberlo. Trata de encontrar un buen momento para hablar con él, en el que no haya situaciones ni personas que puedan fomentar su ansiedad. Si eres capaz de esperar el momento indicado para hablar de tus preocupaciones, y no simplemente soltarlas de forma impulsiva, te sorprenderás al ver el buen rumbo que toma la conversación. Y si no es eso lo que sucede, al menos tendrás la satisfacción de saber que lo has hecho lo mejor posible.

Trish, la mujer de carácter enérgico y beligerante, cuyo marido, Aaron, siempre la acusaba de hacer un uso irresponsable de su dinero, tuvo que luchar consigo misma para llegar a ese entendimiento, pero al final consiguió hablar con él en momentos más adecuados. A continuación incluyo dos escenas que transcurren antes y después de la decisión de Trish para que puedas comprobar que se esforzó mucho hasta conseguirlo.

Antes de que Trish aprendiera a esperar y planificar:

Aaron: Me voy a trabajar. Por cierto, acaba de llegar la factura de tu tarjeta de crédito. No quiero ni pensar lo que hay en ella. No alcanzo a comprender por qué eres incapaz de aprender a gestionar tu dinero.

Trish: ¡Yo gasto mi dinero como se me antoja! Nunca me olvido de pagar mis facturas y siempre lo hago a tiempo.

Aaron: ¿Y qué me dices del pasado diciembre? ¿Y un poco antes, en octubre? Creo recordar que se amontonaron algunas facturas. ¿Dónde está mi maletín?

Trish: ¡Eso no es justo! Sabes muy bien que estaba en medio de un asunto importante. Y además puedo permitirme pagar algunas facturas con demora.

Aaron: ¿*Tú* puedes permitírtelo? Creí que era *nuestro* dinero. Vaya, eso es lo que me encanta de la cabeza hueca de mi mujer... Tiene que asegurarse de que las pobres y necesitadas empresas de tarjetas de crédito no se vayan a la bancarrota. ¿Cómo podrían esas empresas arreglárselas sin ella? Bueno, tengo que irme.

Trish recuerda su nuevo plan de evitar las discusiones y no comunicar a Aaron cómo se siente ante sus desprecios.

Trish: Mira, Aaron, cuando me dices que no me entero de lo que hago, siento que...

Aaron: Trish, voy a llegar tarde. No tengo tiempo para que me hables de tus sentimientos

Trish: Pero lo que quiero decirte es...

Aaron: No solamente no tienes ni idea de cómo manejar el dinero, tampoco tienes noción del tiempo. Déjame que te explique algo. Si llego a tiempo para hablar con mi cliente, *gano* dinero. Si llego tarde, *pierdo* dinero. Es así de simple, ¿entiendes?

Aaron se marcha dando un portazo y Trish se siente frustrada y disgustada.

Después de que Trish aprendiera a esperar y planificar:

Aaron: Me voy a trabajar. Por cierto, acaba de llegar la factura de tu tarjeta de crédito. No quiero ni pensar lo que hay en ella. No alcanzo a comprender por qué eres incapaz de aprender a gestionar tu dinero.

Trish quiere decir algo, pero luego recuerda que ha decidido esperar y planificar antes de soltar las cosas sin pensar. Respira profundamente.

Trish: Hasta luego, Aaron. Nos vemos por la noche.

Por la noche Trish espera a terminar la cena. Sabe perfectamente que al volver a casa después de la jornada laboral los dos están irritables hasta que comen algo, descansan y se relajan. A Aaron le gusta ver el resumen vespertino de la bolsa en la televisión, así que decide esperar a que termine. También sabe que después le apetece ver algún partido, pero considera que si espera hasta entonces será demasiado tarde y Aaron se disgustará por tener que mantenerse despierto cuando lo que necesita es irse a la cama. De manera que cuando termina la información sobre el mercado bursátil, entra en la sala de estar.

Trish: Aaron, quiero hablarte de algo. ¿Es un buen momento?

Aaron: Bueno, quería ver el partido...

Trish: ¿Cuándo sería un buen momento?

Aaron: ¿Es importante?

Trish: Para mí lo es.

Aaron apaga el televisor y le dice a Trish que la escucha.

Trish: Esta mañana antes de marcharte al trabajo me dijiste que soy incapaz de gestionar mi dinero.

Aaron: Y así es.

Trish: Independientemente de que sea o no capaz de hacerlo, hieres mis sentimientos cuando me hablas de ese modo. ¿Podríamos hacer un trato? Si realmente te preocupa tanto lo que hago con mi dinero, podemos encontrar una ocasión para que me digas exactamente qué es lo que te molesta. En caso contrario, me gustaría que llegáramos al acuerdo de no hablar más sobre ese asunto. Me afecta profundamente que hablemos de eso, y tampoco me gusta estar enfadada contigo.

Aaron: ¡Venga ya! ¿Por qué estás armando tanto jaleo con este asunto?

Trish: Porque para mí es un tema muy importante y me mortifica mucho.

Aaron: ¿Y sabes qué? A mí me fastidia enormemente que nos estemos gastando nuestro dinero en las compañías de crédito. ¿Tienes idea de cuáles fueron sus márgenes de ganancias el año pasado? ¡Francamente escandaloso! Y todo se debe a personas como tú, personas que no entienden que las deudas corroen su economía. Te comportas como una niña rica y malcriada. Y *eso* me indigna.

¡Cuánto le gustaría a Trish contestar a esa observación! Sin embargo, se recuerda a sí misma que ha decidido evitar las discusiones en lugar de empeñarse en ganarlas. De manera que encuentra una forma de dar fin a la conversación.

Trish: Muy bien, a partir de ahora no voy a hablar nunca más de esta cuestión. Puedes seguir viendo el partido.

Trish abandona la habitación.

Trish podría haberse quedado en la sala probando otras estrategias para seguir conversando con Aaron, estrategias de las que hablaré en el capítulo seis. Pero en este primer intento aún no confía lo suficientemente en sí misma como para no quedar atrapada en su viejo patrón de conducta. Y además sabía que si seguían discutiendo, él simplemente se dedicaría a agobiarla con sus desprecios y su lógica. Igual que Katie, se estaba dando tiempo. A pesar de no obtener los resultados esperados, decidió que podían volver a hablar del tema en otro momento. Se sintió complacida por haber tenido la primera conversación sobre el dinero que no había terminado en una pelea en toda su vida. Y también se sintió más fuerte y más empoderada por haberle dicho abiertamente a Aaron que sus observaciones le hacían daño.

Por cierto, observa que Trish le preguntó a Aaron si era un buen momento para él antes de empezar a hablar. De esa forma, no se sintió ni sorprendido ni amenazado por lo que seguramente iba a ser una conversación difícil. Recuerda que la conducta de los maltratadores que hacen luz de gas se basa en su propia necesidad de tener razón. Cuando se sienten amenazados o en un estado de ansiedad, esa necesidad de tener razón es todavía más imperiosa, y a menudo sus conductas de maltrato se intensifican. De modo que si permites que el manipulador tenga cierto grado de control sobre una situación difícil, puedes estar ofreciéndole la oportunidad de que mantenga la calma y se muestre dispuesto a escuchar tus preocupaciones.

Plantea el problema sin culpar a nadie

No hay nada que garantice más rápidamente una pelea que decirle a alguien: «Siempre haces tal o cual cosa», «Me estás atacando» o «No te estás comportando correctamente». En lugar de decirle al maltratador que está haciendo algo mal, trata de describir el problema incluyendo tu propia participación en él.

A continuación presento otras escenas anteriores y posteriores a la decisión de Trish. Al principio, recurría a la artillería pesada en las discusiones. Más tarde descubrió una forma de plantear sus problemas sin culpar a nadie.

La «antigua» Trish exponía el problema culpando a su marido:

Trish: ¡No puedo soportar lo que me dices! Siempre estás despreciándome y acusándome de ser estúpida. ¡Cuando te diriges a mí en esos términos me pareces un cretino! Me disgusta profundamente, de manera que no vuelvas a hacerlo.

Aaron: ¡No *te diría* todo eso si aprendieras *finalmente* a usar tu dinero con sensatez! Al parecer crees que puedes hacer lo que te apetezca, ¡y yo debo limitarme a aceptarlo! Bueno, voy a hablarte con absoluta franqueza: no es así como funciona un matrimonio. Si tú actúas como una idiota, yo tengo el derecho de decir algo sobre tu conducta.

Trish: ¿Lo ves? Vuelves a decir que soy una idiota. ¡Te prohíbo que vuelvas a tratarme así!

Aaron: Dejaré de decir que eres una idiota cuando dejes de actuar como una idiota. ¿Acaso mis sentimientos no cuentan?

La discusión puede continuar durante una hora o más, hasta que Aaron finalmente imponga su opinión o se canse de seguir hablando.

La «nueva» Trish plantea el problema sin culpar a nadie:

Trish: Aaron, todo lo que está pasando entre nosotros me entristece mucho. Me acusas constantemente de no saber manejar mi dinero y, por lo general, yo me enfado y me pongo a la defensiva. Ya sé que utilizo mi dinero de una forma que no te gusta, pero me resulta muy duro ver que me desprecias. Realmente me preocupa lo que piensas de mí y cuando me dices que soy idiota, o afirmas que no entiendo nada, me haces mucho daño. Sé que no es esa tu intención, pero así es como me siento.

Aaron: O sea, que no tengo ningún derecho a decirte nada. ¿Se supone que debo sentarme a mirarte cómo gastas nuestro dinero sin pronunciar palabra?

Trish se siente tentada de responder a su acusación. Le gustaría decir: «Yo no malgasto nuestro dinero, y además una parte del dinero es mía!». Desea de todo corazón conseguir que Aaron apruebe su conducta. Quiere sentir que es una mujer lista y competente y no una niña

*malcriada, y no puede soportar que Aaron tenga tan mala opinión de
ella porque a veces teme que tenga razón. Si es capaz de ganar las discusiones que mantienen, podrá demostrarse a sí misma que no es así.
Sin embargo, en lugar de reincidir en su comportamiento anterior opta
por apartar de su mente todos esos sentimientos y concentrarse en su
plan de eludir las discusiones.*

Trish: ¿Podemos hacer un trato? Si realmente te preocupa
           tanto lo que hago con el dinero, podemos encontrar
           una ocasión para hablar de ello. Te prometo que te
           escucharé atentamente. De lo contrario, ¿podemos
           ponernos de acuerdo en no volver a hablar del tema?
           Yo me altero mucho cada vez que discutimos, y no
           me apetece enfadarme contigo.

Aaron: No me parece bien. No tengo por qué medir mis pa-
           labras en mi propia casa.

Trish: Lo lamento de verdad. Me gustaría mucho que pu-
           dieras reflexionar sobre lo que acabo de decirte. ¿Po-
           drías al menos pensar en ello y volvemos a conversar
           un poco más tarde?

Aaron: Realmente no entiendo qué es lo que hay que pensar.

Trish: Vale, al menos ahora ya sabes lo que siento. Voy a pre-
           pararme una taza de té. (*Abandona la habitación*).

Como puedes comprobar, Trish va a tener que plantear el problema más de una vez. No obstante, su forma de actuar ha evitado
una pelea además de haber dejado la puerta abierta a futuras conversaciones. Sabe que Aaron aborrece admitir de inmediato que
está equivocado, pero cree que es posible que reflexione sobre lo
que le ha dicho y por eso le da tiempo para procesarlo a su manera.
Trish intenta crear una situación que no desencadene su tendencia
a recurrir a la luz de gas (provocada por la necesidad de Aaron de
tener razón y la necesidad de Trish de sentir que él aprueba su conducta). Su forma de actuar genera un espacio lo suficientemente

amplio como para que ambos puedan actuar a su manera, es decir, para que él pueda pensar en lo que ella le ha dicho y ella pueda tolerar lo que él piensa de ella sin tener que pedirle que la consuele y tranquilice.

Expresa lo que vas a hacer y lo que no vas a hacer

A medida que el proceso avance y te sientas un poco más segura y valiente, puedes estar dispuesta a dar el siguiente paso. Vamos a volver a la conversación anterior para ver de qué forma Trish puede progresar un poco más.

Aaron: No me parece bien. No tengo por qué medir mis palabras en mi propia casa.

Trish: Lo lamento de verdad. Me gustaría mucho que pudieras reflexionar sobre lo que acabo de decirte. ¿Podrías al menos pensar en ello y volvemos a conversar un poco más tarde?

Aaron: Realmente no entiendo qué es lo que hay que pensar.

Trish: Vale, al menos ahora ya sabes lo que siento. Y de ahora en adelante cada vez que me trates con desdén, voy a decir: «Eso me hace daño, ya te lo he dicho». Y si la conversación no cambia de rumbo, volveré a decirlo. Y luego lo repetiré por tercera vez. Y por último me marcharé de la habitación. A partir de hoy no voy a quedarme junto a ti cuando sienta que me estás despreciando.

Aaron: ¿Dónde has aprendido a hablar así? ¿En terapia?

Trish: Puede ser. Voy a prepararme una taza de té. Seguiremos hablando en otro momento. (*Sale de la habitación*).

Una vez más, Trish le está ofreciendo a Aaron la posibilidad de que se tome un tiempo para procesar lo que le ha dicho, sin tener ninguna expectativa de recibir una respuesta inmediata. Podría tardar horas o incluso días. De esta forma, a pesar de su necesidad de tener razón, Aaron quizás sea capaz de aceptar la nueva conducta de Trish mientras guarda las apariencias.

Como es evidente, si afirmas que en lo sucesivo vas a adoptar esta conducta, es importante que te comprometas con tu decisión y seas constante. No pronuncies amenazas en vano, ni te retractes si tu maltratador aumenta la intimidación, la manipulación o las atenciones románticas. Dado que tiendes a buscar la aprobación de tu pareja y pedirle que calme tus temores, te parecerá totalmente contradictorio alejarte de él en lugar de enredarte en una discusión, suplicar o llorar. Pero, créeme, la única solución es evitar las discusiones. Si te dejas atrapar en una pelea, solo conseguirás prolongar la luz de gas. Es probable que te veas obligada a repetir varias veces tu conducta, pero aun cuando tengas que sacrificar algunas noches placenteras a lo largo del proceso, al final tu esfuerzo merecerá la pena.

Defiende firmemente tu posición

Si el maltratador responde a tus inquietudes con un ataque («¡Eres demasiado sensible!», «¡Eso es un disparate!» o «¿Quién puede mantener una conversación en estos términos?»), limítate a concentrarte en lo que pretendes conseguir: «No voy a permitir que me hables nunca más de ese modo, y si lo haces me marcharé de la habitación». Si fuera necesario, también puedes dar por terminada la conversación: «He dicho todo lo que tenía que decir, y no quiero discutir más. Ya me has oído, y sabes qué es lo que puedes esperar».

Ahora vamos a ver cómo funciona esta estrategia para Katie y Brian. A estas alturas Katie se siente un poco más fuerte, de manera que no se limita a guardar silencio durante las discusiones, sino que se muestra más asertiva. Sin embargo, todavía tiene que luchar contra su tendencia a buscar la aprobación de Brian y rogarle que le asegure que es una novia fiel y entregada que lo ama con todo el corazón. Pese a que no le resulta fácil mantener su nueva actitud, está decidida a seguir adelante.

Brian: ¿Viste anoche a ese tío que te miraba con insistencia? ¿Quién crees que era?

Como Brian todavía no ha abordado directamente el tema, Katie no responde. No está dispuesta a discutir con él y, por lo tanto, no tiene nada que decir.

Brian: ¡Caramba, eres tan ingenua! ¿No te diste cuenta de que quería algo contigo?

Katie: (*suspirando profundamente*) A ver, Brian, no me siento a gusto con todo esto. Sé que no quieres hacerme sentir mal, pero cuando me llamas «ingenua» me haces daño.

Brian: Pero ¡es que eres una *verdadera* ingenua! ¿Qué se supone que debo hacer? ¿Dejarte ir por la vida permitiendo que se te acerque cualquier tío que te guste? ¿Y cómo crees que me siento yo?

Katie: Lo único que quiero en este momento es que dejes de gritarme.

Brian: ¡Y además me dices que no estoy autorizado a hablar contigo! ¿Es que no tengo ningún derecho en esta relación? Y por otra parte, ¿por qué estás tan sensible? ¿Qué problema tienes?

Katie: Brian, ya te he dicho que no quiero que me insultes ni me hables a voces. A partir de ahora, cada vez que hagas cualquiera de esas dos cosas voy a decirte: «¡Ya empiezas otra vez!». Lo diré tres veces, y si no lo escuchas, me marcharé de la habitación.

Katie tiene que contenerse para no terminar la frase diciendo: «¿Te parece bien?». Anhela que Brian le asegure que la quiere y desearía rogarle que no sea tan agresivo. Todavía le preocupa que piense mal de ella;

después de todo quizás tenga razón. Por lo tanto, ansía que apruebe su conducta. Sin embargo, guarda silencio porque está decidida a probar esta nueva forma de actuar.

Brian: ¡Eres tan poco razonable! ¡Cada día te pareces más a tu madre! ¿Cómo se te ocurre pensar que puedes hablarme de ese modo?

Katie: Eso es precisamente lo que tú haces.

Brian: ¡No puedes tratarme como si fuera un niño! ¡Soy un adulto! ¿Cómo te atreves a hablarme así?

Katie: Eso es precisamente lo que tú haces.

Brian: Te estás comportando de una forma ridícula. Si tienes algo que decirme, ¡dilo de una vez! Y deja de repetir esa estúpida frase.

Katie: Eso es precisamente lo que tú haces.

Brian: ¿Y qué pasa con *mis* sentimientos? ¿Acaso no te das cuenta de que tú también me haces daño al ignorarme de ese modo? ¡Nada de lo que te diga parece marcar ninguna diferencia!

Katie lo pasa mal al escuchar la última afirmación, porque es verdad. Es tan empática que puede sentir la frustración de Brian, y sabe cuánto le afecta sentirse ignorado. Le ha contado muchas veces que su madre solía recurrir a esa misma actitud cuando él se enfadaba. Y ahora ella hace exactamente lo mismo. Katie se siente fatal por hacer algo que sabe que es doloroso para el hombre que ama, pero se recuerda a sí misma que si modifica su conducta y le expresa cuánto lo quiere, él volverá a acusarla de flirtear con otros hombres. De ese modo la luz de gas seguirá progresando y eso es lo último que ella desea, así que respira profundamente y sale de la habitación.

Katie todavía ignora cuál será el impacto de su nuevo comportamiento. Al principio se siente todavía peor al pensar en lo que acaba de hacer que cuando quedaba atrapada en una discusión. Se siente culpable por hacerle daño a Brian, le preocupa cuál será su actitud, lamenta verlo sufrir y ansía correr hacia él para oírlo decir que la sigue amando y que la perdona por haber sido tan dura con él.

No obstante, unas horas más tarde Katie empieza a tener otras sensaciones. Ahora que las cosas se han calmado, se siente un poco más fuerte y segura de sí misma. No le apetece la idea de repetir la escena que acaba de representar, pero sabe que si Brian insiste en insultarla y acusarla de coquetear con otros hombres, tendrá que volver a utilizar este nuevo enfoque tantas veces como sea necesario. Y aunque no es algo que la haga sentir feliz, se siente más segura de sí misma. Esta vez no la ha despreciado tanto como en otras ocasiones; sus insultos no han sido tan hirientes y no han conseguido eliminar su sensación de ser una buena persona. Empieza a vislumbrar que las respuestas irracionales de Brian no significan que ella sea una mala persona, solo que él no es razonable. Y también siente curiosidad por saber si esta nueva actitud marcará alguna diferencia en la relación.

El punto de vista del maltratador

No es difícil imaginar que el maltratador actúa impulsado por sus propios motivos. Nos comunica una opinión negativa que refleja nuestros peores miedos en relación con nosotras mismas. Sin embargo, es posible que realmente no se percate de lo hirientes que pueden ser sus palabras. Si ha crecido en un hogar en el que los miembros de la familia no se hablaban con respeto, puede considerar que esta es la forma normal de relacionarse, o tal vez crea que nadie lo escuchará si utiliza un lenguaje menos agresivo. De manera que debes defender tus convicciones sin insultarlo. No compliques las cosas y no pierdas tu objetivo. Si se queja porque siempre llegas tarde a sus reuniones familiares, no respondas señalándole que él nunca se muestra amable con tu madre. Limítate a expresar lo que esperas recibir y lo que pretendes hacer. Y luego intenta escuchar su respuesta de una forma receptiva y afectuosa. En el capítulo seis encontrarás más sugerencias sobre cómo seguir evitando las discusiones y apagar así la luz de gas. Yo te acompañaré a lo largo del proceso.

Liberarse de la segunda fase es un gran desafío porque a estas alturas la relación está definida por el efecto luz de gas. Por otra parte, en algunas ocasiones los esfuerzos por salir de esta segunda fase pueden conducirte a una nueva versión de la primera y no a una relación verdaderamente sana. En la primera fase, el maltratador intenta periódicamente hacerte luz de gas y tú de vez en cuando te dejas atrapar en ella. De manera que acabar con esta dinámica una vez que has llegado hasta aquí es definitivamente complicado, pero también hay que decir que es indudable que merece la pena. Por dolorosa que pueda resultar la segunda fase del efecto luz de gas, es mucho más fácil que luchar contra la dinámica angustiante que caracteriza a la tercera.

Tercera fase: «¡Yo tengo la culpa de todo!»

Era un día lluvioso de abril y Gail, una mujer moderna y dinámica de cuarenta y pico años que tenía un exitoso servicio de *catering* en Los Ángeles, se quedó mirando detenidamente una de las estanterías de la farmacia de su barrio mientras pensaba en el Ipecac, un medicamento líquido que se les da a los niños para inducir el vómito cuando han ingerido alguna sustancia tóxica. Sabía que a su novio, Stuart, le apetecía cenar comida china aquella noche; si lo mezclaba con el arroz frito con carne de cerdo, probablemente no notaría el sabor. Se imaginó la paz y tranquilidad que podría disfrutar mientras él vomitaba en el cuarto de baño toda la noche. Bajó la mirada hacia el mostrador, sin poder dar crédito a lo que estaba imaginando.

Todas las noches Stuart se dedicaba a cuestionarle a gritos *todo* lo que hacía. Y ella sabía que aquella noche iba a ser especialmente complicada, puesto que le iba a comunicar que quería asistir a una convención sobre alimentación que se celebraría en los próximos días. Gail estaba segura de que Stuart opinaría que no tenía ningún sentido que asistiera, puesto que no tenía la menor idea de cómo llevar un negocio. También le diría que era simplemente una excusa para alejarse de él. ¿Y cuándo iban a estar juntos? ¿Cómo podía ser tan desconsiderada? Ya no podía soportar el dolor de cabeza ni la taquicardia que invariablemente padecía después de escuchar sus gritos. A continuación pensó que siempre abandonaba a las personas que amaba; al menos eso era lo que Stuart no dejaba de decirle, y tal vez tuviera razón. Sin embargo, por diversas razones, no podía siquiera imaginar la posibilidad de separarse de él. Stuart siempre decía que eran almas gemelas, su familia lo adoraba, el sexo era magnífico y habían comprado juntos un apartamento. Pero lo más importante es que Gail creía que si fuera capaz de hacerlo sentir más seguro, él se comportaría de una manera más amable y amorosa.

Suspiró profundamente y salió de la farmacia. Nunca podría hacerle algo semejante. Después de todo, la opinión que tenía de ella no era totalmente equivocada. En su cabeza sonaba una y otra vez la voz de Stuart. Era ridículo que quisiera asistir a la convención sobre alimentación cuando lo único que él anhelaba era estar con ella. Gail se encontraba inmersa en la tercera fase.

Jill era una mujer joven y fuerte de veintitantos años, de tez morena y cabellos rizados y oscuros. La primera vez que vino a verme prácticamente no podía terminar ni una sola frase. Agitada y nerviosa, espetó unas pocas palabras. Y luego, como si de repente se hubiera quedado sin energía, su voz se apagó y su mirada comenzó a deambular por la consulta. A través de la confusa maraña de incidentes, detalles e intentos de resumir su situación, conseguí identificar un tema recurrente: «Ya no me reconozco».

Jill había sido una joven periodista que había producido informativos nocturnos para una importante emisora de televisión. Cuando la compañía se vio afectada por una reorganización empresarial, los directivos la transfirieron a un equipo que era responsable de producir emisiones más largas que analizaban las noticias en profundidad. Su anterior supervisor la admiraba y apreciaba su talento; sin embargo, su nuevo jefe parecía sentirse amenazado por ella. A medida que me fue contando su historia comprendí que ese hombre le estaba haciendo luz de gas. Ella, que había sido una joven de gran talento, ambiciosa y con gran confianza en sí misma, se había convertido en un caso perdido. Ahora era una mujer nerviosa, insegura y profundamente amargada.

«Yo me consideraba una persona superior, pero al parecer no soy *nada* —me dijo—. ¿Por qué todo el mundo me halagaba tanto en esos primeros años de mi profesión, cuando acababa de terminar la universidad? ¿Por qué me engañaron si soy una...?». Su voz se apagó una vez más.

Jill estaba demasiado implicada en la tercera fase de la luz de gas, en la que ya has incorporado el punto de vista del maltratador y lo utilizas como si fuera propio. Como ya hemos visto, en la primera fase tienes pruebas suficientes en contra de tu maltratador como para hacerle comprender que está equivocado. Puedes o no tener miedo de su apocalipsis emocional, pero definitivamente sientes la necesidad imperiosa de fundirte con él y encontrar la forma de que ambos lleguéis a un acuerdo. En la segunda fase discutes más desesperadamente con el manipulador, e incluso contigo misma. Tienes mucho miedo de que estalle un apocalipsis emocional, y tu necesidad de sentirte una sola persona con él es todavía más urgente. En esta fase te empeñas mucho más en conseguir que ambas posturas coincidan. Cuando llegas a la tercera fase, ya has adoptado la perspectiva del maltratador y tienes pruebas suficientes de que si hay alguien que tenga razón, es él y no tú. Eso se debe a que todavía crees que lo necesitas para sentirte bien contigo misma, fomentar tu autoconfianza o fortalecer tu sentido de identidad y de pertenencia al mundo. Y por si esto fuera poco, en la tercera fase no solo estás deseando tener en cuenta su opinión, la estás asumiendo de una manera muy activa.

Por lo tanto, cuando le pedí discretamente a Jill que valorara sus propias habilidades, recordándole todos los premios que había ganado y las promociones que había merecido durante sus primeros años como periodista, ella me respondió con enfado que no tenía la menor idea de lo que estaba diciendo y procedió a darme una charla sobre sus terribles fracasos, hablando claramente en los mismos términos que su jefe.

Jill había llegado a convencerse de que su jefe la veía tal como era y la juzgaba acertadamente, y había aceptado sus opiniones incluso en detrimento de su propia vida. Necesitaba creer que su jefe tenía ese poder mágico porque todavía albergaba la esperanza de que algún día conseguiría convencerlo de que era realmente muy buena en su oficio. Sentirse fatal por la pobre opinión que tenía de ella y renunciar a su autovaloración merecía la pena, porque de ese modo se aferraba a la esperanza de que algún día llegaría a considerarla una buena periodista. Cuando eso sucediera, por fin podría sentirse segura de que *realmente* lo era y relajarse.

Gran parte de mi trabajo con mis pacientes que sufren el maltrato conocido como luz de gas consiste en conseguir que abandonen la tercera fase, porque en ella los maltratadores a menudo recurren también a otros tipos de maltrato. Además de pedirles a sus víctimas que acepten sus propias percepciones que no se ajustan a la verdad, es bastante frecuente que les hablen a voces, se aprovechen de ellas o incluso las exploten de diversas maneras. Esto les sucede incluso a mujeres que han sido fuertes e independientes, porque en esta tercera fase simplemente se han rendido. Por lo general, han aceptado sin siquiera advertirlo que viven en un mundo en el cual es el maltratador quien impone todas las reglas, unas reglas que además pueden cambiar inesperadamente en cualquier momento. Temen hacer cualquier movimiento porque nunca tienen ninguna certeza de lo que puede llegar a suceder.

¿Te encuentras en la tercera fase?

- ¿Te sientes frecuentemente desganada, apática o desanimada?
- ¿Te resulta casi imposible tener encuentros con tus amigos y tus seres queridos?
- ¿Eludes tener conversaciones profundas con personas en cuyas opiniones solías confiar?
- ¿Defiendes constantemente a la persona que te hace la luz de gas, sea frente a los demás o a ti misma?
- ¿Evitas hablar de tu relación amorosa para no tener que esmerarte en que los demás te comprendan?
- ¿Lloras a menudo sin ninguna razón aparente?
- ¿Experimentas síntomas de estrés, como pueden ser migrañas, problemas estomacales, estreñimiento o diarrea, hemorroides, dolores de espalda, urticaria, acné, erupciones cutáneas u otros malestares?
- ¿Sufres enfermedades leves como pueden ser catarros, gripe, colitis, problemas digestivos, palpitaciones cardíacas, dificultades respiratorias, ataques de asma u otro tipo de trastornos varias veces al mes?
- ¿Notas que eres incapaz de recordar con claridad una discusión en la que tú y tu maltratador no os habéis puesto de acuerdo?
- ¿Te obsesionas, u obsesionas a los demás, tratando de averiguar cómo puedes haber contribuido a que se haya enfadado, se haya sentido inseguro, se haya mostrado huraño o haya experimentado cualquier otra sensación desagradable?
- ¿Te asalta con más frecuencia, o con mayor intensidad, la vaga sensación de que algo no va bien?

Volvamos al ejemplo del cine en el que sales a beber un poco de agua. Te explicaré cómo podrías manejar ese incidente en la segunda fase, y qué podría ocurrir en la tercera.

De la segunda a la tercera etapa
En la segunda fase

- Deseas *realmente* conseguir su aprobación. Es la única manera de demostrarte a ti misma que eres una buena persona y que mereces ser amada. Por ello comienzas a adoptar su punto de vista. A lo mejor discutes con él (mentalmente o en voz alta) pero de cualquier modo les das prioridad a sus opiniones: «Dice que lo has dejado solo demasiado tiempo. Comprendo que es duro que te dejen solo cuando sales con alguien. No puedo culparlo por enfadarse. ¡A ver, espera un minuto! No puede haber pasado *tanto* tiempo. Bueno, supongo que cuando sales con alguien incluso cinco minutos pueden parecer una eternidad, así que creo que es razonable que se haya molestado».

  » Consideras que su punto de vista es normal, y luchas desesperadamente para que escuche tu opinión porque no puedes soportar la idea de que sus críticas puedan ser ciertas: «Por favor, cariño, piensa un minuto en ello. Ya sé que te disgusta quedarte solo, pero objetivamente no estuve ausente *tanto* tiempo. ¿O sí?». Tienes la esperanza de que si ganas la discusión podrás estar segura de lo que realmente te importa: que eres una buena persona digna de ser amada. Pero lo eres únicamente porque este hombre así lo cree.

- Cuando se comporta de una manera que te hace sufrir o te desconcierta, te preguntas: «¿Qué es lo que habré hecho mal?».

  » Pierdes tu capacidad de valorarte o de tomar distancia para ver las cosas en perspectiva, y en lugar de analizar la situación general te fijas en los detalles de sus acusaciones: «*Estoy convencida* de que no estuve fuera *tanto* tiempo. Pero quizás no fue así y tiene razón en que no tengo ninguna noción del tiempo. Supongo que no puedo culparlo por enfadarse. Pero, ¡espera un minuto! La película todavía no había empezado, de manera que *no pude* haber estado fuera de la sala tanto tiempo. ¡Ya está! Eso es precisamente lo que voy a decirle. Sin embargo, a lo mejor mi forma de actuar fue desconsiderada por algún otro motivo».

En la tercera fase

- Sigues pretendiendo conquistar su aprobación pero has perdido la esperanza de lograrlo, al menos de una forma permanente. Aun así, no puedes desentenderte de la cuestión porque dependes completamente de su punto de vista; en caso contrario, te sentirías desanimada y apática. Por lo tanto, se trata de una lucha para tener al menos algún punto de vista, el que sea. Ya no te sientes motivada para defenderte; ¿qué sentido tiene? «Afirma que lo dejé solo mucho tiempo. Supongo que así fue. Suelo mostrarme desconsiderada con frecuencia. No entiendo por qué no puedo ser mejor persona. Creo que simplemente no soy capaz de serlo». Tal vez tengas la esperanza de que algún día llegará a valorarte y te considerará una buena persona, competente y digna de ser amada.

  » Consideras que su opinión es normal, y prácticamente ya ni siquiera puedes recordar las épocas en que pensabas de otra manera. O quizás estés tratando de acallar tu propio punto de vista y renunciar a él con el fin de aceptar sus opiniones. «*Creía* que no había estado tanto tiempo fuera de la sala, pero ahora pienso que fui desconsiderada, una conducta muy frecuente en mí. ¿Qué es lo que me pasa? ¿Por qué no puedo pensar antes de cometer esos estúpidos e hirientes errores?».

• Cuando actúa de una manera hiriente o su conducta te desconcierta, piensas que es por tu culpa. De lo contrario, te sientes aturdida, desconectada o simplemente desesperanzada. Te encantaría poder complacerlo, pero estás convencida de que no eres capaz de conseguirlo.

> » No cuestionas en absoluto sus percepciones, ni en lo que atañe a la situación general ni en los pequeños detalles. «Asegura que estuve veinte minutos ausente. Es muy raro que yo haya pensado que fueron solamente cinco. Creo que no tengo ninguna noción del tiempo. Para mí no habían pasado ni cinco minutos, pero supongo que esa es la razón por la que siempre lo estropeo todo».

TERCERA FASE: CUANDO UNA DERROTA PARECE NORMAL

Tu transición a la tercera fase puede producirse de manera tan imperceptible como cuando pasaste a la segunda. De hecho, uno de los mayores peligros de la tercera fase es tu pérdida creciente de perspectiva. Sentirte vencida, desesperanzada y triste puede ahora parecerte tan normal que prácticamente ni siquiera recuerdas que en otra época de tu vida eras una persona diferente. Incluso en el caso de que tengas una ligera noción de que las cosas han cambiado, es probable que te resistas a recordar momentos más felices que solo conseguirían hacerte sentir peor de lo que ya te sientes. También es posible que intentes evitar a personas y relaciones que podrían ayudarte a «volver a la vida». Es probable que te resulte doloroso mostrarte receptiva aunque sea temporalmente, porque la relación caracterizada por la luz de gas exige que te mantengas retraída y aislada.

La tercera fase del efecto luz de gas puede realmente destruir el alma. Algunos de mis pacientes refieren que sienten una desgana que alcanza todas las áreas de su vida. La comida ya no sabe bien, no disfrutan de los encuentros con los amigos, un hermoso paseo por el campo los deja indiferentes, hasta que finalmente toda la vida llega a perder su sabor. Otros hablan de una creciente incapacidad para tomar las más mínimas decisiones: a dónde ir a comer, qué película prefieren ver, qué ropa quieren ponerse por la mañana. Y otros describen una falta de conexión: se sienten como si alguna otra persona estuviera viviendo su propia vida, realizando sus actividades mientras ellos se esconden en lo más profundo de sí mismos con la esperanza de que nadie los encuentre.

Sin embargo, creo que el peor aspecto de la tercera fase es la desesperanza. Como les ocurre a todas las víctimas de este tipo de maltrato, has idealizado al manipulador y deseas desesperadamente su aprobación. Pero en esta fase ya has renunciado a demasiadas cosas, incluso has dejado de creer en que alguna vez lograrás algo. Y como resultado tienes la peor opinión de ti misma.

Recordemos el caso de Melanie, a quien su marido, Jordan, riñó severamente por no haber conseguido el salmón adecuado para la cena que quería ofrecer a sus colegas. Melanie pasaba la mayor parte del tiempo sintiéndose confusa, agobiada, preocupada y aturdida. A medida que analizamos sus sentimientos pudo llegar a ver que esas sensaciones se debían en gran medida a un agotamiento físico y emocional.

—Cada vez que *pienso* que no estoy de acuerdo con Jordan, me abstengo de expresarlo —me comentó—. Sé que va a presionarme con un montón de preguntas, a castigarme con sus palabras, sus insultos, sus razones y su lógica. Sencillamente no tengo más energía para luchar. Sé que al final él es quien va a ganar la discusión. Entonces, ¿qué sentido tiene discutir? Es más fácil rendirse, evitar las peleas intentando imaginar qué es lo que pretende que haga, y luego limitarme a complacerlo.

Le pregunté qué era lo que sentía al permanecer en una relación en la que se veía incapaz de hacerse entender.

—No lo sé —respondió desanimada—. ¿Y qué diferencia hay en la forma en que yo me sienta? Simplemente, así son las cosas.

Varias semanas más tarde volvió a surgir la pregunta y en esa ocasión Melanie luchó por reprimir las lágrimas.

—Me siento fatal, ¿vale? —me contestó—. Odio sentir que independientemente de lo que haga, de lo amable que sea, de lo mucho que lo intente, nada de eso marcará ninguna diferencia. Jordan seguirá pensando lo que él quiere, y yo sencillamente nunca lograré comunicarme con él. Me gustaría que me amara como antes; solía ser muy cariñoso y ahora añoro aquellos días. Pensé que si me esforzaba más, volvería a ser el de antes. Pero ahora estoy exhausta. Supongo que volvería a intentarlo si supiera que mis esfuerzos darían resultado. Pero, para decirlo claramente, no soy lo suficientemente buena para él. No entiendo cómo se ha quedado tanto tiempo a mi lado.

Melanie estaba completamente convencida de que la opinión que Jordan tenía de ella era acertada, y en consecuencia se consideraba incompetente y descuidada. Además, le aterrorizaba su apocalipsis emocional, durante el cual siempre la denigraba. Como seguramente recordarás, en el capítulo uno comenté que Jordan solía decirle con frecuencia a su mujer que era estúpida y desconsiderada. Desde el punto de vista de Melanie, ella tenía dos alternativas: discrepar con su marido e iniciar una discusión que de antemano sabía que nunca iba a ganar o simplemente admitir sus acusaciones y aceptar la mala opinión que tenía de ella.

Si Melanie no hubiera estado tan desesperada por conseguir que Jordan aprobara su forma de ser para así poder sentir que era una esposa ejemplar que merecía su amor, podría haber tenido una tercera opción. Podría haber tomado un poco de distancia y ser crítica con él en lugar de serlo consigo misma. Tal vez podría haberse dicho: «No puedo entender por qué nada de lo que hago le parece bien. Es probable que simplemente se deba a que es una persona poco razonable y difícil de complacer». Podría haberse preguntado por qué quería estar casada con un hombre tan difícil y exigente. Y podría haber sido capaz de evitar las interminables conversaciones en las que solo recibía críticas. (En el capítulo seis te enseñaré un plan detallado para conseguirlo).

Pero el caso es que Melanie, como todas las víctimas de la luz de gas, había idealizado al maltratador. Cuando se casaron, estaba profundamente enamorada de Jordan, y su relación le parecía un paraíso donde se sentía segura y protegida. Por este motivo, tendía a dejarse llevar por la imperiosa necesidad de fundirse con él. Deseaba estar casada con un hombre fuerte con quien nunca *tendría* que discutir porque siempre verían las cosas del mismo modo.

La posibilidad de que pudiera estar equivocada (que sus juicios sobre Jordan simplemente no fueran correctos y su idea del matrimonio no fuera tan saludable) le parecía demasiado amenazante como para contemplarla. «Si ya no es el hombre que siempre pensé que era, eso significa que nuestra relación ha sido siempre una mentira —manifestó en una ocasión con una rabia que no era usual en ella—. Jamás creeré en eso, ¡jamás! No es su culpa. ¡Es la mía!». Melanie necesitaba creer que Jordan era un hombre cariñoso y extraordinario en el que siempre podría confiar, y había caído en la tercera fase de la luz de gas porque sentía que era incapaz de complacerlo. De hecho, había decidido hacer terapia con la esperanza de que yo la «arreglara» para que pudiera ser mejor esposa. «Si fuera capaz de mejorar —insistía—, quizás podríamos recuperar la relación que solíamos tener».

LOS TRES TIPOS DE MALTRATADORES EN LA TERCERA FASE DE LA LUZ DE GAS

Al igual que en la segunda fase, cada tipo de maltratador que practica la luz de gas tiene su propia versión en la tercera. En ella puedes experimentar diferentes tipos de maltrato emocional, dependiendo de que tu pareja sea un maltratador intimidador, un glamuroso o que parece un buen tipo.

El intimidador

El caso de Jill es similar al de Melanie. Esta última pretendía complacer a su marido, y Jill anhelaba que su nuevo jefe la valorara. Cuando comenzó a trabajar con él, tenía la esperanza de impresionarlo con su talento y sus habilidades. Después de todo, se había graduado como la mejor de su promoción en una prestigiosa facultad de periodismo. ¿Acaso no había ganado varios premios por su trabajo? Por otra parte, su jefe anterior siempre la había elogiado y le había escrito una carta de recomendación inmejorable. Por todo ello, tenía motivos suficientes para creer que podía sorprender a su nuevo jefe por su ambición y su capacidad de trabajo.

Sin embargo, desgraciadamente para Jill, su nuevo jefe parecía sentirse amenazado por ella. Cuando me comentó que era un hombre tranquilo y reservado que hablaba muy raramente, me dije que tal vez tenía problemas con la forma directa e intensa con que Jill solía plantear las cosas. Tal vez se tratara de problemas raciales o de género. Cualquiera que fuera la razón, desde el primer día quedó claro que este nuevo productor ejecutivo no se sentía a gusto trabajando con Jill y que no le iba ofrecer los proyectos importantes que ella esperaba.

Al principio, Jill afrontó la actitud de su nuevo jefe como un desafío. Trabajó todavía más arduamente para impresionarlo. Su mayor anhelo era conquistar su aprobación tal como había hecho con el jefe anterior. La necesidad imperiosa de fundirse con otra persona en la versión de Jill era imaginar un jefe con unos valores y juicios básicamente afines a los suyos. Si ella realmente hacía un buen trabajo, él lo reconocería y le expresaría su complacencia. Se negaba a aceptar que su jefe pudiera ser tan poco razonable como para no apreciar que era una trabajadora incansable, y que su concepto de «un buen trabajo» pudiera ser muy diferente del suyo.

Se dedicó a preparar extensos informes en los que le explicaba sus ideas y solicitaba reuniones personales para discutir sus proyectos. Al ver que él no respondía a sus requerimientos, persistió en su intento de recibir una respuesta clara, ya fuera afirmativa o negativa. Para Jill estas eran las cualidades de una periodista de éxito. No obstante, para su jefe era simplemente el comportamiento grosero de una mujer prepotente. Cuanto más se esforzaba Jill por impresionarlo, más distante se mostraba él.

Además, el jefe de Jill no se limitó simplemente a rechazar sus propuestas sino que encontró muchas pequeñas formas de transmitirle que no estaba haciendo un buen trabajo. Cuando le presentaba un informe de dos páginas sobre su última idea, el jefe se lo devolvía con un breve correo electrónico que decía: «No hay suficiente información». Si el siguiente informe de Jill constaba de tres páginas, el jefe le respondía: «Demasiado largo, debes resumirlo». Y cuando insistía en reunirse con él, se negaba a verla aduciendo que Jill estaba demasiado pendiente de su opinión y que esperaba que pudiera resolver su trabajo por sus propios medios, a no ser que no fuera capaz de hacerlo. Sin embargo, cuando tomaba la iniciativa, la castigaba por su falta de respeto y la acusaba de ser una «bala perdida», y más tarde la criticaba en las reuniones de personal por su incapacidad para trabajar en equipo. Cuanto más se esmeraba en conseguir que su jefe la valorara, menos parecía él tenerla en cuenta.

Si Jill no hubiera anhelado su aprobación tan desesperadamente, podría haberse percatado de que no había nada que ella pudiera hacer para complacerlo. Podría haber sido capaz de decir: «Es obvio que no hay forma de ganarle, de manera que tengo tres opciones: puedo aguantar hasta que aparezca alguna otra cosa mejor, puedo marcharme ahora mismo o puedo presentar una queja a la EEOC* para que lo amonesten por su conducta ultrajante». Pero a Jill no le apetecía recurrir a ninguna de esas alternativas, aunque ciertamente hubiera podido justificar que sus circunstancias eran «injustas». Al menos así habría podido abrir los ojos y tomar

---

* La Comisión para la Igualdad de Oportunidades en el Empleo de los Estados Unidos es una agencia federal del Gobierno de Estados Unidos que hace cumplir las leyes contra la discriminación en los lugares de trabajo.

la mejor decisión posible para la situación conflictiva que estaba viviendo.

No obstante, eligió culparse a sí misma. Pese a que hubiera sido la primera en admitir que su jefe no le caía muy bien, se relacionó con él como si su opinión fuera imprescindible para ella, y realmente así fue. Cuanto peor la trataba él, más se esforzaba ella en impresionarlo. Y al ver que invariablemente sus esfuerzos eran vanos, se culpaba a sí misma. Una *buena* periodista habría sido capaz de complacer a ese hombre. Una *buena* periodista habría encontrado la forma de trabajar con cualquier tipo de personalidad y afrontar cualquier tipo de problemas. Una *buena* periodista habría conseguido que su trabajo prosperara. Ella no había logrado ninguna de esas cosas, de modo que no debía de ser una buena periodista.

Yo intentaba que Jill comprendiera que su situación podía ser muy diferente si reconocía hasta qué punto dependía de la opinión de su jefe. Solo conseguiría liberarse de la luz de gas cuando encontrara la forma de desentenderse de su aprobación y se valorara a sí misma en lugar de dejar que él la juzgara. Pero durante mucho tiempo sencillamente no logró abandonar la esperanza de que llegaría a complacerlo *de algún modo*. Y cuando por fin admitió su derrota, se culpó a sí misma en lugar de responsabilizarlo a él.

—No puedo soportar no encontrar el modo de comunicarme con él —me dijo en una ocasión, como hacía insistentemente sesión tras sesión—. Me enfurece comprobar que se niega a escucharme independientemente de lo que le diga. No le importa si hago bien mi trabajo. Tampoco si me esfuerzo mucho. La verdad es que no se interesa por lo que hago y eso me hace sentir como si...

—Como si ¿qué? —le pregunté cuando se detuvo.

—Como si no valiera nada —manifestó finalmente en voz muy baja—. Siempre me las arreglé para cautivar a todas las personas con las que he trabajado. Pero *este* tío simplemente me ha calado.

Jill dependía de su jefe para sentirse una persona inteligente y competente, por eso era tan vulnerable a sus opiniones. Le sucedía lo mismo que a Liz, la mujer que tenía pruebas suficientes de que su jefe, que era aparentemente encantador, estaba saboteándola a sus espaldas. Igual que Liz, Jill tenía muchos problemas para ver la situación tal cual era. En lugar de ser realistas y considerar cuáles eran sus posibilidades teniendo en cuenta que sus jefes eran poco razonables y además les hacían luz de gas, las dos mujeres siguieron empeñadas en «conseguir que las cosas funcionaran» y luego se culparon por «no ser lo suficientemente buenas». Liz solo había llegado hasta la segunda fase de la luz de gas, y vivía en un estado de preocupación constante por la relación que mantenía con su jefe. Jill, sin embargo, estaba inmersa en la tercera fase y se sentía defraudada, triste y desesperada. No obstante, a ambas les ocurría esencialmente lo mismo: sus jefes les hacían luz de gas porque necesitaban tener razón, y ellas se habían convertido en sus víctimas porque deseaban su aprobación. Para liberarse de la luz de gas, necesitaban valorarse y ser capaces de considerar sus problemas laborales desde una perspectiva más distante, sin que eso significase renunciar realmente a su trabajo. Esa era la única forma en que serían capaces de oponerse a la luz de gas, resistir su imperiosa necesidad de fundirse con la otra persona, aceptar que ellas y sus jefes podían tener diferentes pensamientos y sentimientos y renunciar a sus desesperados esfuerzos por conseguir su aprobación a cualquier precio.

El maltratador glamuroso y el que parece un buen tipo

Hasta el momento hemos analizado la tercera fase de dos mujeres, Melanie y Jill, que se relacionaban con maltratadores intimidadores, es decir, hombres que insultan y desprecian. Pero ¿qué hay de las mujeres que mantienen relaciones con maltratadores glamurosos o que parecen buenos tipos? ¿Y cómo se desarrolla la tercera fase para ellas?

Recordemos a Sondra, la asistente social que parecía tener el matrimonio perfecto y un marido comprensivo, Peter, el mismo hombre que la describía como una persona triste e insensible. Cuando vino a verme solicitando mi ayuda, se encontraba en plena tercera fase del efecto luz de gas. Ni siquiera podía imaginar qué era lo que podía hacerla feliz en ese momento. No dejaba de decir: «Lo único que siento es que no tengo energía. Estoy agotada y me siento adormecida».

Sondra insistía en que su matrimonio era maravilloso, y que ella y su marido lo compartían todo. Cuando le pregunté qué les gustaba hacer juntos, me respondió que estaban demasiado atareados como para hacer otras cosas que no fueran encargarse de la casa y cuidar a los niños. Al principio de su matrimonio Sondra había intentado encontrar más tiempo para pasar en pareja, pero eso nunca llegó a suceder. «Él lo deseaba de corazón, y yo también —me explicó—, pero luego, bueno, no sé qué pasó, simplemente no lo conseguimos».

Le sugerí que invitara a Peter a salir juntos una noche. En la siguiente sesión me dijo: «A él le pareció una excelente idea, se puso muy contento. Pero cuando empezamos a consultar nuestras agendas, me mostró que realmente no teníamos tiempo libre. Así que lo dejamos para la próxima semana».

En la siguiente sesión me contó que su marido parecía muy entusiasmado por su «importante cita». Él mismo había sacado el tema, había hecho una reserva en el mejor restaurante de la ciudad e incluso se ofreció a hablar con la canguro.

Sondra estaba entusiasmada; de alguna manera todo aquello confirmaba su idea de que Peter era realmente «un buen tipo». Sin embargo, cuando por fin llegó la noche de la salida, resultó decepcionada. Peter había tenido un día inusualmente largo en el trabajo y no tenía mucha energía. Habían ido a ese restaurante tan exclusivo donde era muy difícil conseguir una reserva, pero él estaba demasiado cansado como para comer y pareció preocupado durante toda la cena. Y más tarde, cuando fueron a ver la película que Sondra había elegido, se quedó dormido durante la proyección. A pesar de que todo se había realizado «de acuerdo con un plan», la salida no había sido en absoluto un éxito.

Tal como yo lo entiendo, la experiencia de Sondra era el ejemplo perfecto de cómo se comporta un maltratador que parece un buen tipo. Aparentemente las intenciones de Peter eran buenas, aunque durante aquella velada en realidad parecía estar muy lejos de allí y no le ofreció la intimidad ni la compañía que ella necesitaba. Se limitó a montar una gran escena en la que manifestó la ilusión que le hacía que salieran juntos, pero su conducta real dejó a Sondra profundamente insatisfecha. No obstante, fue incapaz de protestar.

—Me *ofreció* todo lo que yo deseaba —insistía Sondra—. Supongo que yo tengo la culpa de no ser feliz.

—Pero Sondra —le dije—, Peter *no* te ofreció lo que esperabas. Tú querías pasar una noche tranquila y agradable en su compañía, pero él parecía estar ausente. Sencillamente estaba «cumpliendo», y eso es muy diferente de lo que tú deseabas.

—Puede ser —expresó con indiferencia—. Pero creo que no tengo motivos para quejarme.

Como es evidente, si aquella noche tan poco gratificante que Sondra y Peter pasaron juntos hubiera sido un incidente aislado, esto no habría tenido mucha importancia. La cuestión es que Sondra sentía con frecuencia que Peter aceptaba hacer lo que ella quería de una forma que la dejaba insatisfecha. En mi opinión, él tenía más interés en demostrar que era un buen tipo que en comunicarse realmente con su mujer. Y ella aceptaba su punto de vista sin reparos porque necesitaba considerarlo un buen tipo, es decir, verlo de la misma forma que él necesitaba verse a sí mismo.

Mi paciente Olivia tenía un problema similar con su maltratador glamuroso, Martin. Era una mujer seria de poco más de cuarenta años, alta y elegante, con la tez oscura y unos pómulos impresionantes. Había sido modelo y ahora trabajaba como responsable de compras de unos grandes almacenes locales. Estaba casada con

Martin, un agente inmobiliario, desde hacía quince años. Se había enamorado de su naturaleza romántica y sus atenciones glamurosas y extravagantes. Ahora, sin embargo, sentía que el glamur se estaba desgastando.

—Anoche mismo, por ejemplo, llegué a casa muy cansada —me comentó—. Martin me dijo: «Cariño, no te preocupes, te daré el mejor masaje de tu vida». Lo que de verdad me apetecía en ese momento era sumergirme en la bañera, estar un rato sola y luego disfrutar de una cena tranquila con un poco de conversación agradable. O quizás acurrucarme en el sofá y ver la televisión. Ya sabes, algo sencillo y relajado. Sin embargo, Martin tuvo que montar su escena con los aceites para masajes, las velas aromáticas y la música adecuada para crear el ambiente propicio. Y no dejó de hablar, diciéndome lo guapa que era y lo bien que me iba a hacer sentir. Mientras lo escuchaba, tenía la sensación de que me estaba describiendo ante otra persona. En ningún momento sentí que estaba hablando *conmigo*.

Le pregunté a Olivia si le había comunicado a Martin lo que sentía, y ella se limitó a encogerse de hombros. «No ha prestado atención a lo que digo durante los últimos diez años —respondió con tristeza—. No sé por qué habría de empezar a hacerlo ahora».

Sondra sentía que las «buenas acciones» de Peter no estaban realmente dirigidas a ella. Olivia solía tener la sensación de que las atenciones de Martin respondían más a sus propias fantasías románticas que a lo que ella necesitaba o prefería. Como todas las víctimas de la tercera fase de la luz de gas, había llegado a sentir que nada de lo que hiciera podría marcar ninguna diferencia en la relación. «Nada de lo que diga o haga parece afectarle —expresó—. Y todavía es peor si en algún momento consigo decirle lo que pienso. En ese caso, el resultado es que está con mala cara toda la semana, y yo no puedo soportarlo porque me hace sentir culpable. Él solo intenta ser un buen marido; ¿por qué no puedo disfrutar de eso?».

A pesar de su insatisfacción, ni Sondra ni Olivia estaban preparadas para abandonar una relación que había llegado a la tercera fase de la luz de gas. Como el resto de las víctimas de las que hemos hablado, ambas consideraban que de alguna manera eran culpables del problema. Sondra se culpaba por ser demasiado exigente. Creía que cualquier otra mujer apreciaría los esfuerzos de Peter en lugar de sentirse siempre descontenta. Quería aprender conmigo a ser feliz con Peter, no seguir empeñada en cambiarlo.

Olivia también sentía que era la responsable del conflicto. Pensaba que si conseguía ser más espontánea, romántica y dinámica, sería capaz de llevarse bien con Martin. Las dos hermanas y la madre de Olivia habían tenido matrimonios desgraciados (sus maridos las habían engañado o abandonado), de manera que ella se sentía todavía más culpable por no ser capaz de apreciar a un marido tan romántico y afectuoso como Martin.

Las dos mujeres temían el apocalipsis emocional de sus maltratadores que casi siempre forma parte del maltrato luz de gas. En el caso de Sondra, el apocalipsis emocional era la rabia de Peter. Pese a que intentaba ser un buen tipo la mayor parte del tiempo, a veces tenía explosiones de ira y Sondra nunca estaba segura de hasta dónde podrían llegar las cosas. Una vez que se calmaba, se disculpaba brevemente y luego cambiaba de tema. Sondra tenía la sensación de que su marido no comprendía hasta qué punto le disgustaban sus reacciones violentas. «Pero siempre me *dice* que lo lamenta —me respondió cuando la presioné un poco para que hablara de esa cuestión—. ¿Cómo puedo conseguir que se avenga a conversar del problema?». Según sus propias palabras, en esa ocasión Peter también «lo ha hecho todo bien». Sin embargo, una vez más no había hecho nada por satisfacer a Sondra.

El apocalipsis emocional para Olivia eran los enfados de Martin y la culpa que le generaban. Ya se sentía culpable por no apreciar y agradecer sus atenciones, de manera que verlo dar vueltas por la casa con mala cara era algo que simplemente la superaba. Y muy en especial porque solía llevarle un buen regalo cuando recuperaba el ánimo, lo que aumentaba todavía más su sensación de culpabilidad.

Las mujeres que se relacionan con maltratadores glamurosos o que parecen buenos tipos pueden pasarlo mal intentando explicar a otras personas, o incluso a sí mismas, cuál es problema. La cooperación y las atenciones románticas parecen ser cosas positivas; ¿qué podría haber de malo en ellas?

Lo malo es el maltrato luz de gas.

Un maltratador glamuroso monta una gran escena en su propio beneficio mientras intenta convencer a su víctima de que lo hace por ella. Le asegura que va a disfrutar de sus románticas atenciones pero no se detiene a pensar si es eso lo que ella realmente desea. Se limita a montar una escena e insiste en que ella debe alegrarse.

Un maltratador que parece un buen tipo actúa a su antojo mientras trata de convencer a su pareja de que lo hace para complacerla. O también puede actuar como si estuviera absolutamente pendiente de ella, mientras intenta convencerla de que tiene que estar loca por desear algo diferente.

Como resultado, la mujer que sufre la luz de gas se siente sola, confusa y frustrada pero es incapaz de explicar sus motivos. Si se opone a la conducta del maltratador, él recurrirá a su apocalipsis emocional: puede gritar, amenazar con abandonarla o agobiarla con sus críticas. Y si se disculpa después de montar un apocalipsis emocional (como es el caso de Peter) o le ofrece un hermoso regalo (como suele hacer Martin), ella se siente todavía peor. En ningún momento él ha tenido en cuenta sus sentimientos, pero le ha hecho creer lo contrario. Esta actitud promueve las sensaciones de soledad y frustración, y cuando persiste puede provocar una depresión.

Cuídate: trabaja tu cuerpo-mente

Uno de los aspectos más difíciles de la tercera fase del efecto luz de gas es que te has desconectado de tus emociones y de la mejor parte de ti misma. Una forma excelente de volver a conectarte contigo misma es realizar alguna actividad que incluya el cuerpo y la mente: yoga, taichí, artes marciales u otras formas de meditación en movimiento. Todas estas prácticas se basan en aquietar la mente y abrirte a tu ser más profundo, pero no a través de conversaciones ni análisis sino a través de un movimiento vigoroso que integre el cuerpo, la mente y el espíritu. Encuentra una clase que te guste en un centro de yoga o de artes marciales. También puedes preguntar en el herbolario o la librería a los que acudes normalmente, donde es posible que puedan recomendarte algún profesor.

Aunque puede ser que solamente desees meditar; esto puedes aprenderlo con un libro o asistiendo a una clase (consulta a los profesores de yoga o artes marciales de tu barrio o localidad). Si quieres meditar, debes sentarte de quince a treinta minutos y concentrarte en tu respiración, dejando que tus pensamientos pasen por tu mente y luego simplemente se disuelvan. Las personas que meditan afirman que se sienten más serenas, conectadas y capaces de controlar el estrés. La meditación es también una forma excelente de ofrecerle a tu ser interior el tiempo y el espacio necesarios para que pueda expresarse y se haga escuchar.

¿POR QUÉ PERMANECEMOS EN LA RELACIÓN?

¿Qué es lo que hace que mujeres que en otro momento fueron fuertes (como Melanie, Jill, Sondra y Olivia) estén inmersas en relaciones caracterizadas por la tercera fase del efecto luz de gas?

Como ya hemos visto, la dinámica principal en una relación donde existe este tipo de maltrato emocional incluye un maltratador que necesita tener razón para mantener su poder y su identidad y una víctima que lo idealiza y necesita desesperadamente su aprobación. En tanto sigas creyendo que lo necesitas para sentirte bien contigo misma, para fomentar tu autoconfianza o tu sentido de pertenencia, serás propensa a sufrir el efecto luz de gas.

No obstante, además de esta dinámica básica he identificado cuatro motivos fundamentales que nos impiden dar por acabadas las relaciones caracterizadas por este tipo de maltrato, aun cuando se hayan convertido en relaciones agotadoras y debilitantes que producen tristeza.

La amenaza de la violencia

Además de los motivos detectados, las mujeres que llegan a la tercera fase suelen tener miedo a la violencia física (o incluso a la amenaza de violencia física) que puede ejercer el maltratador. Si tú y tus hijos habéis sido objeto de maltrato físico, o tienes la sensación de que podríais llegar a serlo, debes abandonar tu hogar y refugiarte en algún sitio seguro, que puede ser la casa de un ser querido, un centro de ayuda o incluso un restaurante desde donde puedas hacer una llamada telefónica y decidir cuál ha de ser tu próximo paso. Tu primer objetivo debe ser proteger tu integridad física y la de tus hijos. En cuanto sepas que estáis seguros y vais a seguir estándolo, podrás ocuparte de resolver la dinámica emocional en la que estás inmersa.

Preocupaciones materiales

Hablando con franqueza, muchas mujeres no quieren renunciar a la seguridad económica o al nivel de vida que su pareja (o quizás su jefe) puede ofrecerles. A pesar de saber que no son felices, imaginan acertada o erróneamente que un nivel de vida más bajo les produciría una desdicha aún mayor. Algunas sienten que si deciden divorciarse (o cambiar de trabajo), sus hijos sufrirán las consecuencias económicas y emocionales de la separación. Otras que están en la tercera fase consideran que sus maltratadores son buenos padres a pesar de ser maridos difíciles o afirman que sus hijos están muy unidos a su padre a pesar de que hay algunos aspectos de la relación que también son conflictivos. Las mujeres que trabajan para maltratadores y se encuentran en la tercera fase quizás tengan un trabajo que les ofrece oportunidades únicas para desarrollar su creatividad, progresar profesionalmente y ganar dinero.

No obstante, a veces no valoramos correctamente estos beneficios y obstáculos potenciales. Exageramos las ventajas de seguir en esa relación caracterizada por la luz de gas y minimizamos las oportunidades que tendríamos si nos liberáramos de ella. Por ejemplo, Jill estaba segura de que nunca sería capaz de conseguir otro trabajo tan bueno como el que tenía. Y precisamente ese pensamiento permitía que su jefe tuviera poder sobre ella y controlara toda su vida profesional, tal como ella presentía. A medida que comenzó a liberarse de su manipulación, empezó a darse cuenta de que era una mujer joven, con talento y con unos antecedentes profesionales excelentes. Si ese hombre no le escribía una carta de recomendación como ella se merecía, podría pedírselo a su jefe anterior o incluso a sus profesores de la facultad de periodismo. Todavía tenía mucho tiempo por delante para desarrollar una carrera brillante, con o sin ayuda de su jefe.

A Melanie le sucedía algo semejante. Cuando empezó a considerar la posibilidad de abandonar a Jordan, sus primeros temores se relacionaban con el dinero. A ella la había criado únicamente su madre y todos sus recuerdos infantiles giraban en torno a las preocupaciones económicas que tenía y a su miedo de no ser capaz de pagar las facturas. Necesitó bastante tiempo para reconocer que su trabajo como analista de *marketing* estaba mucho mejor pagado que los innumerables trabajos de camarera que había tenido su madre. Quizás no podría vivir en un apartamento tan bonito como el que tenían ahora, ni disfrutar de unas vacaciones tan lujosas como las que Jordan le ofrecía, pero no tenía ningún motivo para preocuparse por la supervivencia básica.

Hay circunstancias en las que nuestras preocupaciones materiales están absolutamente justificadas. En cierta ocasión le pregunté a Sondra si podía considerar la posibilidad de separarse de Peter, y ella se puso blanca de terror. «¿Cómo podría hacerles eso a mis hijos? Ellos lo adoran», respondió. Por ser una madre divorciada entendí de inmediato lo que sentía. Es muy difícil separar a los niños de su padre y a ninguna madre le gusta tener que presenciar lo que pueden llegar a sufrir. El divorcio puede ser una decisión acertada, pero es innegable que también hay pérdidas reales.

Si la situación de Jill hubiera sido diferente, podría haber tenido razones para temer por su futuro profesional. Si hubiera tenido cincuenta años, por ejemplo, podría haber asumido sin equivocarse que le iba a resultar muy difícil encontrar un nuevo trabajo, en especial de la misma categoría. Si hubiera trabajado en una empresa especializada en un tipo particular de periodismo, abandonar su trabajo podría haber significado tener que trabajar en otro tipo de periodismo, con poco presupuesto o en otras condiciones no deseadas. En ese caso optar por abandonar la relación con el jefe que le hacía luz de gas podría haber significado un enorme revés en su carrera.

Para bien o para mal, nunca sabemos qué es lo que nos deparará el destino. En realidad, ignoramos de qué manera un divorcio afectará a nuestros hijos, ni tampoco qué les ocurrirá si seguimos manteniendo una relación complicada. Tampoco podemos predecir cómo nos sentiremos viviendo con menos dinero ni qué tipo de trabajo seremos capaces de conseguir. Solamente podemos hacer conjeturas, y luego comparar el peso de la pérdida con el precio que estamos pagando por permanecer en una relación marcada por la luz de gas, especialmente si nos sentimos agotadas y deprimidas. Cuando estás en la tercera fase de este tipo de maltrato, sueles sentir que no tienes derecho a casi nada, ni siquiera a la alegría. Pero la alegría está allí fuera, esperándote. Y estás autorizada a encontrarla y disfrutarla como cualquier otra persona.

Miedo al abandono y a la soledad

A muchas de nosotras la idea de acabar con una relación nos parece el fin del mundo. Sencillamente no podemos imaginar la vida a solas.

Muchas tenemos también un miedo general al abandono que afecta a todas nuestras relaciones, incluidas las que mantenemos con nuestros amigos, compañeros de trabajo y jefes. En todos estos casos la idea de abandonar una relación o de poner cierta distancia de ella puede desencadenar profundos sentimientos de soledad que parecen mucho más dolorosos y terribles que el peor de los maltratos. De manera que idealizamos a la persona que nos hace luz de gas e intentamos desesperadamente conseguir que la relación funcione, en lugar de afrontar que ha llegado a ser incómoda e insatisfactoria.

A algunas mujeres nos sucede que nuestro sentido de identidad está organizado en torno a una relación o a un trabajo en particular. Por ejemplo, cuando Melanie y yo intentamos analizar cómo se sentía ante la idea de dejar a Jordan, expresó, desolada: «Yo no sería nadie, absolutamente nadie sin él».

Jill afirmaba algo muy similar: «Si no puedo tener éxito en este trabajo, entonces simplemente no soy nadie».

Insisto una vez más en que debemos recordar que no tenemos la menor idea de lo que nos espera en el futuro. A pesar de nuestros peores temores, podemos llegar a sentir un gran alivio al liberarnos de una relación en la que se nos está sometiendo a la luz de gas. Tal vez incluso lleguemos a descubrir que no nos sentimos solas en absoluto sino, por el contrario, empoderadas y satisfechas. Y aunque echemos de menos a la persona que nos maltrataba, de cualquier modo estamos contentas de haber tomado la decisión de separarnos. Y si bien es cierto que abandonar una relación caracterizada por la luz de gas, o poner límites en ella, muchas veces desencadena realmente esos sentimientos de soledad y ansiedad que tanto temíamos, a pesar de sufrir tenemos la convicción de haber tomado la decisión correcta.

Un mensaje frecuente en nuestra cultura es que podemos ser felices si simple y llanamente nos ocupamos de hacer cosas saludables. Yo creo que se trata de algo más complicado, y que incluso la decisión más sana puede producir tristeza, miedo y sensación de pérdida. Pero si afrontamos nuestros miedos y tomamos decisiones sabias, podremos estar agradecidas, porque dichas decisiones habrán preservado nuestra integridad.

Miedo a la humillación

Debemos afrontarlo: una vez que has llegado a la tercera fase del efecto luz de gas, ya estás inmersa en una relación que no funciona. Para muchas de nosotras es una verdadera humillación aceptar que las cosas han salido mal. Dar por terminada la relación significa admitir un fracaso; por el contrario, permanecer en ella parece ofrecernos la posibilidad de resarcirnos de nuestras pérdidas.

Eso es lo que Melanie sentía de su matrimonio y lo que Jill pensaba de su trabajo. Ambas consideraban que era humillante admitir que no habían conseguido solucionar su situación. Melanie pensaba que una persona sana podría haber hecho que las cosas con Jordan marcharan mejor, mientras que Jill creía que por ser una excelente periodista iba a ser capaz de obtener la aprobación de su irrazonable jefe. En lugar de ser realistas y ver que esos hombres las estaban manipulando, se empeñaban en agachar la cabeza y seguir intentándolo. Incluso el esfuerzo más monumental parecía preferible a admitir su «fracaso».

Por desgracia, si evitamos la verdad no podemos llegar muy lejos. Independientemente de que decidas o no acabar con una relación que ya está en la tercera fase, nunca encontrarás la forma de ser más feliz (ni en esa relación ni en ninguna otra) si ignoras tu situación. Tienes que admitir que algo no va bien y analizar la relación con sensatez y esmero para ver si es posible mejorarla.

Melanie necesitaba ser plenamente sincera consigo misma para valorar cómo era de verdad Jordan. Tenía que comprender que sus críticas eran injustas y poco razonables y admitir que le hacían mucho daño. Y también tenía que aceptar que era muy desdichada y que se sentía confusa, insatisfecha y angustiada. Y por último, debía dejar de idealizar su matrimonio para verlo tal cual era, una relación caracterizada por la tercera fase de la luz de gas en la que se sentía bastante deprimida, y no ese remanso que alguna vez había sido y que podría volver a recuperar si trabajaba lo suficiente en terapia. La relación con Jordan tal vez podría mejorar, o quizás no, pero lo cierto es que nada habría de cambiar hasta que Melanie afrontara la verdad.

Del mismo modo, Jill necesitaba reconocer que su jefe se comportaba de una forma muy poco razonable. Tenía que enfrentarse a la posibilidad de que quizás prefiriera prescindir de ella, aunque fuera una buena periodista, debido a sus absurdos prejuicios o preferencias. Debía admitir que probablemente no iba a ser capaz de conseguir su aprobación, y en ese caso preguntarse qué es lo que quería hacer. Trabajar con más ahínco con la esperanza de obtener los mejores resultados no iba a servir de nada. Sin embargo, mirar las cosas de frente le reportaría muchos beneficios.

Si observas que estás luchando contra tu sentimiento de humillación, quizás necesites sentir compasión por ti misma y aceptar la idea de que no es ninguna vergüenza cometer un error, ni siquiera varios errores. Incluso puedes decidir que el dolor de la humillación es un precio muy bajo para liberarte del sufrimiento.

También deberías recordar que el tiempo cura muchas heridas. Una situación que en un determinado momento te pareció absolutamente humillante puede convertirse en un recuerdo irónico y distante cuando ya has conseguido un trabajo mejor que el anterior o una relación más gratificante.

El poder de la fantasía

Muchas de nosotras permanecemos en relaciones tortuosas debido a las fantasías que tenemos sobre el maltratador y nosotras mismas. Tal vez consideramos que es nuestra alma gemela, el hombre sin el cual no podríamos vivir, el gran amor de nuestra vida. O tenemos una idea romántica de la versión «amigas para siempre» y hermosos recuerdos de una amistad duradera. Cuando nuestras fantasías se relacionan con el hecho de progresar en nuestra profesión, acaso pensemos que no debemos apartarnos del jefe que nos maltrata porque eso significaría renunciar a nuestras esperanzas de tener una carrera brillante. Y cuando se trata de la familia, nuestras fantasías son especialmente poderosas porque queremos profundamente a nuestros padres o hermanos, que nos conocen desde que nacimos, y consideramos que les debemos todo lo que somos. Eso puede generar una fuerte dependencia o un vínculo afectivo especialmente intenso. Por ese motivo puede suceder que al marcharnos de la casa de nuestros padres nos sintamos un poco perdidas y acariciemos la fantasía de tener una persona todopoderosa en nuestra vida que pueda cuidarnos y amarnos de forma incondicional.

Aunque no seamos capaces de reconocerlo, para todas nosotras la fantasía desempeña un rol muy importante en las relaciones marcadas por el maltrato luz de gas. Cuando mis pacientes, amigas u otras personas conocidas hablan apasionadamente de aquellos que las están manipulando, están convencidas de que sencillamente están exponiendo los hechos. A continuación presento algunos ejemplos:

- «¡Todo empezó tan bien! No puedo creer que no podamos volver a aquella época».
- «Es mi alma gemela. Ningún otro hombre me ha hecho sentir lo que él me hace sentir».
- «Pienso en él todo el tiempo. Lo amo muchísimo. No puedo imaginar la vida sin él».
- «¡Me conoce tan bien! Nadie me conoce como él».
- «Él sabe exactamente lo que me pasa. Necesito alguien así en mi vida».
- «Tengo tantos buenos recuerdos de ella... Hemos vivido tantas cosas juntas...».
- «Este es el mejor trabajo que he tenido nunca. A este hombre le debo todo lo que soy. No puedo decepcionarlo».
- «Nunca tendré otro trabajo como este».
- «Nadie me dará jamás la oportunidad que él me dio».
- «Es una persona de gran talento que va a conseguir todo lo que desee en la vida. Y yo no quiero perder la oportunidad de beneficiarme de eso».
- «Es mi madre, y sé que haría cualquier cosa por mí. ¿Cómo podría desilusionarla?».
- «Siempre he dependido de la opinión de mi padre. Sé que aunque me grite, al final siempre se pone de mi parte».
- «Mi hermana es mi mejor amiga. Nos peleamos todo el tiempo, pero sé que puedo contar con ella».
- «Siempre he contado con mi hermano mayor. Aun cuando parezca subestimarme, sé que está de mi lado».

Creo que mis pacientes y amigos son sinceros cuando hacen este tipo de declaraciones. Pero también pienso que, independientemente de que sean o no conscientes, en realidad no están diciendo toda la verdad.

¿Qué es lo que efectivamente sucede cuando nos aferramos a relaciones afectivas que nos agotan y nos hacen sentir tristes y confundidas? ¿Y por qué renunciamos a tantas cosas para mantenerlas?

Todas las que permanecemos en relaciones marcadas por la luz de gas hemos decidido, a menudo de forma totalmente inconsciente, que debemos ser capaces de tolerar *cualquier cosa* y que tenemos la fuerza suficiente para solucionar cualquier problema. Melanie, por ejemplo, necesitaba creer que era una persona amable y cariñosa, y que su amor incondicional podría por sí solo devolver la felicidad a su matrimonio si fuera necesario. Más allá de lo mal que se comportara Jordan, ella debía, y podía, ser lo suficientemente cariñosa como para hacer que las cosas funcionaran. El hecho de afrontar que se sentía desgraciada junto a su marido significaba renunciar a esa versión idealizada de sí misma, y además admitir que no podría superar las dificultades que tenía en su matrimonio solamente a través del poder del amor.

Jill también necesitaba verse a sí misma como una mujer fuerte y con talento, que ningún jefe podría llegar a abatir. Quería creer que era capaz de esforzarse incluso en las circunstancias más difíciles y transformar un trabajo incómodo en un buen trabajo recurriendo sencillamente a su capacidad y experiencia. Reconocer que a su jefe no le importaba lo bien que hacía su trabajo era como renunciar a su verdadero ser.

Como puedes ver, estas son fantasías de poder. Nos vemos a nosotras mismas como mujeres capaces de transformar cualquier situación *cuando* nos proponemos hacer bien las cosas. En lugar de abandonar al manipulador y seguir adelante con nuestra vida, tratamos desesperadamente de demostrar que podemos modificar su forma de actuar. Si no somos capaces de hacerlo, nos empeñamos en convencernos de que su mala conducta no tiene ninguna importancia porque *nosotras* somos fuertes.

Las raíces de este esfuerzo llegan hasta la infancia. Los padres en los que no se puede confiar y que decepcionan a sus hijos los arrastran hacia una encrucijada emocional. Admitir cómo son de verdad (es decir, que a veces se comportan como niños egocéntricos) podría resultar muy doloroso para los hijos. ¿Qué niño de dos, cuatro o incluso doce años puede soportar la idea de que su madre es incapaz de protegerlo o que su padre nunca está presente cuando necesita su ayuda? ¡Qué aterrador ser un niño pequeño cuyos padres no son cariñosos ni puede confiarse en ellos! Cuando somos niños sabemos que no somos lo suficientemente mayores ni lo suficientemente fuertes como para cuidar de nosotros mismos, de manera que si *ellos* no lo hacen, ¿quién lo hará? Y, por otra parte, si ni mamá ni papá nos quieren, seguramente somos tan malas personas que nunca nadie podrá amarnos.

De modo que en lugar de ver las cosas sin asomo de duda (es decir, reconocer que nuestros padres no *pueden* cuidar de nosotros ni amarnos como nos gustaría debido a sus propias limitaciones), comenzamos a culparnos a nosotros mismos («Debe de ser por mi culpa»). Y eso es precisamente lo mismo que haremos más adelante con un maltratador. Pero las cosas no terminan aquí. Creamos fantasías para compensar nuestras decepciones, y esas fantasías parecen otorgarnos mayor control sobre las cosas. Si somos lo suficientemente fuertes y poderosos, quizás no tenga ninguna importancia que nuestros padres no se ocupen de nosotros porque ¡nosotros podemos cuidarlos a ellos! «Independientemente de lo que haga mamá, yo estaré bien», puede decirse una niña pequeña. O: «Me da igual que papá me decepcione». Tratamos de vernos como personas fuertes, tolerantes y comprensivas que perdonan los errores irrelevantes de sus padres.

Desafortunadamente, por debajo de estas ideas esperanzadoras sobre nosotras mismas subyace un pozo de tristeza, rabia y miedo, los sentimientos de una niña que no puede esperar que un adulto cariñoso y fuerte la proteja. Todos necesitamos el reconocimiento, la admiración y el amor de los demás, y cuando aparece una persona que nos promete todo eso, nos sentimos atraídos por ella. Pero aquellos que son propensos a sufrir el efecto luz de gas sienten mucho más que una mera atracción; actuamos impulsados por tres fantasías:

1. En la infancia nuestros padres eran las únicas personas en quienes podíamos apoyarnos; ahora quien ocupa ese lugar es nuestro maltratador. Él, y solo él, puede ofrecernos el amor fiable que nuestros padres no nos brindaron. Él es nuestra alma gemela, nuestro mentor perfecto, nuestro mejor amigo. Y la prueba de su amor es la aprobación que aspiramos obtener.

2. Si él no puede darnos lo que necesitamos, nos convencemos de que podemos modificarlo. Gracias a nuestra tolerancia, amor y perseverancia, lo transformaremos en los padres que nos merecíamos y que quisimos tener.

3. No nos importa que se comporte de una forma desagradable porque somos lo suficientemente fuertes (o lo suficientemente tolerantes o lo suficientemente atentas) para pasar por alto su conducta. Si no somos tan maravillosas como para tener la capacidad de cambiarlo, al menos somos lo suficientemente grandiosas como para soportar su conducta.

La conducta del maltratador no solo no consigue disminuir nuestro amor sino que por el contrario nos hace amarlo todavía más, pues nos ofrece una nueva oportunidad para demostrar que somos fuertes. ¡Ah, si hubiéramos sido así de fuertes cuando éramos niños! Por desgracia no lo fuimos, pero ahora podemos enmendarlo. *Ahora* modificaremos lo que haga falta para mejorar la relación simplemente mediante nuestra fuerza de voluntad. Y si eso significa tolerar a alguien que nos insulta, nos ignora o parece estar más preocupado por sus propias necesidades que por las nuestras, si eso implica tolerar a una pareja, un jefe o un amigo conflictivos, que así sea. Al menos *ahora* estamos obteniendo algo positivo a cambio de nuestra tristeza: una maravillosa alma gemela, un mentor extraordinario, un amigo estupendo. Nos aferramos a la fantasía de que la relación es muy buena porque es la oportunidad que tenemos de evitar nuestro miedo más profundo: que nunca nadie nos amará como necesitamos que nos amen y que, tal como sucedió cuando éramos niños, nos decepcionarán y nos dejarán solas. Y mientras tanto, la mala conducta del maltratador consigue que estemos cada vez menos satisfechos de nosotros mismos y que fracasemos constantemente en nuestro empeño por lograr su aprobación, lo que nos impide demostrar que somos buenas personas, capaces y dignas de ser amadas.

Bien, si así es como las cosas funcionan para ti, tengo malas y buenas noticias. Las malas noticias son que probablemente debas renunciar a lo que imaginas que te podría ocurrir si abandonas esa relación caracterizada por la luz de gas. Cuando una paciente manifiesta con la voz quebrada por la tristeza: «Nunca encontraré otro hombre como él», debo responderle con la mayor calma posible: «Puede ser, pero ¿realmente es eso lo que te apetece? No dejas de decirme que estás muy triste. ¿Realmente te merece la pena seguir en esta situación?».

Una paciente en un ataque de ira o de pánico también podría decir: «¿Qué voy a hacer si pierdo este trabajo? ¿Y si nunca encuentro otro puesto tan bueno como este? ¿Y si ya no puedo volver a trabajar en mi profesión, o al menos a este nivel? ¿Y si no vuelvo a encontrar un mentor que me comprenda como él?». En este caso debo contestar: «Tal vez no encuentres una situación tan buena como esta, pero tu decisión de seguir en ella te impide siquiera imaginar la posibilidad de conseguir algo mejor».

Y si una paciente me dice: «Es mi amiga desde que tenía catorce años. Ninguna persona que conozca a partir de ahora sabrá cómo era yo en la adolescencia. Ella es la única con quien puedo hablar de aquella época», debo responder que todo eso es verdad y a continuación agregar: «Pero piensa en todas las veces que me has dicho lo mal que te sientes por la forma en que te trata. Teniendo eso en cuenta, ¿sigues pensando que esa amistad compensa tu infelicidad?».

Por lo tanto, las malas noticias son que si damos por terminada la relación, es probable que estemos renunciando a algo muy especial. Quizás no amemos tan apasionadamente a ningún otro hombre, no volvamos a encontrar a nadie tan interesante ni a ninguna persona a la que podamos considerar un alma gemela. Tal vez no hallemos otro mentor ni otra oportunidad profesional que puedan compararse con los que estamos dejando atrás. Acaso no volvamos a conocer a alguien que sea tan cariñoso y atento, que nos conozca tan bien como esa mejor amiga que nos hace luz de gas y nos llena de rabia.

La buena noticia es que si consideramos objetivamente el coste que tiene para nosotras esa relación en la que sufrimos la luz de gas y tenemos el coraje de acabar con ella, podremos empezar a vislumbrar la desaparición de ese miedo terrible que amenaza toda nuestra vida, el miedo de no ser amadas y de sentirnos solas. Podemos ver que ahora *somos* lo suficientemente mayores como para «convertirnos en nuestros propios padres» y cuidar de nosotras mismas como no podíamos hacer cuando éramos pequeñas. Podemos ver que el mundo está lleno de amor, que hay muchos amigos cariñosos, colegas solidarios y nuevos amores que pueden llegar a nuestra vida para reemplazar a esa única «alma gemela» de la que dependemos tan intensamente.

Si somos capaces de reconocer que nuestro verdadero ser no depende realmente de otra persona, que ya no somos esas niñas indefensas que necesitaban desesperadamente sentir que sus padres eran héroes, podremos empezar a disfrutar de las personas que hay en nuestra vida por lo que realmente son, en lugar de pedirles que sean los padres buenos que nunca tuvimos. Podremos convertirnos en nuestros propios padres, cuidar de nosotras mismas de manera que las relaciones con nuestras parejas, nuestros amigos y nuestros colegas de trabajo se basen en el amor y el deseo, y no en la necesidad y la desesperación. Podremos estar seguras de que si nos están maltratando tendremos el coraje de no aceptar la situación, y de marcharnos si fuera necesario, lo que multiplica exponencialmente las oportunidades de que nos traten bien.

Teniendo en cuenta mi experiencia, las personas que han abandonado las relaciones marcadas por la luz de gas no suelen volver a tener la ilusión de que alguien las rescate de todo aquello que más temen. Liberadas de la necesidad de curar las penas del pasado, las relaciones se tornan más normales y más gratificantes. Es probable que la adrenalina desaparezca, pero ¿acaso eso es malo? ¿No sería mejor sonreír al ver el nombre de tu nuevo novio en el identificador de llamadas en lugar de sentir que tu corazón se sobresalta? ¿Y si el hecho de estar juntos te proporcionara una sensación de calma y paz, en lugar de estar tan nerviosa que ni siquiera puedes comer? ¿Y si tu relación amorosa ya no te pareciera una aventura peligrosa y estremecedora, ni un complicado problema de matemáticas, sino simplemente un refugio seguro, cómodo y agradable?

Si renuncias a las fantasías que te han llevado a sufrir la luz de gas, es posible que puedas tener conversaciones interesantes, relaciones sentimentales satisfactorias, amistades profundas y relaciones laborales importantes que no tengan la vehemencia de las interacciones que has mantenido hasta ahora debido a tu profunda dependencia de la otra persona. En estas nuevas relaciones acaso no sientas que alguien te está salvando la vida ni cambiando todo tu mundo, pero tampoco estarás siempre con el alma en vilo. No tendrás ese nudo en el estómago cada vez que suena el teléfono, o que no suena. No perderás el sueño preguntándote si deberías haber hecho algo diferente para complacer a la otra persona. Puedes comportarte como una mujer adulta, a sabiendas de que es posible que a veces te sientas sola, pero también puedes sentirte amada en muchas otras ocasiones. En cualquier caso, ya nunca volverás a someterte a una situación de maltrato.

Cuídate: haz terapia o recurre a otro tipo de ayudas

Si estás dispuesta a considerar la posibilidad de hacer un cambio, o al menos conocer las opciones de las que dispones, puedes pedir ayuda. Como psicóloga, te recomiendo la terapia como forma de fomentar el crecimiento personal que necesitas. La terapia puede ser frustrante y dolorosa en determinados momentos, pero también muy enriquecedora y de gran ayuda. No hay nada como el alivio de saber que alguien cree en ti, comprende tus preocupaciones y trabaja para ayudarte a conseguir tus objetivos.

Si la terapia no es una opción para ti, puedes buscar otro tipo de ayuda, como puede ser consultar con un *coach*. Los *coaches* no son terapeutas profesionales, pero pueden ser muy efectivos para ayudarte a definir tus objetivos y dar determinados pasos para alcanzarlos. Si eres creyente, los líderes religiosos o los consejeros pastorales pueden ofrecer ayuda espiritual (algunos de ellos también se han formado como terapeutas). Otra alternativa es unirte a un grupo de apoyo de un centro de tu barrio, localidad o congregación religiosa. Si tú, o alguien próximo a ti, tenéis problemas con las drogas o algún otro tipo de adicción, también podéis asistir a un programa de doce pasos.

Como es evidente, además de los recursos mencionados es muy útil que converses con amigos y seres queridos en los que confíes porque sabes que quieren lo mejor para ti y que pueden comprender claramente tu situación. (A veces puede ser difícil encontrar personas que reúnan esos requisitos). No obstante, en algunas ocasiones ni siquiera el mejor de los amigos es suficiente, y necesitas hablar con alguien que no esté implicado afectivamente en tu vida para que te ayude a organizar la siguiente etapa de tu viaje. Un terapeuta o cualquier otro tipo de consejero puede ser ese «forastero» que te ayude a volver a encontrar el camino.

CREAR TU NUEVO MUNDO

Mi maravilloso colega y mentor, el psicoanalista Frank Lachmann, me enseñó un ejercicio de visualización muy especial que quiero compartir contigo. Recurro a este ejercicio cada vez que me siento tentada de ceder ante otras personas más de lo que desearía o cuando estoy perdiendo de vista quién soy y qué quiero. Puedes aplicarlo a muchas situaciones de tu vida, como lo hago yo, y puede ser especialmente útil para ayudarte a superar el agotamiento y la confusión que a menudo caracterizan a la tercera fase del efecto luz de gas.

¿A quién dejas entrar en tu vida?

1. Imagina que vives en una casa maravillosa, rodeada por una bonita valla. Dedica unos momentos a visualizar esta casa, su estructura, sus habitaciones, su mobiliario. Ahora dedica un poco más de tiempo a visualizar la valla. ¿De qué está hecha? ¿Qué altura tiene? Quiero que imagines que es muy fuerte, tanto que nadie puede romperla.

2. Ahora encuentra en esa valla la entrada a través de la cual pueden pasar todos los que son bienvenidos. Imagina que eres la única persona que está guardando la puerta y tienes el poder absoluto para decidir quién puede entrar. Puedes invitar a cualquier persona que elijas y también puedes impedirle el paso a la que no te guste sin darle ninguna explicación. Siente cómo sería ese poder. Puedes dejar pasar a aquellos que fluyen hacia tu mente, y también imaginar quiénes no deseas que traspasen la valla. Experimenta tu poder como guardián de tu propia casa.

3. A continuación imagina que has decidido que en tu casa entrarán únicamente las personas que te hablan con amabilidad y tienen en cuenta tus sentimientos. Y si entra alguien que luego te maltrata o amenaza de alguna forma tu realidad, deberá marcharse de inmediato y no regresar

hasta que esté dispuesto a tratarte correctamente. (También puedes haberte cansado de personas cuya conducta alterna entre faltarte el respeto y tratarte con consideración, y optar por impedirles la entrada, más allá de que ahora te traten bien).

4. Sigue visualizando tu casa, las paredes y la entrada durante al menos quince minutos. Concédete permiso para ver quién quiere entrar y a quién quieres impedirle el paso. Imagina lo que sucede mientras tomas una decisión afirmativa o negativa. Observa las respuestas de las personas que has rechazado o aceptado, así como tu propia respuesta frente a sus reacciones.

5. Finalmente, si te apetece dedica unos minutos a tomar nota de lo que has aprendido de la experiencia o habla sobre ella con un amigo. Recuerda que puedes utilizar tu casa vallada como un santuario que te dará cobijo en cualquier momento que la necesites.

Ahora que ya has comprendido qué es lo que te mantiene atrapada en el tango luz de gas y has advertido que sus tres fases pueden ser muy complicadas, ¡ha llegado la hora de apagar el gas! En el siguiente capítulo te enseñaré cómo hacerlo.

Cómo apagar el gas

A medida que Katie y yo avanzábamos en nuestro trabajo, ella comenzó a probar formas de apagar la luz de gas. Al principio era optimista respecto de sus posibilidades de mejorar la relación que mantenía con Brian. Sin embargo, pronto descubrió que sus esfuerzos para convencerlo de que era una novia fiel y constante, y no un simple devaneo pasajero, a menudo provocaba una escalada del maltrato al que él la sometía y un apocalipsis emocional todavía más violento que se manifestaba a través de gritos e insultos. Su reacción la asustaba y la disgustaba profundamente, y a menudo se sentía tentada de rendirse.

Katie necesitaba comprender que es imposible apagar el gas hasta estar totalmente determinada a pasar a la acción. Solo entonces estarás preparada para vencer cualquier resistencia que se oponga a tus esfuerzos, sea del maltratador o propia. Puedes modificar una relación caracterizada por la luz de gas únicamente cuando estás decidida a abandonarla, aunque realmente no sea necesario que lo hagas. Pero el caso es que debes llegar a asumir la idea de que tú y tu maltratador tenéis derecho a albergar vuestras propias ideas. No tienes por qué aceptar la opinión negativa que tiene de ti, ni tampoco convencerlo de que te valore. Además, debes estar dispuesta a abandonarlo si insiste en seguir castigándote por tener tus propias opiniones. No encontrará ningún motivo para cambiar su comportamiento hasta que se entere de que estás decidida a marcharte.

Por lo tanto, en este capítulo voy a compartir contigo un plan de seis puntos para activarte y pasar a la acción. Luego te mostraré cinco formas de apagar el gas.

Ponerte en marcha para apagar el gas: un plan de seis puntos

1. Identificar el problema.
2. Ser compasiva contigo misma.
3. Concederte permiso para sacrificar lo que sea necesario.
4. Conectarte con tus sentimientos.
5. Empoderarte.
6. Empezar por dar un solo paso para mejorar tu vida. Luego darás el siguiente.

TOMAR LA DECISIÓN DE APAGAR EL GAS

Vamos a analizar más detenidamente mis anteriores palabras. Nunca serás capaz de cambiar una relación marcada por la luz de gas hasta que hayas decidido que puedes abandonarla. Eso es tan importante que voy a repetirlo una vez más: *tienes que estar decidida a marcharte.*

Sin embargo, puede haber muchas situaciones en las que descubras que *no estás obligada* a marcharte. En algunas ocasiones la luz de gas se inmiscuye gradualmente en una relación y es posible erradicarla. En otras, una persona recurre a la luz de gas solo cuando se siente muy insegura, y en ese caso puedes resolver el problema sencillamente negándote a seguirle el juego y evitando los principales factores desencadenantes del maltrato (frases, actos o situaciones que pueden incitarte, o incitar al manipulador, a bailar el tango luz de gas). Si tu novio o marido está dispuesto a admitir que existe un problema, puede ser muy útil hacer una terapia de pareja. También puede suceder que el hecho de tomar conciencia del conflicto resulte suficiente para cambiar la dinámica de la relación. Con algunos maltratadores puedes limitarte a poner un poco de distancia, sin tener que marcharte definitivamente. En el capítulo siete te ayudaré a analizar si es conveniente para ti dar por acabada la relación. Pero debes saber que si no estás *dispuesta* a marcharte, el proceso no funcionará.

¿Y por qué no? Porque es prácticamente seguro que hayas llegado a un punto en el que el manipulador vuelve a recaer en sus conductas anteriores aunque la situación haya mejorado, tal como le sucedía a Katie. Esa es la naturaleza humana, las personas no cambian de un día para otro. Quien te somete a la luz de gas puede incluso intensificar el maltrato, o tal vez recurrir a una versión todavía más grave de su apocalipsis emocional y pasar de hablar a voces a dar alaridos, de hacerte observaciones ocasionales a criticarte continuamente, de retraerse de forma periódica a pasar varios días en absoluto silencio. En algún punto del proceso también puede hacer todo lo que esté a su alcance para conseguir que retornes a tu viejo hábito de someterte a su maltrato.

Por otra parte, es posible que no sea él el único que tiene problemas para modificar su conducta. Quizás tú tengas tus propias dudas sobre este nuevo camino. Puede ser que no logres superar la imperiosa necesidad de fundirte con él y de conseguir su aprobación. Puedes sentirte tentada de olvidar todos los malos momentos y tener presente únicamente los buenos. Esa es también la naturaleza humana. La mayoría de nosotros tenemos dificultades para cambiar, y muy rara vez lo hacemos rápida o súbitamente.

¿Qué es lo que puede ayudarte a resistir esas fuerzas poderosas que intentan mantener todo tal y como estaba? Y si tanto tú como el maltratador sentís que todo «debería» seguir igual, ¿qué es lo que te impulsará a actuar de una forma diferente?

Lo único que puede ayudarte es tu profundo compromiso con la vida que anhelas tener, una vida en la que no exista la luz de gas. Y para mantener ese compromiso debes estar dispuesta a hacer *cualquier cosa*, incluso abandonar al amor de tu vida, alejarte de tu mejor amiga o renunciar al trabajo perfecto. Tienes que estar decidida a dejar que el maltratador tenga sus propias opiniones mientras tú tienes las tuyas, y no ceder a sus puntos de vista ni empeñarte en convencerlo de los tuyos. Los dos necesitáis saber que no seguirás manteniendo una relación en la que no se te trata con respeto y en la que se te castiga por defender tus propias ideas.

Una vez más quiero repetir que no estás obligada a marcharte. Sin embargo, si no estás dispuesta a hacerlo quizás no seas capaz de soportar el complicado camino que tienes por delante.

Apagar el gas: ¿estás dispuesta a dar por terminada la relación?

SI NO CONSIGUES DECIDIRTE:

- **Visualiza cómo estarás la próxima semana.** Obsérvate lo más detalladamente posible. ¿Qué ropa llevas? ¿Cuál es la expresión de tu cara? ¿Cuál es la expresión del maltratador? ¿Qué está diciendo? ¿Qué es lo que sientes mientras lo oyes hablar?

- **Ahora visualiza cómo estarás el próximo año.** Vuelve a observarte lo más detenidamente posible. ¿Cómo es tu vida? ¿Dónde estás trabajando? ¿Qué es lo que te hace feliz? Visualízate junto al maltratador. ¿De qué estáis hablando? ¿Qué aspecto tenéis los dos? ¿Cómo te sientes mientras visualizas las dos figuras?
- **Sigue visualizando cómo estarás dentro de tres años.** Obsérvate lo más detalladamente posible una vez más. ¿Cómo es vuestra relación? ¿Cómo es vuestra vida? ¿Es la vida que deseas tener?
- **Ahora pregúntate qué probabilidades hay de que esta relación te ofrezca el futuro que anhelas.** Pregúntate cómo será el futuro si la relación continúa en los términos actuales. Piensa en qué estás dispuesta a sacrificar para mantener la relación. Piensa en qué estás dispuesta a sacrificar para tener la vida que deseas.

Me gustaría que tuvieras en cuenta algunas otras cuestiones. Mientras lees las seis sugerencias para pasar a la acción recuerda que este es un viaje que puede implicar muchos caminos. Tienes toda la libertad para probar estas ideas en el orden que te parezca más conveniente. Yo creo que es útil seguir la progresión que he indicado, pero si el hecho de omitir algunos pasos te ayuda a movilizarte más fácilmente, ese será el camino adecuado para ti. Incluso puedes descubrir que estás dando más de un paso cada vez.

También deberías saber que quizás no te sientas a gusto con este proceso de inmediato. Tal como le sucedía a Katie, puedes sentir pánico y experimentar sentimientos de soledad o de tristeza. Cuando comenzó a resistirse a que Brian la maltratara, se despertaba en mitad de la noche con el corazón acelerado y el estómago contraído, y lo único que podía pensar era que iba a sentirse muy sola si tenía que separarse de él. Cuando estaba en el trabajo, de pronto sentía un impulso enorme de echarse a llorar mientras recordaba que antes de conocer a Brian se sentía muy sola y que en aquellas primeras y maravillosas semanas de su relación era muy feliz. Recordaba cómo se había iluminado la cara de Brian al verla y aquella ocasión en que le había dado un maravilloso masaje de pies. Se preguntaba cómo conseguiría volver a disfrutar de la vida sin que él estuviera a su lado.

Tal vez recordara alguno de esos momentos en que la acusaba de coquetear con otros hombres, mientras ella apretaba la mandíbula con una rabia tan intensa como nunca antes había sentido. Posiblemente entonces Katie recordara cuánto aborrecía que Brian la acusara por todo tipo de cosas. Acaso admitiera que no le gustaba nada pelearse con él y que se sentía fatal cuando le gritaba. Puede ser que además pensara que se había sentido muy a gusto consigo misma enfrentándose a él para dejarle claro (y también a sí misma) que quería que la tratara con respeto y que ya no volvería a permitir que la castigara por tener sus propias opiniones. Es probable que todavía siguiera sintiendo ansiedad, tristeza y soledad, pero aun así la decisión ya estaba tomada.

Cuando empiezas a ver que las cosas podrían ser diferentes, llegas a sentir unos niveles de cólera y desesperación de los que nunca antes habías sido consciente. También puedes sentirte fastidiada y con cambios de humor impredecibles (excitada en un momento y agotada o deprimida en el siguiente). Todo esto es completamente normal cuando se hacen cambios, de modo que no te tomes demasiado en serio esas sensaciones. Limítate a experimentarlas y dejarlas fluir. Si tienes momentos de euforia y exaltación y la sensación de estar en la cima del mundo, disfrútalos mientras duren sabiendo que también ellos son fugaces. Debes ser paciente y constante porque tardarás un tiempo en regular tus emociones.

También quiero recordarte que modificar tu propia conducta es un logro extraordinario que te compensará con creces el resto de tu vida. Independientemente de que seas capaz de salvar o no esta relación, tus propios cambios serán fundamentales para tener unas relaciones sanas, felices y gratificantes en el futuro, sea con tu pareja actual o con otra persona. Acaso te sorprendas al ver que muchas otras cosas comienzan a cambiar. Tus relaciones laborales, amorosas, familiares y de amistad y el mundo entero mejorarán gracias a tus esfuerzos por apagar el gas, y esto se manifestará en muchos aspectos de tu vida. Así que mientras aún estás de duelo por la pérdida de aquello a lo que has decidido renunciar, recuerda celebrar, o al menos apreciar, todo lo que estás ganando.

Por último, me gustaría que fueras consciente de que el proceso de movilizarte para apagar el gas puede ser largo. Quizás seas capaz de conseguir algunos logros extraordinarios al cabo de unos pocos días, pero también puede ser que no veas ningún resultado durante semanas.

Puedes observar que se produce un progreso y poco después descubrir que los conflictos retornan. Con toda seguridad tendrás algunos días malos y otros buenos, momentos en los que percibas que estás volviendo atrás y otros en los que intuyas que estás a punto de llegar a buen puerto. En cualquier caso, intenta seguir respirando profundamente, ser compasiva contigo misma y mantenerte cerca de las personas que te aman y confían en ti. Si mantienes tu compromiso, al final conseguirás tu cometido.

Acciones encaminadas a potenciar tu determinación

- Habla con amigos o seres queridos que te merezcan confianza una vez al día o con un terapeuta al menos una vez por semana para que te ayuden a respetar tus propias opiniones.
- Apunta las últimas tres conversaciones que has mantenido con el maltratador y modifícalas, recordándote cuánto te gusta-

ría poder actuar correctamente en situaciones similares en el futuro.

* Recuerda la última vez que te sentías alegre. Describe aquella ocasión o haz un dibujo (o busca uno) que evoque ese momento. Cuélgalo en un sitio donde puedas verlo cada día para no olvidar cómo quieres que sea tu nueva vida.

Seis formas de movilizarte para apagar el gas

1. Identificar el problema.
2. Ser compasiva contigo misma.
3. Concederte permiso para sacrificar lo que sea necesario.
4. Conectar con tus sentimientos.
5. Empoderarte.
6. Empieza por dar un solo paso para mejorar tu vida. Luego darás el siguiente.

PONERTE EN MARCHA PARA APAGAR LA LUZ DE GAS: UN PLAN DE SEIS PUNTOS

A continuación presento seis formas de movilizarte para apagar la luz de gas. Puedes adoptarlas en el orden indicado o de cualquier otra forma que sea más conveniente para ti. Lo importante es empezar.

1. Identificar el problema

Como ya hemos visto, puede resultar difícil explicarles a otras personas el origen del problema, e incluso comprenderlo nosotras mismas, especialmente si mantenemos una relación con un maltratador que parece un buen tipo o un maltratador glamuroso.

Mi paciente Olivia, que trabajaba como responsable de compras en unos grandes almacenes y estaba casada con un maltratador glamuroso, me contó una desagradable conversación que había mantenido con una amiga, que se había quedado perpleja escuchándola. «¿Te hace regalos que no te gustan? —le preguntó la amiga con incredulidad—. ¿Quiere darte un masaje cuando tú lo que de verdad deseas es darte un baño? ¿Y *eso* es lo que te fastidia? Chica, ¡tú tienes un *problema!*».

Olivia balbuceó y tartamudeó mientras intentaba describir el problema. Pensaba que los regalos de Martin (una blusa con volantes, un camisón de tejido suave, ropa de lencería sexi...) eran adecuados para «la mujer de sus fantasías» y no para ella, que usaba ropa interior muy sencilla y trajes de confección, y además le gustaba dormir desnuda. Y los famosos masajes de su marido siempre le habían parecido grandes montajes y no le resultaban relajantes.

Como hemos visto, Olivia se sentía culpable por no apreciar las atenciones románticas de su marido. Gran parte del trabajo que hicimos al comienzo de la terapia consistió en analizar por qué se sentía frustrada cuando él le hacía regalos en lugar de sentir que la agasajaba porque la amaba.

—Lo que quiero decir es que algunas personas simplemente no saben hacer los regalos apropiados —solía decir Olivia.

A lo que yo le preguntaba:

—¿Le has dicho alguna vez lo que sientes cuando te hace esos regalos o te prodiga atenciones románticas?

—Bueno, más o menos... En alguna ocasión le dije que no me apetecía mucho que me diera un masaje, que simplemente quería estar tumbada en el sofá a su lado y ver la televisión. Pero él me miró con los ojos vidriosos... Parecía tan dolido... Y sentí que lo había decepcionado.

—¿De manera que crees haberlo decepcionado por no haber valorado lo que quería hacer por ti?

—Bueno, creo que sí.

—Olivia, ¿ese masaje era para que *tú* te sintieras bien o para que él se sintiera bien? —le pregunté.

Me miró como si no pudiera dar crédito a lo que estaba diciendo. Era evidente que nunca lo había considerado de ese modo. Sin embargo, luego fue capaz de identificar cuál era su problema:

—Mi marido hace muchas cosas buenas por mí, pero no parecen adecuadas para la persona que realmente soy. Muchas veces tengo la sensación de que sus buenas intenciones y sus regalos lo hacen más feliz a él que a mí. Y lo que es peor, termino sintiendo que debo de tener algún problema para no poder disfrutar de sus obsequios y atenciones.

Olivia sintió un gran alivio cuando fue capaz de detectar su problema. Finalmente comprendió por qué se sentía tan desconectada e insatisfecha. Había encontrado una forma de describir su situación que no consistía en considerar si su marido era «malo o bueno», sino en ocuparse de su sensación de que algo no marchaba bien.

Cuando intentes identificar tu problema, te sugiero que analices *lo que él hace* y también *lo que haces tú*. Para Olivia esa parte del proceso era algo semejante a:

- Qué es lo que hace él para someterme a la luz de gas: hacerme regalos que no son adecuados para mí y pretender luego que se los agradezca.
- Qué es lo que hago yo para ser víctima de su maltrato: creer que tengo algún problema por no apreciar sus regalos, sentirme sola e incomprendida.

Más ejemplos de cómo podrías identificar tu problema

- «Mi marido suele señalarme constantemente mis defectos y al final termino sintiéndome mal conmigo misma. Solía discutir con él, pero ahora ya no creo que merezca la pena. No me apetece escuchar todos esos comentarios negativos ni estar deprimida todo el tiempo».

¿De qué forma me maltrata? Insultándome.

¿Qué hago yo para actuar como una víctima? Discutir con él (antes). Aceptar sus críticas y pasarlo mal (ahora).

- «Sigo involucrándome en discusiones prolongadas y reiteradas con mi amiga, sin resolver nunca nada. Siempre termina preguntándome por qué no puedo ser una buena amiga. Estoy cansada de sentirme mal conmigo misma. ¡Mis otras amigas nunca me hacen sentir de ese modo!».

¿De qué forma me maltrata? Acusándome de ser una mala amiga.

¿Qué hago yo para actuar como una víctima? Discutir con ella, rogarle que cambie de opinión para que no sea cierto que soy una mala amiga.

- «Al parecer a mi jefe le caigo bien; sin embargo, sé que en el trabajo está pasando algo sospechoso. No me invita a las reuniones más importantes a las que solía asistir y ha recortado mi contacto con los clientes de las empresas más importantes. Él insiste en que no hay ningún problema, pero sé qué me está mintiendo. Me fastidia no saber qué es lo que está ocurriendo».

¿De qué forma me maltrata? Me excluye de situaciones importantes y me miente.

¿Qué hago yo para actuar como una víctima? Simular que creo lo que dice (intentar creérmelo).

- «Mi madre tiene una gran habilidad para hacerme sentir culpable. Lo único que deseo es poder oírle decir que he hecho algo bien. Aborrezco tener esa sensación, pero lo cierto es que me hace sentir como una niña pequeña e idiota, como si estuviera arrastrándome por el suelo hasta conseguir oírle decir "eres una buena chica"».

¿De qué forma me maltrata? Actuando como si yo hubiera hecho algo incorrecto.

¿Qué hago yo para actuar como una víctima? Empeñarme en conseguir que me elogie para que no sea verdad que siempre lo hago todo mal.

2. Ser compasiva contigo misma

Uno de los aspectos más dolorosos de sufrir maltrato es cuando estamos convencidas de que lo merecemos. Y a medida que deseamos ser más responsables y comprender de qué manera también nosotras participamos en esta dinámica destructiva de la que intentamos escapar, podemos sentir que *realmente* merecemos que nos traten mal. Después de todo, hemos sido cómplices de esa dinámica. Hemos discutido con nuestro maltratador, nos hemos sometido a su voluntad o le hemos transmitido el mensaje de que no nos importaba hacerlo. Hemos intentado controlar la situación o buscar la forma de sentirnos seguras. Por lo tanto, somos tan culpables como él y nos merecemos todo lo que nos sucede.

Este es un pensamiento equivocado. El objetivo de este proceso no es reprocharte, cargarte de culpa ni repartirla entre ambos.

Tu único objetivo es mejorar tu situación, y para lograrlo necesitas saber de qué forma estás contribuyendo con el problema y qué podrías hacer para cambiar las cosas. Y eso es muy diferente a decir que te mereces lo que te está sucediendo, o que eres responsable de alguna manera.

¿Cómo reaccionarías si vieras a una niña pequeña que intenta insistentemente despertar el interés de un adulto enfadado, retraído o decepcionado para que juegue con ella? ¿Qué pensarías si se empeñara en acercarse una y otra vez a esa persona que no se muestra receptiva a sus reclamaciones, probando nuevas formas de conseguir que juegue con ella? ¿Y si después de fracasar con sus primeros intentos tuviera una pataleta, le pegara o le hablara con rabia? ¿Qué le aconsejarías? ¿Qué le dirías para darle ánimo? ¿Qué le indicarías sobre sí misma?

Me gustaría creer que has sentido compasión por esa niña, incluso después de aconsejarle que dejara de dirigirse a ese adulto que la está tratando con desconsideración. Y a pesar de recomendarle que se comportara de otro modo, también comprenderías que está haciendo lo mejor que puede en una situación complicada. Aunque «lo mejor» que puede hacer en esas circunstancias acaso no sea tan bueno para ella.

Déjame invitarte a que te trates con la misma compasión con que tratarías a esa niña (o a cualquiera de tus amigas o seres queridos), que te valores y te quieras por lo que eres, especialmente mientras tratas de conocerte mejor y tomas conciencia de lo que has hecho. Algunas veces ser compasivo con nosotros mismos es la tarea más difícil pero, según mi propia experiencia, es la única forma de producir un verdadero cambio.

3. Concederte permiso para hacer un sacrificio

No hay forma de evitarlo: abandonar una relación que está marcada por la luz de gas siempre tendrá un coste. Por eso, estar dispuesta a marcharte (aunque finalmente no tengas necesidad de hacerlo) a menudo significa aceptar que sufrirás una pérdida importante.

Estas son algunas de las afirmaciones de mis pacientes:

- «Nunca conoceré a otro hombre como él. Nunca volveré a estar con alguien tan interesante, tan afín a mí, tan sexi... un alma gemela perfecta».
- «Jamás volveré a tener un trabajo tan bueno. No encontraré nunca un puesto que se adecue tanto a mi talento, mis habilidades, mis sueños y mis objetivos».
- «Nunca volveré a tener una amiga como ella... Me conoce tan bien, y hemos vivido tantas cosas juntas...».
- «No puedo imaginar cómo va a ser nuestra vida familiar si dejo de hablarle a mi padre/madre/hermana/hermano/tía/tío/primo/prima. ¿Y cómo será entonces la cena de Acción de Gracias? ¿Quién vendrá a mis fiestas de cumpleaños? ¿Cómo puedo privar a mis hijos del cariño de mi familia?».

Como vimos en el capítulo anterior, es posible que al pensar en todo lo que vas a perder estés exagerando demasiado. Tal vez conozcas a otro hombre, encuentres otro trabajo o tengas una nueva amiga que te ofrezca los mismos buenos ratos que la que te maltrataba y tal vez incluso mejores. Puede haber muchas soluciones para tu situación familiar que en este momento no puedes ni siquiera imaginar, soluciones que con toda seguridad serán mucho más gratificantes que las circunstancias actuales. Quizás descubras que valoras cosas diferentes o que por fin eres capaz de alcanzar lo que siempre habías querido obtener de una manera más fácil y en mejores condiciones.

Aunque también puede ser que tengas toda la razón, y al poner en riego esa relación en la que te sientes maltratada realmente pierdas algo que nunca volverás a tener.

El caso es que no tienes forma de saberlo. Lo que *sí* sabes es que estás encerrada en una relación que está minando tu ánimo e impidiéndote disfrutar alegremente de la vida. Puede ser que te hayas comprometido seriamente con tu trabajo, tus amigos, tu pareja o tu familia simplemente para mantener esa relación caracterizada por la luz de gas. Es probable que incluso ya hayas renunciado a tus esperanzas y tus sueños. Pero hay algo que es prácticamente seguro, y es que tu relación no va a mejorar si no haces nada. El único modo de que se produzca algún cambio es que actúes de otra forma, y es indudable que en ese caso te arriesgas a perder algo de gran valor.

Reflexiona. ¿Te merece la pena hacer un cambio? Nunca podrás saber de antemano cómo van a salir las cosas, qué riesgos estás asumiendo ni cuáles serán las ganancias. De manera que ¿estás preparada para realizar un acto de fe?

La única persona que puede responder a esta pregunta eres tú. ¿Estás dispuesta a actuar a sabiendas de que por el mero hecho de decidir que no quieres seguir en la situación actual puedes estar asumiendo un gran riesgo?

Nunca olvidaré lo que una paciente me dijo sobre su decisión de abandonar definitivamente una relación en la que sufría luz de gas: «No tenía la menor idea de lo que iba a suceder. Simplemente no quería seguir sintiéndome tan mal». Algunas veces eso es todo lo que necesitas saber.

Preguntas que pueden ayudarte a realizar ese acto de fe

- «¿He tomado hoy alguna decisión con la que me he sentido a gusto conmigo misma? ¿Cuál?».
- «¿He tomado hoy alguna decisión que me haya hecho sentir fatal? ¿Cuál?».

- «¿Tengo una vida íntegra, acorde con mis valores?».
- «Si no es así, ¿qué debo hacer para que mi vida esté en armonía con mis valores?».
- «¿Qué debo hacer para vivir de esa manera?».

4. Conectarte con tus sentimientos

Suele suceder que nos desconectamos de nuestros sentimientos para poder mantener relaciones en las que se nos somete a este tipo de manipulación. Para apagar el gas tenemos que «encender» nuestros sentimientos.

Prueba el siguiente ejercicio para volver a conectarte con los tuyos:

Despertar tus sentimientos: *ten un bolígrafo y un papel a mano. Apunta las respuestas a las siguientes preguntas de la forma que más te apetezca: con frases, notas breves o de cualquier otra forma que te parezca conveniente; también puedes hacer un dibujo o un diagrama con las respuestas.*

1. Recuerda el último suceso que te produjo un impacto emocional. Puede ser tan importante como la enfermedad de un ser querido o tan insignificante como un desacuerdo con el cajero del banco. Describe el incidente.
2. ¿Qué fue lo que sentiste?
3. ¿Qué fue lo que pensaste?
4. ¿Qué fue lo que hiciste?

Te presento el ejercicio que hizo Katie la primera vez:

1. Cuando fui a comprar café a la tienda de la esquina, una vez en la caja no conseguía encontrar cambio. El dependiente

me miró furioso y finalmente me dijo: «Haga el favor de apartarse para dejar pasar a los que están en la cola detrás de usted».

2. Me sentí fatal. Pensé que era una estúpida, que tenía que haber sido capaz de encontrar el cambio.

3. Pensé que era demasiado lenta.

4. Le sonreí y le dije que lo lamentaba.

Cuando Katie me mostró su ejercicio, la ayudé a ver que no había utilizado palabras que describieran sentimientos. «Pensé que era una estúpida» no se refería realmente a un sentimiento sino a un pensamiento. Pensó que no haber sido capaz de encontrar cambio rápidamente significaba que era una estúpida. «Tenía que haber sido capaz de encontrar el cambio» también era un pensamiento, una idea sobre lo que *debería* haber hecho. Le pedí que volviera a hacer esa parte del ejercicio utilizando términos que denotaran sentimientos, como por ejemplo *triste, frustrada, preocupada, angustiada, ansiosa, asustada, avergonzada, orgullosa, excitada, feliz,* etc. Ese tipo de palabras describirían verdaderamente sus *sentimientos* y no sus *pensamientos*.

«Supongo que me sentí avergonzada –respondió. Luego sacudió la cabeza y añadió–: Es una tontería, ¿verdad? ¿Por qué habría de sentir vergüenza por algo semejante?». El hecho de haberse conectado con sus sentimientos le había permitido experimentarlos y luego deshacerse de ellos. Si no hubiera tomado conciencia de que se había sentido avergonzada, podría haber arrastrado esa vergüenza durante mucho tiempo sin siquiera saberlo.

Le propuse que hiciera el ejercicio completo otra vez, y el resultado fue el siguiente:

1. Brian se puso furioso conmigo porque un tío me sonrió cuando volvíamos a casa de la tienda. Empezó a gritarme: «Este es el tipo de cosas que sueles hacer». Luego siguió

gritando cada vez más fuerte, y entonces yo me fui a mi dormitorio y cerré la puerta.

2. Mientras me gritaba, yo estaba asustada. Me sentí muy orgullosa de mí misma por haberme marchado. Creo que también estaba avergonzada.

3. Pensé que no debería haberme chillado. También pensé que debería quedarme en la habitación. Y además que tenía que marcharme.

4. Me quedé en mi dormitorio y esperé hasta que Brian dejara de gritar. Luego fui a la cocina a preparar la cena.

Katie estaba fascinada con el ejercicio porque descubrió que durante el mismo incidente había experimentado muchos sentimientos y pensamientos diferentes. «Ni siquiera me había dado cuenta de que *me había sentido* orgullosa de mí misma —admitió—. Es una buena sensación».

Señales que indican que puedes estar ignorando tus sentimientos

- Te sientes «anestesiada», apática, desganada o aburrida.
- No disfrutas de las cosas que antes te daban placer.
- Te sientes sexualmente «muerta». No disfrutas del sexo y las personas atractivas no te despiertan absolutamente nada.
- Tienes síntomas físicos (como, por ejemplo, migrañas, trastornos estomacales o intestinales, dolor de espalda, enfriamientos, gripe o accidentes) varias veces al mes.
- Tienes sueños inquietantes.
- Reaccionas emocionalmente a cosas que sabes que no significan demasiado para ti, como puede ser llorar al ver un anuncio

en televisión o perder los nervios con el dependiente de una tienda.

- Tus hábitos alimentarios han cambiado. Comes compulsivamente o, por el contrario, la comida no te despierta ningún interés.
- Tus hábitos de sueño han cambiado. Duermes muchas horas, o bien tienes dificultades para conciliar el sueño, y en algunas ocasiones alternas entre ambas cosas.
- Estás tensa y quisquillosa sin razón aparente.
- Te sientes agotada sin razón aparente.

5. *Empoderarte*

Suele suceder que una relación marcada por la luz de gas nos hace sentir indefensas e incompetentes, incapaces de hacer nada bien. Comenzar a reconocer las propias virtudes puede ser esencial para empezar a realizar cambios.

Jill, la ambiciosa periodista cuya relación con su nuevo jefe ya había llegado a la tercera fase del efecto luz de gas, descubrió que este paso era especialmente útil. Como seguramente recordarás, en el capítulo anterior comenté que se sentía humillada por no haber sido capaz de conseguir que su jefe la respetara por su talento y su entrega al trabajo. «Me consideraba superior, pero al parecer no soy *nadie*», repetía con frecuencia. O: «Si no consigo tener éxito en este trabajo, eso significa que sencillamente no soy *nadie*».

Jill estaba desesperada por lograr la aprobación de su jefe y por eso le había otorgado un poder absoluto sobre su propia persona. Si él afirmaba que estaba haciendo un buen trabajo, ella así lo creía; pero si decía que era una incompetente, también lo aceptaba. ¿Cómo podía cuestionar una relación semejante cuando había tanto en juego para ella?

Jill y yo trabajamos para que tomara conciencia de otras habilidades y cualidades que no tenían nada que ver con su trabajo. Le pedí que hiciera una lista y cuando insistió en que no tenía ninguna cualidad, o que ninguna era relevante, le sugerí que hablara al menos con tres amigos, cada uno de los cuales podría ayudarla a identificar al menos cinco.

Cuando vino a la siguiente sesión y me leyó la lista que había elaborado, se echó a llorar. La tristeza que le producía su relación con su jefe y la deteriorada imagen que tenía de sí misma de pronto emergieron a la superficie, y comenzó a lamentarse de haberlo autorizado a decirle quién era ella. El hecho de comprobar que otras personas la veían de una manera diferente la ayudó a conectar con su propio concepto de sí misma.

Saber que tenía cualidades que eran muy evidentes para otras personas le dio el coraje necesario para aceptar sus defectos. «Antes sentía que era una pésima periodista, por eso *necesitaba* a ese hombre, lo necesitaba para creer que era alguien —afirmó más adelante—. Era como si yo no fuera *nada* y únicamente él tuviera el poder de conseguir que fuera *algo*. Pero en cuanto me percaté de que *ya* era algo, empecé a no necesitarlo tanto y pude por fin empezar a analizar qué era lo que iba mal en nuestra relación. Sencillamente, antes no me sentía capaz de hacerlo».

Empodérate

- Elabora una lista de tus cualidades.
- Cuestiona tus pensamientos negativos o autocríticas, del tipo «no valgo para nada» o «nunca seré feliz».
- Haz cosas que te hagan sentir que eres competente.

- Evita a aquellas personas que tienen opiniones negativas sobre ti y debilitan tu energía.
- Rodéate de gente que valore tus cualidades.
- Confía en tus cualidades y utilízalas para afrontar conflictos.

6. Dar un solo paso para mejorar tu vida, y luego dar el siguiente

Es sorprendente observar el poder que tiene pasar a la acción. Cualquier movimiento, incluso el más pequeño, producirá un cambio positivo en tu vida. Y aunque aparentemente no tenga nada que ver con tu relación marcada por el maltrato, el mero hecho de realizar ese movimiento te ayudará a apagar el gas.

Por ejemplo, una de mis pacientes advirtió cierto día que recibía con frecuencia invitaciones de clientes para asistir a eventos sociales relacionados con la empresa de relaciones públicas donde trabajaba. Eran invitaciones para inauguraciones de galerías, representaciones teatrales, cócteles, el preestreno de una película, etc. Las invitaciones incluían a su marido, que no solo se negaba a ir sino que tampoco quería que ella asistiera. Consideraba que los matrimonios debían pasar juntos las noches en su casa.

De modo que para mi paciente fue un pequeño paso, aunque muy significativo, aceptar una de esas invitaciones, pues eso le permitió ponerse en marcha para mejorar su vida. En aquella ocasión pasó un rato muy agradable y se dio cuenta de que era mucho mejor que soportar las acusaciones de su marido, que insistía en decirle que era una egoísta y que estaba demasiado volcada en su profesión. No se enfrentó directamente a él para quejarse por los maltratos a los que la sometía ni le planteó que era necesario modificar la relación; sencillamente empezó a introducir cambios en su propia vida.

Otra de mis pacientes se apuntó a un taller de dibujo con modelos vivos. Siempre le había puesto nerviosa la idea de trabajar con cuerpos desnudos, pero le encantaba dibujar y esa parecía una buena oportunidad para desarrollar un talento que le daba una gran satisfacción. No le mencionó las clases de dibujo a su marido, pero a él no pareció importarle demasiado cuando se enteró varias semanas más tarde. La sensación de empoderamiento que obtuvo al tomar la decisión de asistir a esas clases de dibujo le ayudó a enfrentarse a su marido más adelante.

En cierta medida, una de las razones por las que resulta tan difícil apagar la luz de gas es que después de varias semanas, meses o incluso años de sufrirla, por lo general ya no cuentas con la fortaleza que solías tener al inicio de la relación. De manera que cuando sientas que ha llegado la hora de movilizarte para apagar el gas, es muy importante volver a recuperar esa fuerza y darte la oportunidad de pasar a la acción.

APAGAR EL GAS

Bien, ¿ya te has puesto en marcha? ¡En ese caso ha llegado la hora de empezar a apagar el gas! A continuación expongo una receta básica, cinco pequeños cambios de perspectiva que pueden ayudarte a modificar la dinámica establecida entre tú y tu maltratador. No tienes que realizarlos de inmediato. Tampoco tienes que hacerlos en ningún orden en particular. Incluso puede ser que ni siquiera sea necesario que los practiques todos; empieza simplemente por el que tenga más sentido para ti y observa qué es lo que sucede.

Cinco formas de apagar el gas

- Diferenciar la verdad de la distorsión de la realidad.
- Decidir si la conversación es en realidad una lucha de poder. Y en ese caso, retirarte.
- Identificar los factores desencadenantes de la luz de gas para ti y para el manipulador.
- Prestar atención a tus sentimientos en lugar de pensar si algo está «bien» o «mal».
- Recordar que no puedes controlar la opinión de ninguna persona, ni siquiera cuando tienes razón.

1. *Diferenciar la verdad de la distorsión de la realidad*

Suele suceder que cuando los maltratadores nos cuentan su versión de los hechos nos quedamos completamente hundidas. En sus comentarios hay una parte de verdad que nos lleva a pensar que todo lo que dicen es cierto. De manera que diferenciar la verdad de la distorsión de la realidad puede ser un primer paso muy útil para apagar la luz de gas.

Este enfoque fue especialmente positivo para Liz, la mujer cuyo jefe era un mentiroso que intentaba sabotearla. Siempre tenía una explicación creíble para cualquier cosa que le planteara. Si Liz le comentaba que uno de sus clientes había recibido una notificación en la que se le comunicaba que ella ya no quería trabajar más con él, el jefe insistía en que ese cliente mentía. Si Liz hacía una copia de la notificación e intentaba averiguar quién la había enviado, el jefe se inventaba una explicación complicada sobre la reorganización de tareas en el despacho, aducía que seguramente la había enviado alguien que trabajaba en el mismo departamento que Liz o se limitaba a encogerse de hombros como si no entendiera nada de lo que estaba sucediendo. Él parecía un hombre cálido, cordial e imperturbable y no había ningún indicio claro de que existiera algún problema. No gritaba, no insultaba ni era abiertamente antipático con nadie, excepto quizás con Liz, que cada vez estaba más insatisfecha. Y como los demás empleados de la empresa parecían estar encantados con él, Liz salía hecha una furia de las reuniones con su jefe, cada vez más preocupada, una sensación que se agravaba por el hecho de que él siempre estaba tranquilo y ella se sentía cada vez más furiosa.

La situación empezó a cambiar cuando Liz se propuso distinguir la verdad de la distorsión de la realidad. Descubrió que si se dedicaba a observar tranquila y sinceramente lo que de verdad estaba ocurriendo en lugar de estar pendiente de las acusaciones de su jefe, o de sus propias conductas defensivas, su mente se aclaraba de una manera extraordinaria. En cierta ocasión me dijo: «Me pareció que había estado colgada del cielo raso cabeza abajo. Y luego me dije: "¡Liz!, ¿en qué estás pensando?"». Entonces pude empezar a conectarme con mis sentimientos, y mi mundo cambió por completo».

Lo que decía el jefe de Liz	Lo que Liz solía pensar	Diferenciar la verdad de la distorsión de la realidad
«No hay ningún problema».	«Caramba, entonces, ¿por qué pienso yo que existe un problema?».	«Muy bien, yo sé que hay un problema. Hay muchas cosas que no cuadran. Por alguna razón, no está diciéndome la verdad».
«Me gustaría que pudieras confiar en mí».	«No confío en él, pero me gustaría hacerlo. Sería fantástico conseguir que las cosas funcionaran».	«No confío en las personas que distorsionan la realidad».

Lo que decía el jefe de Liz	Lo que Liz solía pensar	Diferenciar la verdad de la distorsión de la realidad
«Quizás si fueras más flexible podríamos llevarnos mejor».	«¿Por qué me critica? ¿Por qué no puede valorar mi entrega al trabajo? ¿Por qué no repara en mis esfuerzos?».	«El problema no se debe a que yo no sea flexible, sino a que él intenta sabotearme y luego miente para ocultarlo».

Como es evidente, si el jefe de Liz hubiera sido una persona fiable y solidaria, podría haber pronunciado exactamente las mismas palabras pero en ese caso sus afirmaciones hubieran sido verdaderas y sinceras. Sin embargo, en estas circunstancias no eran más que una manipulación. A veces no puedes guiarte simplemente por las palabras, ni siquiera por el tono de voz, el lenguaje corporal o la expresión general de una persona. En dichas ocasiones debes preguntarte qué es lo que *verdaderamente* sientes y dejarte guiar por tu propia percepción. Si descubres que estás equivocada, no tienes más que admitirlo y enmendar tu error. Si por el contrario tu percepción era correcta, debes felicitarte y seguir adelante. En cualquier caso, tu punto de referencia debe ser lo que *tú* piensas que es verdad, y no lo que piensa el maltratador. Si lo has idealizado, quizás te sientas tentada de sustituir tu versión de los hechos por la suya. Y de ese modo habrás empezado a bailar el tango luz de gas.

2. Decidir si la conversación es en realidad una lucha de poder. Y en ese caso, retirarte

La luz de gas puede ser muy insidiosa porque no siempre adviertes de qué trata *realmente* la conversación. Vamos a analizar una vez más cómo discutían Katie y Brian por los presumibles coqueteos de ella. ¿Qué es lo que de verdad ocurre entre ellos?

Brian: ¿Viste anoche a ese tío que te miraba con insistencia? ¿Quién crees que era?

Katie: Brian, no tenía ninguna intención especial, simplemente me miraba con amabilidad.

Brian: ¡Caramba, eres tan ingenua! Creía que en esta ocasión por fin te habías dado cuenta. No estaba mirándote «con amabilidad», Katie. Estaba tramando algo.

Katie: No es verdad. Y además llevaba alianza....

Brian: Pero bueno, ¡como si eso pudiera detener a un tío que quiere ligar! Y de todos modos parece que lo has mirado detenidamente; de lo contrario, ¿cómo te habrías dado cuenta de que llevaba una alianza? ¡Debe de haberte gustado!

Katie: Por supuesto que no. No me interesaba en absoluto. Yo quiero estar contigo.

Brian: Ya ni siquiera es suficiente con que un tío intente ligar contigo en mis propias narices, ahora eres tú la que empieza a mirar a otros hombres. ¿Ni siquiera puedes esperar a que ya no esté contigo antes de intentar reemplazarme?

Katie: Brian, no tengo ninguna intención de reemplazarte. Quiero estar contigo. Te he elegido a ti. Por favor, créeme, *tú* eres el hombre con el que quiero estar. *Nunca* te engañaría.

Brian: Lo mínimo que podrías hacer es ser sincera conmigo.

Katie: Pero ¡si lo *soy*! ¿Acaso no puedes ver que me preocupo por ti?

Brian: Si te preocuparas tanto por mí, admitirías que estabas mirando a ese tío. Hazme el favor de ser sincera y reconocerlo.

Katie: Pero ¡si no es verdad! ¿Cómo puedes decir cosas tan horribles sobre mí? Yo te amo. Por favor, créeme. Por favor, Brian...

Brian: Deja ya de mentirme, Katie. Eso es lo único que no puedo soportar.

La pelea continúa durante más de una hora. Brian se enfada y se acalora cada vez más tratando de demostrar que tiene razón, mientras Katie está cada vez más desesperada por imponer su opinión. Si no es capaz de convencerlo, sentirá que ha conseguido probar que es una novia infiel y desleal. Y ella necesita demostrarle, y demostrarse, que es una mujer buena, leal y cariñosa.

Enredados en una relación caracterizada por la luz de gas, ni Brian ni Katie hablaban de lo que estaba realmente sucediendo. Para él la conversación era una mera lucha de poder para llegar a imponer sus razones. Y también para ella era una lucha de poder, porque pretendía conseguir que Brian aprobara su conducta para no tener que preocuparse por la posibilidad de que sus acusaciones fueran acertadas.

Por tanto, ¿cuál es la diferencia entre una lucha de poder y una conversación genuina? En una conversación normal las dos personas se escuchan y prestan atención a sus mutuas preocupaciones o problemas, incluso aunque a veces se acaloren. A continuación expongo otra forma de solventar la misma situación:

Él: ¡No puedo creer que estuvieras coqueteando con ese tío!

Ella: ¡Simplemente estaba hablando con él, no tenía ninguna otra intención!

Él: Pues parecía que había algo entre vosotros. ¿Qué se supone que debo pensar?

Ella: No tienes nada que pensar, cariño, te aseguro que eres el único hombre para mí. El hombre con el que quiero irme a casa, el único que deseo.

Él: Me gusta oírtelo decir, pero me pone furioso ver que cruzas miradas con otros hombres.

Ella: No me di cuenta de que te sentías tan molesto. Lo siento. Sin embargo, tengo que decirte que si no soy libre para hablar con otras personas porque puedas pensar que estoy flirteando, la que va a empezar a enfadarse voy a ser yo.

Él: ¡Eso es increíble! ¡No te importa en absoluto lo que yo sienta!

Ella: Claro que me importa. Lo que más me interesa es resolver esto contigo. Vamos a reflexionar un poco sobre cómo podemos lograr que las cosas funcionen de manera que ambos estemos a gusto.

Como puedes ver, en esta conversación surgen un buen número de emociones acaloradas pero no hay ningún tipo de luz de gas. Dos personas tienen diferentes opiniones pero ninguna intenta imponer su voluntad; simplemente se comunican mutuamente cómo se sienten y qué es lo que desean. Él le explica lo que siente cuando la ve flirtear con otros hombres. Ella le dice cómo se siente si no puede hablar libremente con otras personas. Ninguno de ellos intenta demostrar que tiene razón; tan solo tratan de resolver un problema difícil: cómo conseguir estar los dos satisfechos teniendo en cuenta que al parecer en ese momento ambos desean cosas diferentes.

Por consiguiente, si tú y el maltratador que te hace luz de gas estáis realmente interesados en solucionar un problema, es imprescindible que ambos os comprometáis. Y comprometerse significa hablar durante horas o ponerse de acuerdo en mantener varias conversaciones. Si el asunto es lo suficientemente importante para las dos partes, es posible que sigáis hablando durante años. Estar en pareja no significa aceptar siempre lo que dice la otra persona, porque hay ciertas cuestiones en las que quizás nunca se estará de acuerdo. Si estás dispuesta a hablar y escuchar con respeto a la otra parte, independientemente de que en algún momento te exaltes, no habrá ningún problema (aunque a veces la situación pueda tornarse dolorosa o incluso atemorizante).

Pero si observas que en realidad se trata de una lucha de poder, el primer paso para apagar el gas es tomar conciencia de lo que está ocurriendo y retirarte. De lo contrario seguirás bailando el tango luz de gas.

A continuación presento un ejemplo de una lucha de poder entre mi paciente Mariana y su amiga Sue. El problema parecía muy simple: Mariana quería encontrarse con su amiga en su barrio, mientras que Sue prefería que lo hicieran más cerca de su casa. Pero veamos cómo el tema real se diluye para dar paso al tango luz de gas.

Mariana: Entonces, si te parece nos encontramos la próxima semana en mi barrio.

Sue: Mejor nos vemos en el centro.

Mariana: No me viene bien. ¿No puedes acercarte tú?

Sue: No sé si te has dado cuenta de que *siempre* quedamos en tu barrio.

Mariana: Eso no es verdad.

Sue: De las últimas siete veces que nos hemos visto, en cinco ocasiones nos hemos encontrado en tu barrio y, para serte sincera, estoy harta. Creo que no tienes ninguna consideración por mí y piensas que eres el centro del universo. Y eso me hace sentir fatal.

Mariana: ¡Esa no es mi intención! ¿Cómo puedes decir eso de mí?

Sue: No sé qué otra cosa se supone que debo pensar. Pareces creer que porque trabajas demasiadas horas puedes pedirle a todo el mundo que se acomode a tus posibilidades. ¿Sabes qué?, yo también tengo mi vida. ¿O acaso no crees que sea importante?

Mariana: Por supuesto que sí. Eres una amiga maravillosa. Por favor, no te enfades conmigo. Nos encontraremos en el centro si lo prefieres.

Sue: Me fastidia haber tenido que obligarte a decir eso. Ahora pienso que además de egoísta *también eres* manipuladora. Vas a acceder a lo que te pido, pero luego vas a hacerme pagar un precio por ello. Tengo la sensación de que no hay forma de que yo gane. Suceda lo que suceda, la que sale beneficiada eres tú.

Mariana: ¡Por favor, no debes pensar eso! Nuestra amistad significa mucho para mí. No puedo soportar oírte decir esas cosas.

Sue: ¿Y qué puedes esperar si actúas de una manera tan egoísta? Siento que no te importa nada lo que yo sienta o piense. Tal vez deberíamos dejar de vernos por un tiempo.

Mariana: *Por favor*, no digas eso. ¿Qué puedo hacer para arreglar las cosas?

Sabes que es una lucha de poder porque...

- ... incluye muchos insultos.
- ... siempre se plantean las mismas cuestiones.
- ... una de las dos personas, o ambas, mencionan asuntos que no tienen nada que ver con lo que se está hablando.
- ... ya han discutido muchas veces sobre lo mismo sin llegar nunca a ninguna parte.
- ... independientemente de lo que digas, la otra persona sigue respondiendo de la misma manera.
- ... tienes la sensación de que la otra persona solo quiere controlar la situación.

Claramente, ni Mariana ni Sue están hablando de dónde van a encontrarse. Quizás sea *realmente* Mariana la que elige con más frecuencia el lugar de encuentro, y ahora debería mostrarse más flexible. Tal vez las quejas de Sue sean *legítimas*. Sin embargo, ninguna de estas dos mujeres pretende descubrir qué es lo que está sucediendo de verdad, ni tampoco quieren hacer planes reales. Las dos desean demostrar cuál de ellas tiene más poder. Si Sue sale victoriosa, podrá conseguir que Mariana cambie de opinión y admita que ha sido una mala amiga. Si Mariana consigue probar que tiene más poder, logrará que Sue cambie de idea y acepte que ella es una buena amiga.

Mariana ha renunciado a su propia identidad permitiendo que Sue le diga cómo es ella y consintiendo que actúe como juez y jurado a la vez, mientras ella es la acusada que espera obtener un buen veredicto. Como resultado, esas discusiones (incluso otras en las que salió vencedora) la hacían sentir débil y exhausta. Nunca consiguió lo que *verdaderamente* aspiraba, tener la convicción de que es una buena persona y una buena amiga. Solo logró que Sue la considerara temporalmente «inocente», aunque esto podría cambiar en cuanto comenzara el próximo «juicio». Mariana obtuvo algunas victorias momentáneas en las que consiguió que Sue se retractara ocasionalmente de sus peores acusaciones, pero nunca un triunfo definitivo porque Sue nunca aceptó de forma irrebatible que Mariana era una buena amiga. Más allá de lo que Mariana hiciera, Sue siempre se reservaba el poder de juzgarla. En realidad, Mariana seguía otorgándole ese poder con la esperanza de que lo utilizara para considerarla una «buena» amiga y poder así valorarse a sí misma. Por este motivo, cualquiera que fuese el veredicto, al final Mariana siempre terminaba dándole la razón. Quería que fuera Sue y no ella la que resolviera su valía personal.

Mariana empezó a percatarse paulatinamente de que en cuanto una conversación se convertía en una lucha de poder, tenía que retirarse en lugar de esforzarse por ganar la discusión. Si no lo hacía, siempre terminaría en la sala del tribunal, suplicando clemencia a un juez muy poderoso. Apartarse de las luchas de poder significaría apagar el gas y quizás convertirse en su propio juez, asumir su propia identidad, tomar sus propias decisiones sobre cómo comportarse y descubrir si era una «buena persona».

Mariana comenzó a utilizar unas pocas frases que la ayudaron a no enredarse en las discusiones: «Tenemos que estar de acuerdo en no estar de acuerdo», «Creo que hemos llegado lo más lejos que podíamos llegar» o «Tu conducta es intimidatoria y no tengo ninguna intención de seguir hablando contigo». Las reacciones de Sue eran muy variadas. Algunas veces respetaba a Mariana y podían conversar de otros temas. En otras ocasiones se mostraba ofendida, le colgaba el teléfono y más tarde se disculpaba. Pero al menos Mariana empezaba a sentirse más fuerte y a asumir la responsabilidad de valorarse a sí misma en lugar de otorgarle a Sue autoridad para juzgarla y participar en una lucha de poder que jamás ganaría.

Frases que puedes pronunciar para negarte a participar en una lucha de poder

- «Tienes razón, pero no quiero seguir discutiendo sobre esto».
- «Tienes razón, pero no quiero que me hables de ese modo».
- «Estaré dispuesta a seguir conversando contigo cuando dejes de insultarme».
- «No me siento a gusto con esta conversación. Es mejor que hablemos más tarde».
- «No creo que ahora pueda seguir hablando de un modo constructivo; vamos a dejarlo para otro momento».
- «Creo que tenemos que estar de acuerdo en no estar de acuerdo».

- «No quiero seguir manteniendo esta discusión».
- «Ahora mismo no quiero seguir conversando contigo».
- «Te estoy escuchando y voy a pensar en ello. Pero ahora mismo no quiero seguir hablando».
- «Estoy realmente dispuesta a seguir conversando contigo pero siempre que podamos hablar en un tono más agradable».
- «No me gusta cómo me estoy sintiendo, y no estoy dispuesta a seguir adelante con esta conversación».
- «Quizás no seas consciente pero me estás diciendo que desconozco la realidad. Y, con todo respeto, no estoy de acuerdo contigo. Te quiero, pero no pienso hablar más de este asunto».
- «Me encanta tener conversaciones personales contigo, pero no cuando me hablas con desprecio».
- «Quizás no sea tu intención ningunearme, pero eso es lo que siento y no voy a seguir conversando contigo».
- «Este no es un buen momento para seguir hablando de este tema. Seguiremos conversando en otra ocasión que sea más conveniente para los dos».

Frases que puedes pronunciar si quieres abandonar la discusión pero también expresar tu enfado

- «Deja de hablarme en ese tono, no me gusta».
- «Si sigues gritando no podré entender lo que estás diciendo realmente».
- «Si me hablas con desprecio no podré escuchar lo que pretendes decirme».
- «No estoy dispuesta a hablar contigo si me gritas».
- «No quiero hablar contigo si me hablas con desdén».

- «No quiero seguir discutiendo en este momento».
- «Desde mi punto de vista estás distorsionando la realidad, y eso me fastidia. Hablaremos más tarde, cuando esté más tranquila».
- «Quizás no fuera tu intención herir mis sentimientos, pero ahora estoy demasiado disgustada como para seguir hablando. Continuaremos más tarde».

3. *Identificar los factores desencadenantes de la luz de gas para ti y para el manipulador*

Recuerda que tanto tú como el maltratador estáis bailando el tango luz de gas. Es más que probable que ambos tengáis motivos que os hayan llevado a participar en una situación de maltrato y os hayan impulsado a bailar. Si puedes identificar esos factores desencadenantes, tendrás más oportunidades de evitarlos.

Ahora vamos a dejar las cosas claras: *no* estoy afirmando que seas responsable de la luz de gas, ni tampoco que él sea responsable de que tú participes en el tango luz de gas. Lo que quiero decir es que cualquiera de los dos podría empezar a bailar el tango, y que en determinadas situaciones uno de los dos puede estar más predispuesto a hacerlo. De manera que intenta afrontar este asunto sin culparte ni avergonzarte y trata de detectar cuáles son los factores desencadenantes de la luz de gas para que puedas empezar a apagarla.

Identifica temas y situaciones que pueden desencadenar la luz de gas. El maltrato luz de gas es una respuesta al estrés emocional. Las personas se convierten en maltratadoras o víctimas cuando se sienten amenazadas. A continuación incluyo una lista de algunas cuestiones y situaciones estresantes que suelen desencadenar la luz de gas. Debes preguntarte si tú y tu maltratador tenéis problemas con alguno de los siguientes temas:

- Dinero.
- Sexo.
- Familia.
- Vacaciones.
- Decisiones importantes: casarse, mudarse, cambiar de trabajo...
- Hijos.
- Diferencia de opiniones.
- «Reglas», por ejemplo: «Tenemos que llevar algo cuando nos invitan a cenar» o «No puedes presentarte sin corbata en un evento formal».

Trish y Aaron a menudo se enredaban en el tango luz de gas cuando hablaban de dinero. Aaron era muy responsable con los gastos y no le gustaba tener deudas, motivo por el cual cuando llegaba una factura o había algún gasto inesperado solía someter a Trish a la luz de gas. Como ella ya lo sabía, decidió ser mucho más cuidadosa para evitar el tango luz de gas y asegurarse de que no volvería a dejarse involucrar en una discusión inútil sobre su capacidad.

Olivia advirtió que Martin tendía a practicar la luz de gas con ella cada vez que tenían algún problema sexual. Si sentía que de alguna manera lo rechazaba, aplicaba su propia versión de la luz de gas glamurosa, lo que significaba montar aún más escenas románticas con velas y música ambiental para demostrar que era un hombre sexualmente atractivo. Y aunque Olivia no estaba dispuesta a tener sexo con él si no le apetecía, había aprendido a negarse de la manera más amable posible; y luego estaba muy atenta a cualquier tipo de maltrato que pudiera surgir como consecuencia de su negativa.

Mi paciente Sondra, la mujer que se suponía que tenía el matrimonio perfecto, sentía que los problemas familiares provocaban que su marido actuara como un maltratador que parece un buen tipo. Peter tendía a practicar la luz de gas cada vez que había algún conflicto en su propia familia o en la de Sondra. Ella, por su parte, era especialmente crítica con Peter cuando se disgustaba con sus hijos, y esa reacción provocaba que él la maltratara. Esa era otra zona de conflicto entre ellos.

Sondra se preguntó durante mucho tiempo si su matrimonio podría llegar a mejorar si visitaban un poco menos a sus respectivas familias. Y decidió probar. No estaba dispuesta a dejar de ver a sus padres, pero le pareció muy conveniente ir sola a visitarlos.

También advirtió que a Peter le creaban inseguridad sus ataques de ansiedad y sus críticas. Se sentía impotente e inútil cuando la veía disgustada o insatisfecha, porque pensaba que un buen marido debía ser capaz de complacer a su esposa en cualquier situación. En esos momentos recurría a la luz de gas para recuperar su sensación de poder. Si conseguía demostrar que él tenía razón y Sondra estaba equivocada, y que su insatisfacción era culpa de ella y no suya, se sentía más fuerte y más a gusto consigo mismo. Sondra comprendió que aunque no era responsable de lo que le sucedía a Peter, su ansiedad y sus críticas fomentaban su malestar.

Decidió hablar directamente con su marido y le dijo: «Me he dado cuenta de que cada vez que hablamos de los niños me pongo nerviosa y empiezo a decirte que no sabes hacer nada bien. Yo sé que eres un buen padre y lamento si en alguna ocasión te digo lo contrario. Voy a intentar controlarme, pero me gustaría que me lo recordaras cuando me veas muy alterada».

Para sorpresa de Sondra, Peter aceptó su ofrecimiento. La luz de gas no se apagó pero se redujo considerablemente. Sin embargo, a Sondra le costó mucho cambiar su propia conducta. «Ahora tengo que controlar mi ansiedad con el tema de los niños —comentó jocosamente mientras describía la primera ocasión en que su marido le había señalado su excesiva preocupación—. ¡Muchísimas gracias!». Pude observar que esencialmente se sentía aliviada. Estos pequeños recuerdos consiguieron que ambos se sintieran más a gusto. Aunque todavía quedaba mucho trabajo por hacer, Sondra consideraba que era un buen inicio.

¿Puedes identificar las situaciones en las que tú y el maltratador os sentís especialmente propensos a bailar el tango luz de gas? Dedica unos minutos a apuntarlas.

Identifica lo que dices o haces que puede desencadenar la luz de gas. Una vez más, quiero dejar las cosas muy claras. Si tus palabras o actos fomentan que tu pareja te haga luz de gas, eso *no* significa que seas responsable de su mal comportamiento. Ni tampoco que tengas que reprimirte para evitar enfadarlo. No obstante, puede ser relativamente fácil elegir nuevas palabras o acciones que sean más favorables para la relación.

Por ejemplo, algunos hombres se sienten manipulados y se ponen a la defensiva cuando una mujer rompe a llorar. Como es evidente, no hay nada malo en llorar. De todos modos, detente un momento a pensar en si el hecho de que llores puede desencadenar la luz de gas en tu relación. ¿El maltratador parece sentirse amenazado por tus lágrimas? ¿Se empeña en intentar demostrar que tiene razón en cuanto te ve llorar? ¿Intensifica sus conductas intimidatorias, sus manipulaciones de buen tipo o sus atenciones glamurosas para que dejes de llorar? ¿Provocan tus lágrimas su apocalipsis emocional? Si piensas que tu llanto se ha convertido en un factor desencadenante de la luz de gas, considera la posibilidad de no llorar en su presencia, ya sea controlando tus lágrimas o abandonando la habitación.

Hay otros hombres que reaccionan especialmente mal a determinadas frases. Por ejemplo, Peter no podía soportar que Sondra le dijera: «Has herido mis sentimientos». Cada vez que la oía pronunciar esa frase, comenzaba a hacerle luz de gas con el propósito de empañar su sentido de realidad e imponer sus propias razones. Pero Sondra se dio cuenta de que Peter no tenía ningún problema si en vez de decirle «has herido mis sentimientos», se limitaba a comunicarle «me gustaría que encontraras otra forma de decírmelo». El hecho de modificar ligeramente sus palabras marcó una importante diferencia, y ella pudo seguir defendiendo sus puntos de vista.

A Martin, por su parte, le fastidiaba que Olivia expresara: «Eso me produce una gran tristeza». Ella se percató de que su marido necesitaba sentir que podía hacerla feliz. En cuanto se sentía incapaz de conseguirlo, comenzaba a maltratarla para que ella afirmara que todo estaba en orden. Olivia no tenía ningún interés en ocultarle *siempre* su tristeza, pero comprendió que él le daba mucha más importancia que ella. Por tanto, decidió que cuando su tristeza no fuera tan profunda, cuando se sintiera conmovida por una película agridulce o afligida por el problema de una amiga que estaba lejos, compartiría sus sentimientos con sus amigas en lugar de manifestarlos en presencia de su marido. A él le pediría que la consolara solo en los momentos en que se sintiera verdaderamente triste. Era menos probable que Martin le hiciera luz de gas si sentía que podía hacer algo por ella.

Otro factor desencadenante de la luz de gas para muchos hombres es que les pidan algo que no pueden hacer. Por ejemplo, al principio de su relación Katie le preguntó a Brian si podía ayudarla con su mudanza. Sin embargo, el único día que ella podía mudarse era precisamente una fecha en la que Brian tenía que salir de la ciudad por negocios. Le resultaba imposible cambiar su agenda de trabajo y lamentó mucho no poder ayudarla. Katie recurrió a su hermano. La frustración que sintió Brian al enterarse provocó un episodio de luz de gas durante el cual manifestó airadamente que sabía que nunca le había caído bien a su hermano, y la acusó de haberlo llamado para poner en evidencia que él no estaba allí cuando ella lo necesitaba.

Si Katie hubiera anticipado que esta situación iba a provocar la luz de gas, podría haberla resuelto mejor. En lugar de mencionar casualmente que su hermano la estaba ayudando y luego dejarse atrapar en una larga discusión, podría haber dicho: «Cariño, sé perfectamente cuánto te gustaría ayudarme con la mudanza, y esa es una de las razones por las que te amo. Sé que si realmente fueras la única persona a la que pudiese recurrir no hubieras dudado en cancelar tu compromiso por mí. Pero sinceramente no quiero que lo hagas; me basta con saber que estás deseando ayudarme porque eso me hace sentir amada y protegida. No te preocupes, encontraré otra forma de solucionarlo». De este modo Brian habría tenido tiempo para asimilar su mensaje, y más adelante Katie podría haberle contado que su hermano «había ocupado su lugar».

Es probable que de ese modo hubiera podido evitar que Brian le hiciera luz de gas, o tal vez no, pero al menos habría actuado de la mejor manera posible y habría evitado reaccionar como una víctima.

Piensa en tu maltratador. ¿Existe alguna situación en particular en la que se sienta especialmente proclive a hacerte luz de gas? ¿Existe alguna forma de calmar su estrés emocional y su necesidad de maltratarte? Cuando surgen esas situaciones, ¿puedes comprometerte a actuar con extremada cautela para no sufrir la luz de gas?

Identifica los juegos de poder o las conductas manipuladoras que pueden desencadenar la luz de gas. Ahora estamos llegando a zonas más sensibles. Detente a pensar en tu propia conducta. ¿Provocas al maltratador por ser excesivamente crítica o exigente? ¿Lo subestimas o le señalas sus zonas más vulnerables? ¿Dices o haces cosas que *sabes* que lo pondrán furioso?

Para ser sincera, me sorprendería que me dijeras que nunca has recurrido a este tipo de juegos de poder. Ninguna de nosotras es una santa; en alguna ocasión todas tenemos conductas manipuladores y arteras. Si puedes reconocer en ti alguna actitud que favorezca la situación de maltrato, este puede ser un buen momento para tratar de modificarla.

Por ejemplo, Trish, la paciente que siempre discutía con su marido por temas de dinero, se dio cuenta de que a menudo sacaba a relucir los orígenes humildes de Aaron cuando se peleaban. Podía hacer algún comentario casual que hería sus sentimientos, como por ejemplo decirle que era increíble que supiera tanto de vinos buenos teniendo en cuenta que se había criado en un hogar obrero. O si veía a una mujer mal vestida, podía preguntarle: «¿Crees que a tu madre le gustaría ese sombrero?». Durante un tiempo pensó que estaba justificado provocar esas luchas de poder porque él era muy crítico con su propia clase social acomodada. No obstante, decidió abandonar su actitud cuando advirtió que sus observaciones provocaban largos episodios de maltrato.

¿Planteas alguna lucha de poder que provoque a tu maltratador? ¿Podrías dejar de hacerlo?

Identifica de qué manera buscas la aprobación del maltratador y te esmeras por tranquilizarlo. Créeme, sé muy bien lo que es necesitar desesperadamente tranquilizar a otra persona. Sé también qué es lo que se siente al imaginar que solo esa persona que te hace luz de gas te hará sentir segura o te demostrará que eres competente y digna de ser amada. Pero además sé que si siempre esperas que él te calme, o crees que solo él puede aliviar tu ansiedad, tu dependencia puede llegar a agobiarlo y, aunque parezca irónico, producir una escalada de la luz de gas.

Eso es lo que le sucedía a Katie. Cuanto más desesperada estaba por conseguir que Brian creyera que era una novia fiel y leal y cuanto más daño le hacían sus insultos, más se enfadaba él y más la maltrataba. Él creía que su labor era protegerla y hacerla feliz. Si ella sentía ansiedad, estaba asustada o era desdichada, y muy especialmente si Brian creía que él podía ser el motivo, se sentía tremendamente amenazado y recurría a la luz de gas para reafirmarse; esto a su vez potenciaba obviamente la ansiedad, los temores y la tristeza de Katie. Estamos hablando de un círculo vicioso.

La buena noticia es que Katie tuvo la fuerza suficiente para romper el ciclo. Si conseguía controlar sus propios sentimientos, sería capaz de evitar cualquier situación potencial que diera lugar a la luz de gas. Vamos a ver cómo se comportó durante otra disputa con su novio por sus presumibles coqueteos con otros hombres:

Brian: ¿Has visto a ese tío que te miraba esta noche? ¿Quién crees que es?

Katie sabe que si le dice a Brian que no sabe de qué está hablando, solo conseguirá que se empeñe en demostrar que tiene razón. Por lo tanto, se limita a hacerle una pregunta.

Katie: Vaya, evidentemente has visto algo que me he perdido. ¿Puedes contarme un poco más?

Brian: Hablo de cómo se le iluminaron los ojos cuando te vio y de cómo se inclinó para arrimarse a ti... Hizo todo lo que pudo para estar más cerca de ti. No puedo creer que no lo hayas visto. ¡Eres tan ingenua!

A Katie le sienta fatal oírle decir que es una ingenua, pero sabe que si expresa que está disgustada lo único que conseguirá es que Brian recurra a la luz de gas. De manera que intenta bromear.

Katie: ¡Chico, si no supiera que soy la mujer más sofisticada del mundo, estaría preocupada!

Brian: ¿Qué estás diciendo?

Katie: Me has llamado ingenua, pero no creo que lo dijeras de verdad. Sé que mi maravilloso novio jamás me diría algo que no fueran halagos.

Brian: Vale, vamos a dejarlo. No tiene importancia.

Como puedes ver, la dinámica de la conversación es completamente diferente. Katie ha encontrado una forma de desactivar la lucha de poder. No discute con Brian, no se enfada ni se ofende por lo que le ha dicho, y de ese modo evita que se sienta amenazado y aumente el nivel de maltrato. Al elegir respuestas alternativas para una situación que podría desencadenar el maltrato emocional, Katie ha conseguido interrumpir el tango y ha empezado a apagar el gas.

Algunas respuestas alternativas para las conductas que pueden desencadenar la luz de gas.

Hacer una broma: «Chico, si no supiera que soy la mujer más maravillosa del mundo, estaría preocupada».

Formular una pregunta: «¿Así que piensas que soy una estúpida? Evidentemente has visto algo que a mí se me ha escapado. ¿Puedes contarme un poco más? (Si se lo dices en un tono sarcástico, seguramente estarás echando más leña al fuego, pero si la pregunta es sincera, es muy probable que esté dispuesto a darte una respuesta).

Identificar la conducta: «La última vez que me dijiste eso (o que me hablaste en ese tono) estabas disgustado porque teníamos que ir a cenar a casa de tu madre. ¿Es posible que ahora esté pasando algo similar?».

Expresar compasión: «Siento que lo estés pasando mal. ¿Hay algo que pueda hacer para ayudarte?».

4. Prestar atención a tus sentimientos en lugar de pensar si algo está «bien» o «mal»

Es bastante frecuente que en la acusación del manipulador haya algo de cierto. Quizás realmente estabas flirteando con un hombre en la fiesta y le debas una disculpa a tu pareja. Tal vez sea verdad que al cancelar una cita con tu amiga por salir con ese hombre que acaba de llegar a la oficina, *no te comportaste* como una buena amiga. El maltratador identifica de inmediato todos esos fallos y traspiés, y tú te estremeces ante su capacidad para detectarlos.

A continuación el maltratador va un poco más lejos. Por ejemplo, Brian insistía en que Katie estaba tratando intencionadamente de humillarlo.

—Lo que quieres es ridiculizarme en público, ¿no es así? —repetía insistentemente—. ¿Por qué no lo admites de una vez por todas?

—Pero no *puedo* admitirlo porque *no* es verdad —respondía Katie con desconcierto.

Ella *sabía* que aunque tal vez había sido un poco insensible no había ninguna malicia en su comportamiento. No obstante, después de escuchar amargas acusaciones durante horas comenzaba a pensar si Brian no tendría razón. Después de todo, parecía tan seguro... No se había dejado convencer por ninguno de sus argumentos... Y ella sabía que había hecho *algo malo*...

El caso de Sue, una maestra en descubrir los errores y defectos de Mariana, es muy similar. Mariana se sentía completamente incompetente, como si la precisión de Sue a la hora de señalar sus defectos le otorgara un poder absoluto para describirla. Y no solo era incapaz de enfrentarse a ella, sino que necesitaba todavía más imperiosamente ganar su aprobación.

La única forma de liberarte de esa trampa es dejar de preocuparte por descubrir quién tiene razón y centrarte en tus propios sentimientos. Si de verdad sientes remordimiento, debes pedir disculpas y hacer todo lo que esté a tu alcance para reparar la situación. Pero si durante la discusión te sientes atacada, perpleja, horrorizada o desolada, eso indica que está ocurriendo algo sospechoso. Independientemente de lo que hayas hecho, e incluso aunque lo lamentes, estás sufriendo la luz de gas y tienes que dar por acabada esa conversación de inmediato.

Para Mariana, el punto de inflexión se produjo después de haber cancelado en el último momento los planes que tenía con su amiga Sue para salir con un compañero de la oficina. A continuación expongo de qué manera Mariana evitó la lucha de poder durante la conversación telefónica que mantuvieron al día siguiente:

Sue: Pero ¿cómo has podido hacerme esto? *Sabes* muy bien que me hace mucha ilusión verte. Habíamos hecho planes juntas, y tú los cancelas en el último minuto para poder salir con un tío.

Mariana: Lo siento mucho. Tienes todo el derecho de enfadarte. Pero es tan atractivo... y no había salido con nadie durante meses. Aunque tienes toda la razón, y eso no es excusa. ¿Cómo puedo compensarte por lo que he hecho?

Sue: ¿Qué quieres decir con compensarme? Me has mostrado deliberadamente lo poco que te importo y también que eres superior a mí. Siempre me has tenido envidia porque tengo novio y tú no. ¿Es esta tu forma de vengarte?

Mariana: Pero, Sue, estás completamente equivocada. No debí haber cancelado nuestros planes, pero no fue por mezquindad sino porque *realmente* me apetecía salir con Jared.

Sue: No te creo. Sé que tu intención era vengarte de mí. ¡Tienes que admitirlo!

En estas mismas circunstancias Mariana normalmente se hubiera esforzado todavía más por defenderse, pero esta vez dio por terminada la conversación porque ahora se había propuesto apagar el gas.

Mariana: Mira, siento mucho haber cancelado nuestros planes. Si me dices de qué manera puedo compensarte, me encantaría zanjar el problema. Aparte de eso, no tengo nada más que añadir.

Sue: ¿Qué significa que no tienes nada más que añadir? No solo me insultas sino que ahora ni siquiera quieres seguir hablando conmigo.

Mariana: Así es. Y no tengo ninguna intención de seguir manteniendo la conversación en estos términos.

Sue: ¡Esto es increíble! ¿Es otra forma de vengarte de mí?

Mariana: De ninguna manera. Ya me he disculpado y ahora me gustaría que habláramos de cualquier otra cosa. Si no te apetece, sencillamente voy a colgar el teléfono.

Cómo evitar una situación semejante

- **Vuelve a leer el cuadro de la página 260.** Escoge las afirmaciones que mejor se adapten a tu personalidad y que el maltratador probablemente pueda escuchar. Puedes modificarlas si te parece necesario o idear tus propias frases.
- **Dramatiza la situación con la ayuda de una amiga.** Coméntale a tu amiga lo que el maltratador suele decirte para que sepa cómo debe representar su personaje. Luego desempeña tu propio papel y prueba las frases elegidas para experimentar qué es lo que sientes al pronunciarlas.
- **Escribe tu propio guion.** Apunta una conversación. Imagina primero lo que podría decir el maltratador y luego tus propias respuestas. Quizás incluso te apetezca practicarlas en voz alta. «Si me dice: ''¡Eres una pesada!'', yo responderé: ''Cariño, no quiero que me hables de esa forma''. Si me dice: ''Te hablo como me dé la gana'', le contestaré: ''Vale, pues entonces me voy a casa''».
- **Concéntrate en unas pocas afirmaciones.** Recuerda que tu objetivo es evitar las discusiones o no prolongarlas. Escoge una o dos afirmaciones que te puedan servir de ayuda y limítate a repetirlas, o permanece en silencio. El manipulador está absolutamente decidido a tener razón y no vas a conseguir que cambie de idea. No obstante, puedes comunicarle que su conducta tendrá consecuencias que no van a gustarle. Es posible que con el paso del tiempo se sienta motivado a cambiar de actitud.

- **Elige las consecuencias.** Decide por anticipado qué consecuencias provocará su conducta en el caso de que persista en ella y comunícaselo. He aquí dos ejemplos: «La próxima vez que me hagas esperar más de veinte minutos, me marcharé del restaurante» y «Cuando vuelvas a chillarme, te recordaré tres veces que no lo hagas, y si no te detienes, abandonaré la habitación». No debes anunciarle ninguna consecuencia que no estés preparada para asumir. Recuerda que tu propósito no es amenazarlo sino simplemente actuar acorde a tus propios intereses.

- **Escoge una estrategia para abandonar la discusión.** Si el maltratador se niega a darla por terminada, tienes que hacerlo tú, sea colgando el teléfono, marchándote, cambiando de tema o incluso ofreciéndole un té (tal como hizo Trish en el capítulo cuatro). Saber de antemano cómo vas a dar por terminada la conversación, incluso aunque no recurras a esa estrategia, te hará sentir más empoderada desde el principio.

5. Recordar que no puedes controlar la opinión de nadie, ¡ni siquiera cuando tienes razón!

Reconozco que una de mis mayores colaboraciones en el efecto luz de gas que sufrí durante mi matrimonio fue mi desesperado anhelo de que mi exmarido admitiera que yo tenía razón. Simplemente no podía soportar que pensara que no ocurría nada si se demoraba tres horas y que el único problema era que *yo* era excesivamente sensible. De modo que discutía interminablemente con él intentando convencerlo de que cambiara de opinión. Ahora me doy cuenta de que lo único que pretendía era controlar sus pensamientos, de la misma manera que él pretendía controlar los míos. Por ejemplo, si me quejaba cuando llegaba a casa tres horas más tarde de lo que me había dicho, se esmeraba por hacerme ver que mi conducta era poco razonable, nada espontánea y excesivamente controladora. Pero yo, por mi parte, estaba igualmente empeñada en convencerlo de que mi frustración estaba justificada.

Veinte años más tarde sigo pensando que la que tenía razón era yo, y *por supuesto* que mi frustración estaba justificada. Pero eso no viene al caso. Lo que me mantuvo atrapada en el tango luz de gas fue negarme a aceptar que mi marido seguía viendo las cosas a su manera, independientemente de lo que yo dijera o hiciera. Si quería pensar que yo no era razonable, seguiría pensándolo aunque me empeñara en discutir con él o me enfadara. En cuanto comprendí que él, y sólo él, tenía el control de sus pensamientos (más allá de que yo tuviera o no razón) y que no iba a modificarlos por lo que yo hiciera, di un gran paso adelante hacia la libertad.

Mi paciente Mitchell, cuya madre se mostró tan despectiva frente a su nueva manera de vestir, vivió una experiencia similar. Gran parte del trabajo que hicimos juntos giró en torno a que básicamente comprendiera que su madre tenía derecho a verlo como quisiera. El trabajo de Mitchell no era conseguir que cambiara de opinión, sino dejar de preocuparse tanto por lo que ella pensaba. Si conseguía dejar de idealizar a su madre y desentenderse de su aprobación, de sus frecuentes insultos y sus intentos de culpabilizarlo, ya no tendría ninguna influencia sobre él.

Durante mucho tiempo Mitchell no estuvo dispuesto a aceptar que no podía controlar las reacciones de su madre. Y aunque a veces ella le expresaba su admiración y su afecto, en otras ocasiones se mostraba fría, distante e incluso cruel. Para Mitchell ese contraste resultaba extremadamente frustrante. Él prefería creer que los cambios de conducta de su madre estaban asociados a sus propias acciones, que su frialdad reflejaba sus fracasos y su afectividad era una respuesta a sus logros. No quería admitir que el comportamiento de su madre no dependía de sus éxitos o fracasos sino que se debía a su propia dinámica interna.

La lucha de Mitchell era especialmente conmovedora, porque los hijos *deberían* poder contar con el amor y la aprobación incondicional de sus padres. Y pese a que en algunos momentos quizás los padres no aprueben una determinada conducta de sus hijos, aun así les transmiten su respeto. Eso era justamente lo que Mitchell tanto anhelaba, y lo que su madre nunca hacía. Como consecuencia, le resultaba muy difícil aceptar que era muy probable que nunca lo obtuviera.

De manera que la única forma que Mitchell tenía de liberarse de la luz de gas a la que su madre lo sometía era aceptar que jamás conseguiría hacerla cambiar de opinión. Su nuevo mantra era: «No consigo que cambie de opinión ni siquiera cuando tengo razón». Aunque al principio fue terrible para él sentir que tenía razón... y que eso le hacía sentirse solo, llegó a sentirse a gusto separándose un poco de ella y consiguió aclarar su mente. Al abandonar sus esfuerzos por controlar las reacciones de su madre gozó de una nueva libertad que le permitió conectarse con sus propias convicciones y actuar en consecuencia.

ELEGIR CUÁL SERÁ TU PRÓXIMO PASO

Ahora ya has empezado a apagar el gas y probablemente estés obteniendo una amplia gama de respuestas y reacciones. Tal vez tú y tu maltratador estáis ahora comenzando a encontrar nuevas formas de estar juntos, tal como les ocurrió a Sondra y Peter. O quizás la persona que te maltrata se niegue rotundamente a cambiar de actitud, como era el caso de Melanie y Jordan. O a lo mejor todavía estáis intentando resolver qué es lo que se siente al definir lo que es posible y lo que no lo es, como les sucedía a Katie y Brian.

Es probable que ya hayas decidido cuál va a ser tu próximo paso, pero si todavía no lo has hecho, en el próximo capítulo te explicaré cómo tomar la decisión de permanecer en la relación o abandonarla.

¿Debo quedarme o marcharme?

K atie estaba confusa. Había intentado con todo su corazón apagar la luz de gas a la que la sometía su novio, Brian, que era muy posesivo, y tenía la sensación de haber conseguido algunos progresos. Cada vez que se negaba a participar en el tango luz de gas (diciéndole a Brian que no quería continuar con una discusión o abandonando la habitación para evitar escuchar sus acusaciones), él se retractaba e incluso a veces se disculpaba. Katie también sentía que ya no experimentaba tanta necesidad de sentirse una sola persona con él. Estaba más dispuesta a tolerar los desacuerdos y se estaba liberando de la aprobación de Brian. Paulatinamente empezaba a creer que era una buena persona, independientemente de que él la valorara.

No obstante, me comentó que Brian no parecía interesado en hacer ningún cambio. Cuando ella interrumpía la dinámica de la luz de gas, él se desdecía, pero luego volvía a recurrir al maltrato tan rápidamente como antes, y eso significaba que ella siempre tenía que estar alerta. Y cuando Katie recaía en sus antiguas conductas (cuando volvía a estar a la defensiva o a disculparse por cosas que no creía haber hecho), Brian parecía satisfecho de seguir con los viejos hábitos.

—Mi sensación es que la única que intenta cambiar las cosas soy yo —me dijo después de tres meses de esfuerzos constantes por modificar la situación—. Al parecer Brian no está decidido a hacer *nada* diferente, y además no parece dispuesto a ayudarme mucho. Es como una gran roca que intento empujar colina arriba. Si trabajo mucho puedo hacer algún progreso, pero en cuanto me detengo, aunque sea durante un solo segundo, la roca vuelve a rodar hacia atrás. ¡Quizás no sea tan pesada como antes, pero tampoco es más ligera!

Por lo tanto, Katie no estaba muy segura de lo que debía hacer a continuación. Seguía amándolo y no le gustaba la idea de romper con él. Estaba cada vez más frustrada por sus acusaciones constantes, y además le agobiaba que Brian no dejara de decir que el mundo era un lugar peligroso y triste. ¿Qué cambios podía esperar?, se preguntaba. ¿Cuáles de sus expectativas eran realistas y otras simplemente vanas ilusiones? Y lo más importante, ¿cuáles eran los cambios que ella necesitaba para seguir a su lado?

Liz había empezado a darse cuenta de que las cosas no podían continuar tal como estaban. Estaba obsesionada con su nuevo jefe e invertía demasiado tiempo y energía emocional en esa relación. Algunas veces sentía que él se había convertido en la persona más importante de su vida, más que su marido, su mejor amiga o sus familiares. «Estoy cansada de sentir que tiene el poder de eclipsarlo todo y a todos —me comunicó—. ¡Quiero recuperar mi vida!».

La cuestión era si podría recuperar su vida sin tener que renunciar al puesto que ocupaba y por el que había trabajado tan duramente. ¿Había alguna forma de conservar su trabajo y *no* participar en el tango luz de gas?, se preguntaba. ¿Acaso su jefe era tan hábil para detectar sus puntos débiles y manipularla que incluso el más mínimo contacto entre ellos siempre desembocaba en la luz de gas?

Liz empezó a sopesar seriamente cuáles eran sus opciones. Por primera vez comenzó a ver con claridad sus alternativas profesionales y a considerar la posibilidad de contactar con otras agencias de publicidad y con algunas personas conocidas que podrían ayudarla a encontrar un nuevo trabajo. Analizó cuidadosamente cuáles podrían ser los planes actuales de su jefe: ¿estaba realmente decidido a prescindir de ella o aislarla dentro de la empresa? ¿Había algo que ella pudiera hacer para modificar la situación, o estaba realmente determinado a mortificarla? También se dedicó a conectarse consigo misma para identificar su propia participación en el maltrato. ¿Era realista pensar que podía seguir tolerando las provocaciones de su jefe como había hecho hasta el momento, atemorizada porque no la valoraba y desesperada por complacerlo? ¿Invertiría tanta energía en «reprogramar» sus propias respuestas que finalmente no conseguiría disfrutar de su trabajo? ¿Tenía sentido intentar cambiar la relación o simplemente debía presentar su dimisión?

Cuando Mitchell por fin logró percatarse de cómo se sentía cuando su madre le hacía luz de gas, estuvo deprimido varias semanas. Fue como si la tristeza, la rabia y la impotencia que había intentado evitar durante toda su vida se le hubieran caído encima, y durante un tiempo se sintió completamente abrumado. «No quiero volver a verla nunca más —repetía constantemente—. ¡No la necesito! ¿Por qué tengo que relacionarme con alguien que me trata de ese modo?».

Mitchell advirtió que evitar todo contacto con su madre era una decisión muy importante, y me preguntaba constantemente qué era lo que yo pensaba. Yo le decía que por lo general es mejor seguir hablando con nuestros familiares, simplemente porque esas relaciones contienen gran parte de nuestra historia y a medida que maduramos son cada vez más importantes, especialmente si tenemos hijos. Sin embargo, si en una relación hay una situación de maltrato evidente que no es posible revertir, una situación que no nos permite evolucionar y nos causa tanto sufrimiento que nos impide disfrutar de la vida, lo mejor es mantenernos alejados de esa persona.

Mitchell comenzó a pensar de qué forma la relación con su madre afectaba a su vida, desde la elección de su ropa hasta su capacidad para comprometerse con su novia. También reflexionó sobre cómo podría relacionarse con su madre de otra manera. Aunque por una parte quería que saliera definitivamente de su vida, se obligó a considerar otras opciones: verla solamente en días festivos, visitarla una vez al mes en lugar de una vez a la semana o ir a su casa en compañía de su novia, o de otra amiga o amigo, y no solo. También pensó que debía tomar sus decisiones más detenidamente y dejar opciones abiertas para poder cambiarlas en el futuro cuando se sintiera más fuerte. Sabía que tenía que modificar la relación con su madre, pero durante mucho tiempo no pudo decidir cuál era el cambio que quería lograr.

DARSE TIEMPO PARA TOMAR UNA DECISIÓN

Cuando nos comprometemos con nosotras mismas a liberarnos de la luz de gas, suele suceder que en un determinado momento nos vemos obligadas a decidir si deseamos seguir manteniendo la relación o preferimos renunciar a ella. Como ya he dicho, la única forma de liberarnos realmente de este tipo de maltrato es estar *dispuestas* a marcharnos. Más tarde tendremos que preguntarnos si *realmente* queremos hacerlo.

Es posible que llegues a pensar que solo hay una opción: *debes* dar por terminada la relación para preservar tu identidad y ser feliz. O quizás consideres que tienes varias alternativas, pero que la mejor de ellas es marcharte. En otras palabras, puedes estar desesperada o no estarlo, pero de cualquier manera en algún momento llegarás a comprender que la relación se ha acabado.

También puedes inclinarte por permanecer en la relación porque tienes la sensación de que puedes trabajar para mejorarla o concluir que hay buenas razones para seguir adelante a pesar de tu sufrimiento y frustración.

Cualquiera que sea tu decisión, es probable que el maltratador despierte en ti muchas sensaciones positivas. Puedes seguir locamente enamorada de tu marido o sentirte muy unida a tu amiga. Los maltratadores que pertenecen a la familia pueden provocar una mezcla complicada de amor, rabia, pena, frustración, afecto y confusión. Y si el maltratador es tu jefe o un compañero de trabajo, quizás consideres los beneficios de conservar tu empleo. Incluso es posible que llegues a sentir aprecio, respeto y admiración por la persona que te hace luz de gas.

Quiero dejar muy claro que las buenas sensaciones que tenemos en relación con los maltratadores no son necesariamente ilusorias. Los seres humanos somos contradictorios y complejos, y ninguno de nosotros es perfecto. Nuestros maltratadores pueden haberse comportado de una forma mezquina y problemática pero también habernos brindado amor, atención, consejos, aventuras, progreso o seguridad. Es posible que hayamos compartido con ellos épocas importantes de nuestra vida o que nos hayan ayudado a crecer de una forma que no podíamos haber conseguido solos. Pueden ser personas que tienen otras cualidades que despiertan nuestra admiración o que simplemente nos conmueven por motivos que no somos capaces de describir.

Suele suceder que al descubrir que hemos sido sometidas a abuso o maltrato, sintamos la necesidad de reaccionar de una forma radical. Queremos que la persona que nos ha manipulado pague por lo que ha hecho. Queremos justicia o venganza, algo que compense el daño que hemos sufrido. Nos parece increíble que alguna vez hayamos podido sentir amor por esa persona que ahora nos parece peligrosa o destructiva, e incluso podemos desear que desaparezca por completo de nuestra vida.

Estos sentimientos son naturales y pueden ayudarnos a pasar a la acción. Sin embargo, las respuestas emocionales intensas contra quienes nos han hecho luz de gas, especialmente si son miembros de la familia, se deben en parte a que en realidad estamos enfadadas con nosotras mismas. ¿Cómo podemos haber estado tan ciegas? ¿Cómo pudimos permitir que nos trataran tan mal? ¿Por qué no podemos vivir de acuerdo con nuestros ideales de ser fuertes, autosuficientes e inmunes al maltrato? ¿Por qué no fuimos más fuertes y efectivas? Al analizar más detenidamente nuestra propia participación en la luz de gas podemos sentir una enmarañada combinación de vergüenza, resentimiento, rabia y tristeza.

Es muy importante permitirse experimentar todos esos sentimientos y emociones, pero también analizarlos para comprender qué es lo que nos ha sucedido y qué es lo que queremos hacer al respecto. Y en algunas ocasiones esas reacciones nos sirven de guía para pasar de inmediato a la acción. «Sal de aquí —nos dicen—. No dejes que esto continúe ni un solo día más». Muchas veces lo mejor que podemos hacer es prestar atención a esa situación de emergencia.

No obstante, hay momentos en que necesitamos dejar que los sentimientos reposen para calmar nuestras emociones antes de pasar a la acción. Así nos damos un poco de tiempo para analizar todas las posibilidades que tenemos, muy en especial si se trata de un matrimonio o una relación de hace mucho y hay niños implicados. Tal vez nos inclinemos por tomar decisiones temporales y no definitivas; por ejemplo, una separación temporal en lugar de un divorcio, un «tiempo muerto» en lugar de una separación irreversible. Y también podemos retirarnos de una relación sin comunicárselo a la otra persona, concedernos tiempo y espacio para poder tomar una decisión sobre el futuro.

Mariana, por ejemplo, se sentía cada vez más frustrada por la relación que mantenía con su amiga Sue. Había llegado a aborrecer esas conversaciones con una intensa carga emocional que le dejaban la sensación de que su amiga la juzgaba constantemente y pretendía controlarla. Pero como eran amigas desde el instituto, también sufría al considerar la posibilidad de no volver a verla. Sabía que tenía que hacer algunos cambios, pero todavía no estaba segura de si debía dar por terminada la relación, tomar cierta distancia o comenzar el largo y duro proceso de intentar modificarla, con la esperanza de que Sue la ayudara.

Mariana también sabía que si era franca con Sue y le comunicaba que necesitaba estar un tiempo sin verla, eso provocaría una nueva ronda de esas discusiones que estaba intentando evitar. Pero no podía dejar sencillamente de devolverle las llamadas sin evitar que Sue le hiciera montones de preguntas y la agobiara con sus preocupaciones. Por lo tanto, decidió decirle que estaba pasando una etapa difícil en el trabajo y no iba a poder verla durante un mes. Así consiguió restringir su contacto con Sue a breves llamadas telefónicas y unos pocos correos electrónicos. Tenía la esperanza de que al imponer una limitación provisional y «no oficial» a la amistad, tendría un poco de tiempo para descubrir cómo se sentía y qué quería hacer.

¿Cómo puedes saber cuál debe ser el siguiente paso? A continuación presento cuatro preguntas que pueden ayudarte a tomar una decisión.

Cuatro preguntas para saber si debes quedarte o marcharte

1. «¿Puedo actuar de forma diferente con esta persona?».
2. «¿Es capaz esta persona de actuar de forma diferente conmigo?».
3. «¿Estoy dispuesta a hacer el trabajo necesario para modificar la dinámica de nuestra relación?».
4. «Objetivamente, si doy lo mejor de mí, ¿estaré satisfecha con nuestra relación?».

¿Puedo actuar de forma diferente con esta persona?

Como hemos visto a lo largo de este libro, tu relación caracterizada por la luz de gas no va a modificarse a menos que cambies de conducta. Apagar el gas requiere que te separes del maltratador, te niegues a participar en una conversación en la que te sientes maltratada o te marches de la habitación cuando surge la amenaza de un apocalipsis emocional. También significa que debes evitar la tentación de fundirte con la otra persona y aceptar que el maltratador puede tener sus propias opiniones aunque tú las consideres equivocadas. Y también quiere decir que cuando sientes ansiedad, soledad o inseguridad, es muy probable que no puedas compartirlo con la persona que te hace luz de gas, porque precisamente esas sensaciones suelen ser las que provocan el maltrato. Si sientes ansiedad o estás preocupada y él se da cuenta de que no es capaz de calmarte, lo más probable es que al sentirse impotente recurra a la luz de gas para preservar su poder y su control.

A continuación presento algunas preguntas que debes formularte para descubrir si estás realmente dispuesta a cambiar de actitud. Luego encontrarás las respuestas de Katie, Liz y Sondra.

Cuando empieza a hacerme luz de gas, ¿puedo negarme a participar en la conversación o debo seguir demostrándole que tengo razón? ¿Continuaré discutiendo mentalmente con él aunque no pronuncie ni una sola palabra?

Katie: Ya no necesito tanto tener razón. Creo que podría actuar de este modo con Brian. Negarme a seguir conversando con él no es para mí la parte más difícil de la situación.

Liz: ¡Me enfurece la forma en que mi jefe distorsiona la realidad! Y aunque no diga ni una sola palabra, sé que estaré rebobinando mentalmente la conversación una y otra vez. ¡No puedo soportar oírlo decir esas cosas!

Sondra: Me sentí fatal la primera vez que me negué a seguir conversando con Peter porque me estaba maltratando. Me dolía el estómago y, literalmente, comencé a temblar. ¡Estaba tan ansiosa por mejorar las cosas! Pero ahora que lo he estado haciendo durante meses, ya no me parece tan difícil. Sí, creo que ahora podría hacerlo muy fácilmente.

Me preocupa que me haga luz de gas, no solo por mí misma sino también por el futuro de nuestra relación. ¿Debo recurrir a él para que me tranquilice? ¿O puedo encontrar una forma de calmarme que no dependa de él?

Katie: Esta sí es la parte complicada para mí, porque quiero poder contar con el apoyo de Brian. Por ese motivo creo que no podré abstenerme de pedirle que me calme. De hecho, no estoy segura de *querer* cambiar esa parte de mí misma. *Quiero* poder pedirle a mi novio que me tranquilice sin que se enfade.

Liz: Por supuesto que puedo hacer esto. ¡No necesito que ese hombre me asegure que todo está bien! Lo único que necesito es que deje de comportarse de esa manera.

Sondra: Creo que puedo hacerlo. No será fácil, porque cuando Peter nota que estoy disgustada, enseguida me pregunta qué me pasa y si tengo algún problema. A veces quiere que le conteste sinceramente, pero en otras ocasiones no es más que el comienzo de una nueva ronda de maltratos con los que «me demuestra» que no tengo motivos para estar enfadada porque él lo está haciendo todo bien. Entonces tengo que decidir si es sincero o si solamente quiere que muerda el anzuelo. Pese a todo, creo que puedo hacerlo.

285

Si le comunico que voy hacer algo, como por ejemplo
abandonar la habitación cuando grita, o marcharme
del restaurante si llega veinte minutos tarde,
¿seré capaz de cumplir con lo que he dicho?

Katie: *Odio* esta parte. Creo que *puedo* hacerlo, pero *aborrez-co* tener que hacerlo.

Liz: Puedo hacerlo sin problema. Pero no sé si tiene sentido, pues me parece que no va a cambiar su conducta independientemente de lo que yo haga.

Sondra: Sí, claro que puedo hacerlo. ¡Después de todo, tengo práctica con los niños!

Después de que Katie, Liz y Sondra respondieran estas preguntas, le pedí a cada una de ellas que resumieran lo que habían aprendido sobre sí mismas. Y luego añadí que tuvieran en cuenta sus respuestas anteriores para responder a la gran pregunta: *¿Puedo actuar de forma diferente con esta persona?*

Katie: Probablemente podría hacerlo, pero ¡no estoy segura de *querer* hacerlo! ¿Para qué tener novio si no puedes hacerlo partícipe de tus preocupaciones ni pedirle que te tranquilice de vez en cuando? Creo que no me gustaría hacerlo...

Liz: No creo que haya ninguna forma de llevarme bien con este hombre ni de dejar de obsesionarme por lo que me está haciendo. Sencillamente no me creo capaz.

Sondra: Sí, creo que puedo actuar de forma diferente con Peter, y que además podría ser muy positivo poder cambiar algunas cosas en mí.

¿Es capaz esta persona de actuar de forma diferente conmigo?

Vamos a volver a considerar por un momento qué es lo que impulsa a alguien a recurrir a la luz de gas. Como ya he señalado, una persona practica la luz de gas cuando se siente amenazada o emocionalmente estresada, y para compensarlo intenta imponer sus razones. Es su forma de volver a sentirse fuerte y poderosa, y de recuperar su identidad.

Hay quien utiliza la luz de gas debido a sus profundas inseguridades e insiste en usar este tipo de maltrato como un modo normal de interacción. Estos individuos se sienten tan frágiles que buscan cualquier oportunidad para manipular las mentes de los demás con el fin de sentirse fuertes y creer que lo tienen todo bajo control.

Hay quienes recurren a la luz de gas en algunas relaciones pero no en otras. Algunos la practican con sus cónyuges pero no con sus empleados. Otros son amables y cariñosos con sus parejas y sacan a relucir su tendencia a maltratar en su faceta de jefes.

Y también hay otras personas que solo practican la luz de gas ocasionalmente, por ejemplo cuando están preocupadas por su relación afectiva o tienen problemas de otra índole. Si tu marido responde a estas características, pueden pasar semanas o incluso meses sin que se produzca un episodio de maltrato. Y un buen día discutís por motivos de dinero, él se pelea con uno de tus hijos, tiene problemas en el trabajo o han tenido que ingresar a su madre en el hospital y de repente comienza a hacerte luz de gas.

A continuación expongo la primera pregunta que debes hacerte con respecto al maltratador.

¿Hasta qué punto está decidido a emplear la luz de gas?

Katie: Con toda sinceridad, lo ignoro. Algunas veces parece *muy* empeñado en hacerlo, ¡porque sencillamente no para! En otras ocasiones la situación de maltrato desaparece cuando cambio de actitud. No sé qué responder.

Liz: Oh, está *totalmente* decidido, al menos conmigo. Observo que es el tipo de hombre que siempre necesita tener razón y salirse con la suya. Yo creo que disfruta haciéndome pasar por el aro. Puedo verlo sonreír cuando me voy de la oficina. No creo que haya nada que pueda hacer para que cambie.

Sondra: Creo que Peter siempre volverá a recurrir a ella cada vez que esté nervioso o preocupado. Sin embargo, he hecho algunos intentos para apagar el gas y han funcionado bastante bien. Ayuda mucho el hecho de que podemos hablar del problema y que los dos tengamos deseos de cambiar. Yo diría que Peter no está empeñado en utilizar la luz de gas, aunque siempre cabe la posibilidad de que se sienta inclinado a hacerlo.

Como puedes ver, Liz y Sondra han sido capaces de responder a esta pregunta, pero Katie no está segura de saber contestarla. Si tú tampoco lo estás, déjame sugerirte que practiques el próximo ejercicio. Durante una semana haz todo lo posible para apagar el gas. No aceptes ni una sola invitación a bailar el tango luz de gas. No desperdicies ninguna oportunidad de rechazar el baile. Evita todas las tentaciones de controlar, explicar, analizar o negociar con tu maltratador. Es casi seguro que en algún momento intentará reanudar el tango contigo. Sin embargo, debes saber qué es lo que sucede si sigues negándote a bailar.

Katie hizo ese experimento, y esto es lo que descubrió.

Katie: Cuando intenté apagar el gas a lo largo de una semana, Brian no dejó de maltratarme. A veces conseguía detenerlo, pero siempre volvía a empezar. Comienzo a preguntarme si siempre va a suceder lo mismo...

Si aún no tienes la certeza de que el maltratador pueda llegar a comportarse de un modo diferente contigo, puedes formularte la siguiente pregunta: «¿Es capaz de relacionarse conmigo?». Aparte de la dinámica de la luz de gas, ¿tienes la sensación de que te ve como una persona diferente a él, a la que respeta, ama y escucha? ¿O por lo general parece más preocupado por sí mismo (por demostrarte que tiene razón, que es un buen tipo o que puede ser muy romántico)? ¿Sientes que hay una buena conexión entre vosotros? ¿O a menudo te parece que simplemente está montando un espectáculo?

Si habitualmente el manipulador te trata de una manera que te agrada, hay motivos para pensar que la luz de gas podría acabarse, o al menos reducirse hasta un nivel en el cual podrías vivir con ella. Pero si la mayor parte del tiempo te sientes alejada de él e insatisfecha, es posible que no pueda relacionarse contigo de otra forma. Quizás no sea capaz de tratarte con amor y respeto ni siquiera en esos momentos en los que no practica la luz de gas. En ese caso, aunque tus intentos por apagar el gas consigan detener el maltrato emocional, de todos modos puedes sentir que la relación no te resulta gratificante.

¿En qué medida es capaz de relacionarse conmigo?

Katie: No lo sé. Cuando nos conocimos, pensé que Brian era el novio perfecto. Era cariñoso y protector, y yo me sentía muy segura a su lado. Pero ahora estoy empezando a dudar. Quizás solo intentaba demostrar que era un hombre fuerte. Lo que ocurre ahora es que comienza a hacerte luz de gas cuando piensa que me ha fallado. Por eso creo que no es capaz de relacionarse de verdad conmigo.

Liz: Ignoro cómo se comporta este hombre con otras personas, pero lo cierto es que conmigo *no* se relaciona. Todo lo que hace es en beneficio propio, una especie de juego de poder. Creo que no tiene la menor idea de quién es Liz. Soy solo uno de los peones en su gran tablero de ajedrez.

Sondra: Peter puede estar tan absorbido por su trabajo y sus problemas que a veces se olvida de que yo también soy una persona. En esos momentos recurre a la luz de gas porque necesita demostrar que es un buen tipo. Entonces yo no soy una persona real para él, sino sencillamente su audiencia. Sin embargo, en otros momentos está completamente pendiente de lo que me sucede. Cuando estoy disgustada lo advierte de inmediato, se ofrece a que hablemos de lo que me pasa y luego me da buenos consejos. Si me ve cansada, me dice: «Esta noche yo acostaré a los niños. Tú relájate y descansa». Incluso es capaz de preparar la cena cuando llego a casa después de visitar a mi familia; en esas ocasiones se siente muy aliviado de no haber tenido que acompañarme. De manera que pienso que la mayor parte del tiempo se relaciona muy bien conmigo, aunque en algunos momentos no pueda hacerlo.

¿En qué medida es capaz el maltratador de relacionarse contigo?

- ¿Es capaz de comprender y respetar tu punto de vista?
- ¿Se ocupa ocasionalmente de tus sentimientos y necesidades?
- ¿Antepone tus sentimientos y necesidades a los suyos al menos ocasionalmente?
- ¿Siente remordimiento por los momentos en que te ha hecho daño, y eso lo lleva a modificar su conducta?
- ¿Muestra interés por modificar sus propias opiniones, sin limitarse a complacerte solo para demostrar que es un buen tipo?

Una vez más, pedí a Katie, Liz y Sondra que resumieran lo que habían aprendido de sus maltratadores. Y les pregunté cómo contestarían la gran pregunta: *¿Es capaz de actuar de forma diferente conmigo?*

Katie: No estoy segura. Ahora mismo diría que no.
Liz: Definitivamente no.
Sondra: Creo que sí. No siempre, pero quizás gran parte del
            tiempo.

¿Estoy dispuesta a hacer el trabajo necesario para modificar la dinámica de nuestra relación?

Dado que la luz de gas es tan contundente, parece especialmente difícil que las parejas puedan acabar con esta dinámica. Es bastante frecuente que en las relaciones marcadas por la luz de gas se cree una especie de círculo vicioso en el cual la conducta agresiva del maltratador provoca una reacción defensiva de la víctima, que a su vez desencadena una mayor violencia por parte del maltratador.

Por ejemplo, Katie empezó a advertir que su relación había progresado de la primera a la segunda fase de la luz de gas hasta desembocar en la tercera, en gran parte debido a la dinámica que se había establecido entre Brian y ella. Cuando estaba nerviosa y lo necesitaba, él se sentía incapaz de ayudarla y recurría a la luz de gas para sentirse más fuerte. En efecto, intentaba convencerla de que no tenía motivos para estar preocupada, que realmente no necesitaba nada en especial o incluso que estaba equivocada al pensar que necesitaba algo más. Pero cuanto más se enfadaba él, más a la defensiva estaba Katie y más ansiedad sentía, lo que no hacía más que empeorar la situación.

Cuando Brian empezó a acusarla de flirtear con otros hombres, a sabiendas de que eso no era verdad, ella le respondía: «Cariño, no estaba flirteando con nadie», «Brian, no seas ridículo, ese hombre simplemente estaba siendo amable conmigo» o «En realidad no tienes nada que temer, ¿por qué no lo entiendes?». Pero como las acusaciones de Brian no cesaban, Katie comenzaba a perder la confianza en sí misma, a ponerse cada vez más tensa y a esforzarse por aplacar su ira: «*Por favor*, Brian, retira lo que has dicho!», «No tenía ninguna intención de nada, tienes que creerme» o «No puedo soportar que pienses tan mal de mí. Me siento fatal!».

Brian era un hombre inseguro y ansioso pero no era un monstruo. Lamentaba realmente ver a Katie enfadada y no le gustaba sentir que él era el responsable. Y a medida que la autoconfianza de Katie disminuía, dependía cada vez más de él y necesitaba con mayor desesperación que la calmara y le asegurara que la amaba. Como vimos durante las sesiones de terapia, Brian se tomaba como algo personal la desesperación de Katie; se sentía impotente al no poder ayudarla y eso le hacía sentirse fatal. Como consecuencia, cuanto más desesperada estaba Katie, más negativo, acusador y amargado estaba Brian. Y de ese modo su relación entró en la segunda fase del efecto luz de gas.

Los insultos y acusaciones de Brian potenciaban la ansiedad y la desesperación de Katie, y su tendencia a suplicarle su apoyo lo hacían sentir todavía más impotente y fuera de control.

¿Por qué no podía hacerla feliz? ¿Por qué no conseguía que la relación funcionara? ¿Cuál era su problema? No, él no podía ser tan débil ni tan inútil, no podía ser tan mal novio ni un fracasado. El problema no podía ser su falta de poder, él era un hombre fuerte. Por consiguiente, seguramente era ella la que tenía un problema. Su propia desesperación e inseguridad impulsaron a Brian a aumentar sus ataques y acusaciones, y se empeñó todavía más en que Katie aceptara que él tenía razón y que era un hombre fuerte. Debía demostrar que ella estaba equivocada y tenía algún problema. De ese modo la relación avanzó hasta la tercera fase de la luz de gas.

Podrías desencadenar una escalada de la luz de gas al...

- ... anticiparte al insulto.

   «Lo sé, soy una estúpida».

   «Por favor, discúlpame, a veces soy muy egocéntrica».

   «No puedo creer lo egoísta que he sido».

- ... humillarte.

   «Aunque esté hecha un lío, todavía me amas, ¿verdad?».

   «Es que me siento tan sola, cielo... ¿Te das cuenta de cuánto te necesito?».

   «No pretendía hacerte daño. ¿Sigues enfadado?».

- ... dar por sentado que te tratará mal.

   «Ahora no vayas a perder de nuevo los estribos».

   «Por favor, no te pongas celoso, no hay ningún motivo para que lo estés».

   «Sé que piensas que soy una estúpida, pero no puedo evitarlo, ¿vale?».

Katie se horrorizó al darse cuenta de que sus propias respuestas habían ayudado a potenciar la ansiedad de Brian y a que fuera todavía más posesivo. Aunque pensó que no debía culparse por lo que él hacía, reconoció que sus reacciones eran parte de la dinámica que habían creado juntos. «Quería pensar que él me consideraba una buena persona —me comentó cierto día en la consulta—. Pero ahora estoy empezando a pensar que con mi actitud únicamente potencié lo peor de él, y al mismo tiempo él consiguió que yo sacara lo peor de mí».

Como hemos visto a lo largo del libro, por lo general la luz de gas implica la participación de dos personas que tienen una tolerancia muy baja a los desacuerdos. Él necesita tener razón y tú necesitas que él te apruebe. Él no puede soportar que no veas el mundo a su manera, y tú no puedes tolerar que tenga una mala opinión de ti. Ambos ponéis una gran carga emocional en la relación que tiende a perpetuar el tango luz de gas. A continuación presento algunas preguntas que deberías formularte mientras decides si podéis modificar juntos la dinámica de la relación.

¿Cuento con personas que me apoyan? Ya hemos visto que la luz de gas pone a prueba tu capacidad para distinguir la verdad de la distorsión de la realidad. Es muy difícil enfrentarse a un maltratador si no tenemos personas que nos apoyen (amigos, seres queridos, un terapeuta) y nos ayuden a mantener nuestro sentido de realidad para comprender qué es lo que está sucediendo exactamente. He aquí una pregunta asociada a esta cuestión: ¿puedo hablar con total sinceridad al menos con una persona (sea un terapeuta, una pareja, un amigo o un hermano) sobre la relación que mantengo con el maltratador para que me diga claramente qué es lo que está ocurriendo?

Katie: No me siento a gusto hablando con mis amigos de este tema, pero al menos tengo un terapeuta en quien confío.

Liz: Sí, claro que tengo personas que me apoyan: mi marido, mis amigos, mi terapeuta. Sin embargo, se están empezando a cansar de oírme hablar todo el tiempo de mis problemas en el trabajo.

Sondra: Sí, conozco muchas personas que se merecen toda mi confianza, pero no siempre quiero escuchar lo que tienen que decirme. Sin embargo, sé que siempre van a ser francas conmigo.

¿Soy lo suficientemente disciplinada como para mantener los límites que he impuesto? Ya he mencionado que no puedes controlar la conducta del manipulador, aunque sí puedes controlar tus propias respuestas. Si te comprometes seriamente a modificar esta dinámica implantada en tu relación, debes mantener los límites que has marcado, independientemente de que a veces no te sientas a gusto al hacerlo.

Supongamos que le has dicho: «Cariño, estoy cansada de que llegues tarde y de discutir contigo. La próxima vez que te demores más de veinte minutos, simplemente me marcharé». Hasta ahora todo va bien. Has puesto límites, has hablado claramente y has defendido tu posición. Ahora viene la parte difícil: has reservado mesa en tu restaurante favorito y has esperado esa noche con ilusión... pero él llega veinte minutos tarde. ¿Tienes la fuerza necesaria para marcharte? ¿Y qué sucederá la próxima vez? ¿Y la siguiente? ¿Y la otra? Si no tienes esa fuerza (y nadie podría culparte por ello), quizás no seas capaz de introducir cambios en la relación y permanezcas en ella.

Katie: Puedo hacerlo. Pero no estoy segura de querer hacerlo.

Liz: Eso queda descartado. Si le pusiera ese tipo de límites a mi jefe, simplemente me despediría. De hecho, a veces pienso que me está provocando para que suceda justamente eso.

Sondra: Lo he estado haciendo y me ha funcionado. No ha sido nada fácil pero definitivamente ha merecido la pena.

¿Tengo disciplina y energía suficiente para decir «basta»?

Vamos a suponer que le has dicho al maltratador que no te gusta que te grite. Y además le comunicas que la próxima vez que te hable a gritos, simplemente vas a colgar el teléfono o marcharte de la habitación, independientemente de cuáles sean las circunstancias.

Aplicas esta táctica varias veces cuando tenéis una pelea en privado, y funciona perfectamente bien. Tú te marchas, él se calma, se acaban los gritos y seguís adelante como si no hubiera sucedido nada. Algunas veces incluso se disculpa y tú te sientes maravillosamente bien. ¡Las cosas finalmente están empezando a cambiar!

Pero un buen día te grita durante una cena en la que están presentes varios miembros de tu familia y de la suya. ¿En esta ocasión también te marchas? ¿Y qué sucede cuando te grita una noche cuando ya es muy tarde y lo único que quieres en ese momento es dormir en tu propia cama? ¿Te vas a dormir al sofá del salón, o quizás a un motel? ¿Y si ocurre lo mismo por la mañana cuando te estás preparando para ir al trabajo? ¿No preferirías simplemente esperar a que deje de gritar y no armar mucho escándalo aunque sea por esta sola vez?

Ahora puedes ver cuáles son los problemas que pueden surgir. Este tipo de cambio necesita un esfuerzo profundo y concentrado; no todo el mundo tiene la fuerza suficiente para llevarlo a cabo, en particular si hay otros compromisos que requieren nuestra atención. ¿Estás dispuesta a invertir energía y trabajo para salvar tu relación sabiendo que existe la posibilidad de que no te compense? ¿O te parece más sensato dejar que tu pareja se marche para poder tener una nueva relación con alguien que no tenga ninguna intención de practicar la luz de gas?

Katie:	Soy disciplinada, pero no estoy segura de tener suficiente energía para hacerlo.
Liz:	Una vez más, queda descartado. No puedo asumir esta actitud porque el maltratador es mi jefe. Si no hago lo que él quiere, sencillamente me despedirá.
Sondra:	Después de ocuparme de mi trabajo y de los niños todo el día, es cuando menos *difícil* que disponga de energía para cambiar el proceso. Esta es la parte que menos me gusta. ¡Francamente, la aborrezco! Sin embargo, estoy decidida a hacerlo para salvar mi matrimonio.

¿Estoy dispuesta a hacer sacrificios? A veces por buscar soluciones para modificar la relación con un maltratador desaprovechas algunas situaciones, como pueden ser una cena romántica, una reunión familiar o una noche tranquila en casa. Quizás sientas que estás renunciando a demasiadas cosas que hacían que tu relación mereciera la pena, y que los esfuerzos que estás haciendo ahora para salvarla en realidad la están destruyendo.

Al defender firmemente tu posición puede parecer que eres la mala de la película, la que no tiene sentido del humor o la que tiene mal genio, poca tolerancia a las bromas o a los errores. ¿Estás preparada para renunciar a la buena opinión que algunas personas parecen tener de ti mientras te juzgan por ser intolerante o rígida?

Katie: *Puedo* hacerlo, aunque estoy empezando a pensar que *en realidad* no me apetece hacerlo.

Liz: Voy a explicar de qué manera esto puede aplicarse a mi caso: ¿estoy dispuesta a sacrificar este puesto en mi empresa, un puesto por el que he trabajado mucho, con el fin de acabar con la luz de gas? ¿Renunciaré a este trabajo maravilloso porque este tío tan desagradable me está amargando la vida? Empiezo a pensar que tal vez *deba* hacerlo, pero *será* un verdadero sacrificio.

Sondra: Vale, quizás sea *esta* la parte que menos me gusta. Sin embargo, puedo hacerlo si es necesario; y sigo creyendo que vale la pena salvar este matrimonio.

Nuevamente les pedí a Katie, Liz y Sondra que se formularan la gran pregunta: *¿Estoy dispuesta a hacer el trabajo necesario para cambiar la dinámica de nuestra relación?*

Katie: Ahora sé lo que eso implica, y no estoy muy convencida de que deba hacer todo ese trabajo y todos esos sacrificios. Yo creía que era capaz de hacer *cualquier cosa* por Brian... pero si se requiere tanto esfuerzo, ya no estoy tan segura...

Liz: Lo que yo haga no tiene ninguna importancia. Esta relación no va a cambiar.

Sondra: Creo que tenemos una buena oportunidad de salvar nuestro matrimonio. Por supuesto que estoy deseando hacer todo lo que sea necesario.

Objetivamente, si doy lo mejor de mí, ¿estaré satisfecha con nuestra relación?

Esta es la pregunta que realmente te permitirá saber qué es lo que deseas hacer. ¿Te merece la pena considerar objetivamente quién eres, quién es tú maltratador y qué es lo que tienes que hacer para modificar la dinámica de la relación? ¿Te compensará invertir todo ese esfuerzo? ¿O tal vez sea mejor simplemente dar por terminada la relación porque tendrás que trabajar mucho para obtener pocos resultados?

Mientras reflexionas sobre esa pregunta, ¿cuál es tu reacción inmediata? ¿Puedes oír una voz interior que te dice: «Quédate» o «márchate»? Consulta con tus auxiliares de vuelo. ¿Les parece bien la respuesta que acabas de pensar? Y cuando te planteas seguir adelante con la relación, ¿tu estómago se encoge a modo de protesta? ¿Tus amigos enarcan las cejas o sacuden la cabeza mientras miran hacia otro lado? Cuando te imaginas abandonando la relación, ¿te sientes aterrorizada o con menos ansiedad? ¿Ves a tus amigos horrorizados o aliviados? Posiblemente tardes un poco en comprender la respuesta de tus auxiliares de vuelo, pero si estás atenta a ellos y escuchas lo que tienen que decirte, te aseguro que no te decepcionarán.

Algunos auxiliares de vuelo que pueden detectar el peligro

- Sensaciones frecuentes de confusión o perplejidad.
- Pesadillas o sueños inquietos.
- Una incapacidad preocupante de recordar detalles de la situación que has vivido con la persona que te hace luz de gas.
- Indicadores físicos: angustia alojada en la boca del estómago, opresión en el pecho, dolor de garganta, trastornos intestinales.
- Una sensación de miedo o un estado de alerta exagerado cuando el maltratador llama por teléfono o llega a casa.
- Un esfuerzo desmedido por convencerte, o convencer a tus amigos, de que tienes una buena relación con el maltratador.
- La sensación de que estás tolerando que te traten de una forma que compromete tu integridad.
- Amigos o familiares dignos de confianza que te expresan frecuentemente su preocupación.
- Evitar a tus amigos o negarte a conversar con ellos de tu relación sentimental.
- Has perdido la alegría de vivir.

Si todavía ignoras la respuesta, puedes tomarte más tiempo. Analiza la pregunta detenidamente, observa qué es lo que te sugiere. Quizás te despiertes una mañana sabiendo qué es lo que tienes que hacer o te descubras hablando con alguien sobre tu relación como si ya hubieras tomado una decisión. Aunque también puede ser que necesites ponerte un plazo para poder pensarlo con más calma.

Motivos que mis pacientes han aducido para permanecer en la relación caracterizada por la luz de gas

- «La verdad es que me gustan las conversaciones que mantengo con mi pareja».
- «Si hay algún modo de que esta relación funcione, debo intentarlo por el bien de mis hijos».
- «No había advertido hasta qué punto yo estaba contribuyendo con el problema. Veremos qué sucede cuando cambie mi conducta».
- «Tenemos una larga historia juntos».
- «Estoy deseando visitar a mi madre con menos frecuencia, pero no me gustaría dejar de verla definitivamente».
- «Quiero que mis hijos se relacionen con sus familiares, y estoy dispuesta a soportar cualquier situación desagradable para que así sea».
- «Es probable que este trabajo sea conveniente para mí dos años más. Luego tendré que buscar otro».
- «Creo que todavía tengo mucho que aprender en este trabajo, de manera que voy a apretar los dientes y encontrar la forma de solucionar los problemas».

Motivos que mis pacientes han aducido para dar por terminada la relación caracterizada por la luz de gas

- «No me apetece estar en una relación de la que no puedo sentirme orgullosa ni cómoda al hablar con otras personas de cómo me trata mi pareja».

- «Se supone que una relación afectiva te enriquece y te alegra la vida, y a mí me pasa exactamente lo contrario. Aunque yo haya sido responsable de esta situación, estoy cansada de ella».
- «No quiero que mis hijos crezcan pensando que un matrimonio es esto».
- «Creo que mis amigos ya no me reconocen».
- «Pensar en él me produce ansiedad».
- «No me gusta que me insulten, eso es todo».
- «Estoy cansada de sentirme fatal constantemente».
- «Sencillamente, no quiero seguir sintiéndome así nunca más».
- «He llorado toda la noche. Ya está bien».
- «Estoy harta de estar todo el tiempo obsesionada por nuestra relación; ¡al parecer no puedo pensar en nada más!».

Si todavía no has decidido qué vas a hacer, te daré una sugerencia final. Vuelve a leer el ejercicio de la página 227 que lleva por título «¿A quién dejas entrar en tu vida?». Practica este ejercicio por segunda vez y luego pregúntate: ¿dejarías entrar a tu maltratador? Si tu corazón se ilumina al pensar en eso, seguramente quieres mantener la relación. Si tu corazón parece acongojado o tu estómago se contrae, es probable que prefieras renunciar a ella. Y si aun así todavía no eres capaz de decidirte, considera la posibilidad de separarte provisionalmente. Estar un tiempo distanciados puede contribuir a que ambos os aclaréis.

A continuación muestro cómo Katie, Liz y Sondra respondieron la pregunta *Objetivamente, si doy lo mejor de mí ¿estaré satisfecha con nuestra relación?*

Katie: No estoy segura. Empiezo a pensar que la respuesta es no. Sé que nuestra relación podría mejorar, de hecho él ya ha mejorado un poco. No obstante, quizás Brian y yo actuamos de un modo que nos hace sacar lo peor de nosotros mismos. Tal vez deba dejar pasar algunas cosas. Voy a tenerlo en cuenta durante varias semanas para ver qué es lo que siento.

Liz: No puedo *soportar* la idea de dejar este trabajo. Me desespera pensar que debo renunciar a todo aquello por lo que he trabajado tanto. Aunque al mismo tiempo soy consciente de que la relación con mi jefe difícilmente pueda mejorar. Y no puedo seguir viviendo así, el problema está afectando a toda mi vida. Me encantaría lograr que las cosas funcionaran, pero no puedo hacerlo.

Sondra: Creo que Peter y yo tenemos una oportunidad real de salvar nuestro matrimonio. Si hay alguna forma de mantener a la familia unida, evidentemente voy a seguir trabajando para intentar cambiar las cosas. Es agotador, pero al menos obtengo recompensas por mis esfuerzos. Sí, creo que en definitiva estaré muy contenta de tener una relación más sana y satisfactoria.

Ahora que ya has decidido si vas a mantener la relación o renunciar a ella, tienes un nuevo reto: conseguir que la luz de gas no vuelva a entrar en tu vida. Más allá de que estés tratando de modificar la relación, poner límites o marcharte, tienes mucho trabajo por delante. En el capítulo ocho te ayudaré a realizarlo.

Cómo mantener la luz de gas fuera de tu vida

Ahora ya has comprendido de qué forma has participado en el tango luz de gas y has encontrado nuevas formas de evitarlo. Has aprendido cómo apagar el gas y probablemente ya lo hayas puesto en práctica varias veces. Has tomado la decisión de mantener la relación con el maltratador para intentar modificarla, de imponer límites claros o de marcharte.

¿Y AHORA QUÉ?

El primer paso es definir cuál es tu objetivo. ¿Estás intentando efectuar cambios para suprimir la luz de gas con la esperanza de poder conservar el nivel actual de intimidad que hay entre tú y tu pareja, o quizás incluso estar más unidos? ¿Estás tratando de acotar la intimidad en tu matrimonio para evitar participar en la luz de gas? ¿O has decidido dar por terminada la relación? Cada una de estas opciones requiere una mentalidad y una serie de medidas diferentes.

Si has decidido permanecer en una relación marcada por la luz de gas con la intención de modificarla

Esta puede ser la más difícil de todas las alternativas, especialmente si la luz de gas se instaló hace mucho tiempo. Tú y el maltratador habéis establecido una dinámica de intercambios emocionales intensos y debéis comprometeros a realizar un arduo trabajo si de verdad queréis arreglar la relación. Para ello, debes adquirir las siguientes cualidades:

Comprometerte. Recuerda que la única forma de modificar la dinámica de la luz de gas es que *tú* la cambies. Como es evidente, tus propios cambios no son suficientes. El maltratador también tiene que estar dispuesto a comportarse de un modo diferente. Si tú no modificas tu conducta, será prácticamente imposible que él cambie la suya.

Ser consciente. El único modo de actuar de forma diferente en una relación donde existe la luz de gas es estar constantemente conectada con tus propios sentimientos y reacciones. No estoy sugiriendo que te dejes llevar por tus emociones. En algunos momentos nos damos cuenta de que nuestra ansiedad, tristeza, rabia o soledad son «meras sensaciones» que no reflejan la realidad de nuestra vida; y también hay otros momentos en los que la esperanza, el entusiasmo y el romanticismo pueden no responder a lo que realmente está sucediendo en nuestra relación afectiva. Sin embargo, cuando una emoción es persistente, es importante tomar conciencia de lo que significa. Esto es particularmente importante cuando coexisten dos emociones intensas que son opuestas (esperanza y desesperación, alegría y tristeza, ansiedad y alivio). Nuestra tendencia, especialmente en las relaciones a las que no estamos dispuestos a renunciar, es a prestar atención a los aspectos positivos e ignorar los negativos. No obstante, para erradicar la luz de gas de tu vida es necesario que seas consciente de ambos.

Ser honesta. Hay ocasiones en las que somos conscientes de un problema mientras lo estamos sobrellevando, pero en cuanto la situación parece aclararse simplemente nos olvidamos de él. En algunos casos esto podría ser una buena receta para la serenidad y la alegría, pero si estás intentando mantener la luz de gas fuera de tu vida, quizás sea mejor que prestes mucha atención a lo que está sucediendo. Te sugiero que escribas en un diario todo lo que ocurre a lo largo de un mes. Cada noche apunta algunas palabras o una frase que resuma lo que has vivido ese día, concentrándote en los momentos en que se haya desencadenado la luz de gas. Al final del mes copia esas palabras o frases en un gráfico de tres columnas: «Positivo», «Negativo» y «Neutral». ¿Cuál de ellas es más larga? ¿Qué revela el gráfico sobre la tendencia general del mes? Siendo sincera contigo misma, ¿qué conclusiones puedes sacar sobre tu progreso (o falta de progreso) en el intento de cambiar la relación y a ti misma?

Ser disciplinada. La dinámica de la luz de gas se filtra hacia niveles muy profundos de la relación y ejerce una influencia muy poderosa sobre las dos personas. Si tienes una relación de este tipo, en particular si ya dura más de varias semanas, te aseguro que puede haber muchas ocasiones en las que tú y tu pareja os sintáis tentados de volver a los viejos hábitos. Probablemente no seréis capaces de evitar todas esas tentaciones; eso sería sobrehumano. Necesitarás mucha firmeza contigo misma y deberás comprometerte a aprovechar cualquier oportunidad para comportarte de otra forma. (Y, como vimos en el capítulo siete, si esto te parece demasiado difícil, siempre tienes la opción de abandonar esa relación en la que te sientes maltratada para poder tener otra más sana en el futuro).

Asumir la responsabilidad. Voy a hablar muy claro: *no pretendo* decir que seas responsable de la conducta del maltratador, ni siquiera del resultado de la relación. De hecho, uno de los problemas de las relaciones caracterizadas por la luz de gas es que las dos partes a menudo coinciden en pensar que la víctima es responsable de todo lo que sucede. Si llega tres horas tarde, tú eres la responsable por ser «demasiado rígida». Si no quiere decirte cuánto ha gastado en una compra familiar, tú eres la responsable por ser demasiado «exigente y desconfiada». Si te llena de regalos que no te gustan ni necesitas, tú eres la responsable por ser «poco espontánea y nada receptiva». No te estoy sugiriendo que mantengas ese patrón de conducta, sino todo lo contrario. Asume la responsabilidad de tu participación en el maltrato, y si no estás satisfecha con el rumbo que han tomado las cosas, decide qué es lo que quieres hacer. Si llega tarde, contempla la posibilidad de no esperarlo. Si no quiere decirte cuánto ha gastado, puedes retirar tu propio dinero de la cuenta bancaria conjunta. Si te hace regalos que no te gustan, devuélveselos o cámbialos en la tienda. No intentes modificar su comportamiento pero tampoco lo aceptes pasivamente. Y si su manera de proceder no te gusta, acepta que la relación no te hace feliz y toma una decisión al respecto.

Ser compasiva. Este punto se refiere a la actitud que asumes no solo con el maltratador sino también contigo misma. Ambos seguramente vais a cometer errores y a tener conductas inadecuadas al menos en algún momento. No tienes por qué soportar un maltrato indefinido, y si el maltratador persiste en su conducta, puedes recordarle que él también está sufriendo con la situación, incluso quizás más que tú. Después de todo, lo más probable es que haya crecido en un hogar donde él mismo fue maltratado y no encontró la forma de evitarlo. Por eso ahora no puede comprender cómo es posible que tengas la fuerza para decir no. También puedes ser compasiva contigo misma y concederte permiso para ser una persona vulnerable, dependiente y con defectos. Tu compasión puede no tener una incidencia definitiva sobre la decisión básica de marcharte o quedarte, pero seguramente va a producir algún cambio. Y no solo en la relación que tienes con el maltratador sino también en tu propia persona.

Si estás intentando poner límites en una relación marcada por la luz de gas

Pese a ser consciente de que la luz de gas no va a acabar, por momentos te sientes obligada a mantener la relación. Los vínculos afectivos con jefes, colegas, parientes, viejos amigos y también con un marido del que no te quieres divorciar caen dentro de esta categoría. Es posible que hayas comprendido que cuando las relaciones son más distantes están exentas de la luz de gas, pero en cuanto se tornan más íntimas inevitablemente surge el maltrato. Si quieres permanecer en la relación imponiendo determinados límites, deberías adquirir algunas cualidades:

Ser analítica. Elabora una lista de todas las situaciones en las que es más probable que se produzca la luz de gas: escenas familiares, un rato de intimidad con el maltratador, el balance de fin de año, etc. Apunta una lista de temas, y quizás también de horas del día, semanas o años que ponen en marcha la luz de gas. Identifica los aspectos de la relación que es imprescindible evitar, o en caso de no poder hacerlo, de los que debes defenderte.

Ser específica. Analiza la situación para definir qué es lo que quieres suprimir de la relación y qué tipo de trato crees que sería más conveniente para ti. ¿Deseas simplemente pasar menos tiempo con el maltratador? ¿Quieres evitar los encuentros íntimos y mantener los más superficiales? ¿Te apetece restringir determinados tipos de conversaciones (por ejemplo, no permitir que tu jefe saque a relucir temas personales o evitar prolongadas discusiones con una amiga)? ¿Preferirías ver a esa persona únicamente en presencia de otras personas, o solamente cara a cara? ¿En las reuniones familiares suele suceder que al aparecer determinados individuos se desencadenan viejos patrones de comunicación? ¿Quieres evitar ver al maltratador en esas circunstancias? Cuando tienes una relación conflictiva con una persona difícil, a veces es muy útil contar con alguien de confianza que te sirva de apoyo. ¿Sería positivo para ti? Reflexiona detenidamente sobre qué es lo que podría contribuir a que tus límites sean efectivos.

Ser creativa. Cuando hablo con mis pacientes sobre la necesidad de establecer nuevos límites, me explican con insistencia los motivos por los cuales algunas tácticas sencillamente no van a funcionar. Si les sugiero alguna alternativa, algo que a ellos no se les ha ocurrido, me miran con sorpresa como si hubiera sacado un conejo de la chistera. Resulta sorprendente la facilidad con que nuestra mente se queda atascada en la rutina. Si tu madre siempre prepara comida que no puedes tomar y no sabes cómo resolver esta situación, quizá sería útil encontrarte con ella en un museo en lugar de ir a su casa. Si tu amiga insiste en sacar a relucir asuntos dolorosos de los que no te apetece hablar, puede ser conveniente invitarla a salir de compras regalándole un cheque-regalo para pasar un «día ligero», y además puedes reservar otros para utilizarlos en ocasiones en las que necesites que te animen en lugar de cuestionarte. Antes de pensar que algo es imposible, intenta buscar una forma creativa de abordar el problema en lugar de afrontarlo directamente.

Ser amable y firme. Quería unir estas dos cualidades porque quienes tenemos dificultades para establecer límites tendemos a pensar que son opuestas, cuando en realidad constituyen las dos caras de la misma moneda. Cuando estamos a la defensiva, nos sentimos culpables, o no tenemos el coraje de imponer ciertos límites, tendemos a exagerar y sobrevalorar lo que nos sucede y tal vez a veces nos olvidamos de ser amables debido a nuestra imperiosa necesidad de ser escuchadas. Pero cuando tenemos claro cuáles son los límites, es mucho más fácil y efectivo plantearlo con delicadeza. Y en el caso de que no te sientas cómoda en esas circunstancias, esta es una de esas ocasiones en las que es conveniente «fingir hasta que lo consigas». Recuerda que tienes derecho a poner cualquier condición que te haga sentir mejor y, una vez que estés segura de que no vas a rendirte, debes mantenerla de la forma más serena y amable posible.

Tener fuerza de voluntad. Recuerda que eres tú la que quiere que se produzca un cambio; el maltratador posiblemente preferiría mantener las cosas tal como están, al menos inicialmente. Esto significa que debes invertir más energía en asegurarte de conseguir lo que aspiras, a sabiendas de que puedes encontrar oposición.

Ser disciplinada. A veces quizás te resulte difícil defender tu postura, especialmente si el maltratador opone resistencia; pero si no le transmites un mensaje enérgico y constante sobre los límites que quieres establecer, con toda seguridad la relación volverá al estado anterior en cuestión de semanas. Si estás marcando límites con el propósito de preservar la relación, es especialmente importante que mantengas la disciplina (y el compromiso); de lo contrario, te arriesgas a que la relación se deteriore hasta un punto en el que ya no serás capaz de permanecer en ella.

Ser compasiva. Como ya es habitual, te invito a que te muestres compasiva con el maltratador y también contigo misma. Ninguno de los dos habéis elegido estar en una situación difícil pero de un modo u otro habéis llegado a ella. Ambos estáis sufriendo y seguramente cometeréis errores. Aunque sigas adelante con las duras decisiones que necesitas tomar, intenta visualizar la situación de forma compasiva.

Si estás intentando retirarte de una relación en la que impera la luz de gas

Tal vez hayas decidido que la única forma de evitar la luz de gas en tu relación sea concluirla. O a lo mejor sientes que el maltratador ha socavado tanto lo que sentías por él que ya no tienes ningún interés en seguir a su lado. Si lo que quieres es terminar con esa relación, debes adquirir las siguientes cualidades:

Enfocarte en el presente. Dejar una relación siempre es doloroso, aun en el caso de que ya no nos haga feliz. Existe una fuerte tentación de proyectar ese sufrimiento hacia el futuro. ¡Nuestra infelicidad es tan real, tan agobiante y está tan presente que no podemos imaginar que algún día volveremos a sentirnos de otro modo! Si tenemos varios antecedentes de relaciones amorosas conflictivas, incluso podemos tener una mayor certeza de que no puede llegar nada bueno a nuestra vida. Y si hemos invertido mucha energía en nuestro maltratador, es posible que pensemos únicamente en todo lo que hemos perdido. Quizás necesites experimentar todos esos sentimientos dolorosos, pero no hay ninguna necesidad de que los proyectes hacia el futuro. Es *ahora* cuando te sientes desdichada, eso es todo lo que sabes. El futuro es tan misterioso y sigue estando tan lleno de posibilidades como siempre lo ha estado. Vive en el presente, en el ahora, y deja que el futuro transcurra por sí mismo.

Aceptar ayudas. No trates de hacerlo sola. Recurre a tus amigos, a tus seres queridos, a tu familia. Consulta con un terapeuta. Asiste a una clase de yoga. Comienza a meditar. Haz algo que te dé un poco de serenidad, te permita comprender lo que estás viviendo y te ayude a conectarte contigo misma. Nuestra cultura tiende a valorar excesivamente el esfuerzo, la capacidad de aguante y el hecho de salir adelante sin pedir ayuda. Yo no soy de la misma opinión. Creo que aceptar ayuda en épocas de dificultades realmente nos hace más fuertes. Comprometerse con el proceso de abandonar una relación caracterizada por la luz de gas es una tarea muy difícil, y te doy la enhorabuena por haberlo logrado. Felicítate tú también, y luego pide ayuda.

Ser paciente. Ahora que estás llevando a cabo un cambio tan importante en tu vida personal, profesional o familiar, seguramente quieres que todo se solucione con rapidez. Quizás esperes que se produzcan grandes mejoras en tus relaciones afectivas o en tu carrera. Tal vez tengas enormes expectativas de cambiar y convertirte en una persona que ya nunca permitirá que nadie le haga luz de gas. Te aseguro que al hacer estos pequeños cambios ya has dado un paso inmenso. No obstante, puedes estar segura de que las cosas no suceden de la noche la mañana, y si lo hacen traen aparejados nuevos desafíos. Por lo tanto, respira profundamente (considera la posibilidad de asistir a una clase de yoga) y ten paciencia. Has tardado toda una vida en llegar hasta aquí, concédete un poco más de tiempo para completar el proceso que acabas de iniciar.

Ser compasiva. Sé muy bien que esta sugerencia ha sido el broche final de todas las listas que he elaborado. La razón es que es una cualidad fundamental, independientemente del paso que decidas dar. Ser compasiva con el maltratador, y más aún con tu propia persona, puede ser muy curativo. No debes ser cruel, mezquina, despreciativa ni implacable contigo misma sino aceptar que lo has hecho lo mejor posible.

VUELVE A FORMULAR TUS RESPUESTAS

Ahora que ya has tomado una decisión con respecto a las relaciones caracterizadas por la luz de gas, ¿cómo puedes estar segura de que no vas a recaer en ellas? La clave para mantener la luz de gas fuera de tu vida es que tu autoestima no dependa de la aprobación de otra persona. Si existe una pequeña parte de ti que espera que alguien apruebe tu conducta para sentirte más a gusto contigo misma, fomentar tu autoconfianza o tu sentido de identidad, eso indicaría que eres una víctima a la espera de alguien que te haga luz de gas. Por tanto, es crucial que desarrolles un sentido de identidad claro y fuerte y una sólida sensación de competencia para no recaer en este tipo de relaciones.

A continuación incluyo otras sugerencias para aplicar a largo plazo con el fin de mantener la luz de gas alejada de tu vida:

- Escucha tu voz interior (dedica tiempo a soñar despierta, andar, reflexionar).
- Escribe en un diario.
- Sigue hablando con tus amigos de confianza.
- Si te sientes tentada a formar parte de una relación marcada por la luz de gas, piensa lo que te diría un mentor o una persona que sea un modelo para ti.
- Pregúntate: «¿Este hombre le caerá bien a mi hija/hermana/madre?».
- Habla contigo en términos positivos. Reconoce honestamente todo lo que hay de bueno y admirable en ti.
- Conecta con tu parte espiritual. Dedica tiempo a la oración, la meditación o simplemente busca momentos de silencio para volver a conectar con tu ser más profundo.
- Recuerda tus valores, la forma en que crees que deben tratarse las personas.
- Comparte momentos con gente que fortalezca tu alma.
- Convéncete de que «NO» es una oración completa y utilízala con más frecuencia.
- Practica alguna actividad física para fortalecer tu cuerpo.
- Apúntate a un cursillo de asertividad o un taller de liderazgo personal donde puedas desarrollar tu habilidad para comunicarte positivamente con los demás y aprender a negociar y a defenderte.

- Haz únicamente lo que te apetezca. Debes aprender a decir no; así sentirás la fuerza de tus convicciones.

- Utiliza los ejercicios que presento en este libro para fortalecer y aclarar tu mente, tus emociones y tu alma. Y te invito particularmente a que aproveches la imagen de la hermosa casa rodeada por una valla, cuya puerta solo tú puedes abrir (ver la página 227). Practica el ejercicio para dejar entrar exclusivamente a las personas adecuadas cuando sientas que tu determinación por alcanzar tu objetivo se está debilitando. Recuerda que tienes *pleno* control sobre quién entra en tu «casa», y no dejes pasar a ninguna persona que no te parezca conveniente. Prométete a ti misma que en esa casa no tendrás ni una sola conversación que pueda hacerte daño.

PENSAR EN EL FUTURO

Mientras piensas en un futuro sin luz de gas deberías hacer un cambio más que te ayudará a erradicar de tu vida este tipo de maltrato de forma definitiva. Deberías analizar más detalladamente todos los aspectos de la luz de gas que te han resultado atrayentes y preguntarte por qué te parecieron tan fascinantes.

Según mi experiencia personal, tanto en mis propias relaciones caracterizadas por la luz de gas como en las que he observado en mis pacientes, amigas y colegas, es frecuente que este tipo de maltrato ejerza una poderosa atracción. A menudo sentimos que esta clase de relaciones nos ofrecen la promesa de algo más emocionante, glamuroso y especial que otras interacciones; la misma dificultad que plantea la relación forma parte de su encanto.

Piensa por un momento en la película *Luz de gas*. Paula, el personaje que interpreta Ingrid Bergman, se enamoró profundamente de Gregory porque creyó que podría ofrecerle lo que había estado buscando toda su vida, que ciertamente había sido muy difícil. Huérfana desde muy joven, la había criado una tía a la que adoraba.

Su tía fue asesinada cuando Paula todavía era una niña, un suceso que la traumatizó profundamente. Al perder a la última persona que se había ocupado de ella, tuvo que abandonar el hogar de su infancia para estudiar en un país extranjero con un idioma diferente. Ella anhelaba tener una relación que pudiera reemplazar a los cuidadores que había perdido y sentía una profunda necesidad de que Gregory no solamente la amara sino también la salvara.

Creo que muchas de nosotras llegamos a establecer relaciones (ya sea por amor, por amistad, por motivos laborales o familiares) basadas no solamente en el amor actual sino también en un deseo adicional de reparar el pasado. Al parecer tenemos la sensación de que nos ha faltado esa clase de cuidado, comprensión y afecto que de alguna manera nos promete el maltratador. Cualquier alimento sabe mejor cuando estás realmente hambriento, y nuestra «hambre» de conectar con otra persona consigue que el maltratador parezca nuestro salvador. Él es el único que puede hacernos sentir completas, rescatarnos de la soledad y asegurarnos que hay alguien que nos comprende de verdad. O quizás sea la única persona que puede ayudarnos a demostrar que somos mujeres competentes o amigas entrañables, la única que puede ofrecernos la certeza de que le importamos a alguien o que somos buenas personas. El maltratador parece poder proporcionarnos todo aquello a lo que aspiramos y conseguir que los buenos momentos (o incluso las promesas de buenos momentos) sean más especiales que cualquier otra cosa en el mundo. Y también podemos sentir que nosotras somos capaces de hacer lo mismo por él.

Mientras consideramos la posibilidad de abandonar la relación en la que impera la luz de gas con la intención de erradicarla por completo de nuestras vidas, solemos añorar esos momentos tan especiales y nos preguntamos si volveremos a disfrutar de ellos alguna vez. Nos planteamos si nuestro próximo amor será tan atractivo sexualmente como el actual, o si también nos parecerá un alma gemela. Cavilamos sobre si nuestra próxima amiga «lo será para toda la vida». Nos preguntamos si volveremos a tener un trabajo que nos haga sentir que somos competentes, triunfadoras y glamurosas. Y al dejar de relacionarnos con alguno de nuestros familiares (aunque sigamos manteniendo algún tipo de contacto), pensamos en si habrá otra persona que pueda ofrecernos la seguridad y el amor incondicional que siempre hemos esperado de ella y que quizás en algunos momentos realmente tuvimos.

La respuesta a todas esas preguntas puede ser un «no». Cuando dejamos de relacionarnos con los demás basándonos en nuestra «hambre», podemos llegar a sentir que las relaciones ya no son tan especiales ni tan satisfactorias. El alivio que nos produce el hecho de haber «saciado el hambre» probablemente sea mayor que el simple placer de comer algo delicioso. La emoción de vivir siempre dispuesta a entrar en combate, de afrontar una situación de vida o muerte, definitivamente es más profunda que la emoción normal de empezar un nuevo día. Si nos sentimos atraídos por poner nuestras vidas en riesgo, si nos relacionamos con gente impredecible, si consideramos que nuestras relaciones personales y profesionales son oportunidades para compensar injusticias pasadas, ninguna vida sencilla con personas amables y trabajos agradables puede considerarse tan intensa, tan especial ni tan extraordinaria.

Por consiguiente, mientras miras al futuro y decides mantener la luz de gas fuera de tu vida, debes tener en cuenta si realmente quieres dejar atrás esa emoción adicional que te provocan las situaciones de emergencia y esa profunda añoranza; de lo contrario quizás nuevamente te sientas atraída por una persona que te someterá a la luz de gas. No obstante, también es probable que seas capaz de resistirte por el hecho de haber vivido ya una situación semejante que te ha servido para conocerte un poco mejor. Pero si tienes claro que ya has tenido suficientes ejemplos de este tipo en tu vida, seguramente aceptarás que aunque tus relaciones futuras no sean tan intensas ni excitantes, las satisfacciones serán probablemente mayores y más duraderas.

Esto no es algo que debas decidir de inmediato; incluso puede ser que no tomes una decisión consciente. Sin embargo, creo que es fundamental para mantener la luz de gas fuera de tu vida a largo plazo, y deberías tenerlo en cuenta al elegir nuevas relaciones y nuevos retos profesionales.

MANTENER LAS COSAS EN PERSPECTIVA

Si ya has conseguido ponerle límites a una relación marcada por la luz de gas, modificarla o abandonarla, es probable que ahora sientas temor de enamorarte de otra persona o de tener una nueva amistad, jefe o colega. Acaso pienses: «Cuando surge un problema, ¿cómo puedo saber si es únicamente "algo que suele ocurrir" o una señal de alarma que indica la presencia de la luz de gas?».

Todas las relaciones tienen sus momentos buenos y sus momentos malos, etapas en las que no nos sentimos escuchadas y otras en las que nos sentimos despreciadas, ignoradas o incluso rechazadas. Pretender encontrar la combinación perfecta de amor y comprensión forma parte de todo lo que nos impulsó a mantener relaciones en las que imperaba la luz de gas. De modo que ¿cómo podemos diferenciar las imperfecciones normales de las deficiencias graves?

Tengo dos sugerencias para todas las mujeres que están preocupadas por esta cuestión.

En primer lugar, analiza tu relación a lo largo del tiempo. *En general,* ¿te sientes escuchada, querida y fuerte? *En general,* ¿te sientes satisfecha porque recibes lo que esperas? Un incidente aislado puede no ser significativo en el panorama general. ¿Dirías que en tu relación existe un patrón constante de desconsideración y desdén, o por el contrario te sientes cuidada y respetada?

En segundo lugar, mira hacia tu interior y consulta con tus auxiliares de vuelo. Cuando piensas en tu relación, ¿te sientes alegre y satisfecha? ¿O te sientes nerviosa, temerosa e insegura? ¿Tienes altibajos (el glamour de estar enamorada junto con la agonía de sentirte maltratada)? ¿O aunque haya algunos aspectos de tu pareja/amiga/jefe que te disgustan, así como también su forma de tratarte, tienes la agradable sensación de que te reconocen y te aprecian?

Algunos auxiliares de vuelo que pueden detectar el peligro

- Sensaciones frecuentes de confusión o perplejidad.
- Pesadillas o sueños inquietos.
- Una incapacidad preocupante de recordar detalles de la situación que has vivido con la persona que te hace luz de gas.
- Indicadores físicos: angustia alojada en la boca del estómago, opresión en el pecho, dolor de garganta, trastornos intestinales.
- Una sensación de miedo o un estado de alerta exagerado cuando el maltratador llama por teléfono o llega a casa.
- Un esfuerzo desmedido por convencerte, o convencer a tus amigos, de que tienes una buena relación con el maltratador.
- La sensación de que estás tolerando que te traten de una forma que compromete tu integridad.
- Amigos o familiares dignos de confianza que te expresan frecuentemente su preocupación.
- Evitar a tus amigos o negarte a conversar con ellos de tu relación sentimental.
- Has perdido la alegría de vivir.

Yo diría que si tienes una sensación constante de que la persona que está a tu lado no te trata con consideración ni tampoco se interesa por lo que para ti es importante, debes actuar en consonancia con lo que sientes y apartarte de ella. Incluso en el caso de que simplemente «estés un poco neurótica» (y aunque la relación sea teóricamente buena y el problema resida en que eres demasiado ansiosa, crítica o exigente), tu mejor apuesta puede ser retirarte de una situación que no te hace feliz, y luego ocuparte de solucionar todo lo que te impedía mantener una relación sana. Tergiversar tu visión de la realidad convenciéndote de que *deberías* estar sintiendo algo diferente no es una buena idea. Aunque el problema resida en ti, es preferible que te dediques a resolverlo en lugar de evitar hacerte cargo de lo que sientes.

Vivir con plenitud

Para mantener la luz de gas fuera de tu vida es importante estar atenta a tu forma de actuar en tu vida en general. ¿Estás constantemente preocupada por la última pelea que tuviste con tu novio, tu madre o tu jefe? ¿O estás centrada en la vida que deseas tener, una vida plena, gratificante y alegre? La luz de gas requiere una ingente cantidad de energía mental, emocional y espiritual. Comprometernos a utilizar esa energía para cumplir los objetivos y los sueños que son realmente importantes para nosotras puede ayudarnos a mantener alejada la luz de gas.

NUEVAS POSIBILIDADES

Mi paciente Mariana, a quien su amiga Sue le hacía luz de gas, trabajó mucho para reconsiderar las normas de esa relación. Después de haberse apartado de Sue durante un mes, retomó la amistad determinada a relacionarse con ella de un modo diferente.

Mariana había decidido que cuando Sue pretendiera iniciar una larga y penosa discusión, se limitaría a decir algo semejante a: «Ya he escuchado tus preocupaciones y no veo la necesidad de seguir hablando de ellas». En el caso de que se sintiera incómoda por no estar de acuerdo con Sue, u observara que no la escuchaba o no entendía sus razones, se obligaría a tomar distancia otra vez en lugar de esperar que Sue calmara sus temores. Y si Mariana hacía algo que pudiera disgustar a su amiga, simplemente se desentendería del asunto y analizaría su propia conducta, valoraría sus propias opiniones y se disculparía si fuera necesario. No iba a permitir que Sue volviera a juzgarla, ni tampoco esperaría que la absolviera de toda culpa.

Para sorpresa de Mariana, las dos mujeres comenzaron a disfrutar mucho más de su amistad. Aunque había momentos en los que ambas parecían tentadas a volver a los viejos hábitos, Mariana no olvidó su cometido de evitar el tango luz de gas, y la mayoría de las veces lo consiguió. Su recompensa fue el restablecimiento de una larga amistad que era muy importante para las dos, a pesar de que en los últimos tiempos la relación se había deteriorado e implicaba un gran coste de energía.

También para Sondra fue muy positivo arreglar la relación con su marido. Ella y Peter comenzaron a estar juntos más tiempo y a disfrutar de su mutua compañía, en lugar de dedicarse exclusivamente a sus obligaciones. Sondra descubrió que ambos se sentían muy aliviados después de haber acordado que Peter no pasaría tanto tiempo con la familia de Sondra, con la que por alguna razón no terminaba de sentirse cómodo. Esta decisión favoreció que también pasara menos tiempo con su propia familia. Y el resultado fue que estaba más tranquilo y se lo veía más feliz. Sondra advirtió que la madre de Peter probablemente lo había sometido a la luz de gas tal como él había hecho con ella. Por esta razón, limitar los vínculos familiares fue muy positivo para los dos.

Sondra también tuvo que aprender a cambiar su propia conducta. Tenía que dejar de desahogarse con Peter de la ansiedad que le provocaban sus hijos, ya que en esas ocasiones él entendía que le estaba echando en cara que no era un buen padre. También debía encontrar más tiempo para sí misma y descubrir motivos de alegría y placer fuera del ámbito familiar: dar largos paseos por el campo sola o en compañía de Peter, apuntarse a una clase de yoga, salir a tomar café con sus amigas, etc. Tener más personas en las cuales apoyarse le sirvió para no participar en la luz de gas con Peter que, a su vez, dejó paulatinamente de practicarla. Aunque ambos tienen aún mucho trabajo por delante, en la actualidad Sondra se siente muy optimista respecto de su matrimonio. ¡Y ya no tiene la sensación de «estar anestesiada»!

Katie no fue tan afortunada. Cuando empezó a analizar más detenidamente su relación con su novio, comprobó que ambos realmente provocaban que el otro sacara lo peor de sí mismo. Las actitudes agresivas y negativas de Brian eran la causa de que Katie estuviera a la defensiva, sintiera ansiedad y fuera dependiente. Y las sensaciones de Katie fomentaban las inseguridades y las frustraciones de Brian. Katie llegó a pensar que jamás conseguirían tener una relación armoniosa y feliz y que siempre estarían atrapados en el tango luz de gas por la sencilla razón de que los dos se provocaban mutuamente. Se dio cuenta de que si seguía a su lado jamás lograría una felicidad duradera, mientras que si se alejaba de él tendría al menos la oportunidad de encontrarla.

Katie tardó bastante tiempo en encontrar un nuevo amor después de separarse de Brian. En gran parte debido a que quería asegurarse de que realmente había conseguido modificar su conducta con los hombres y en sus relaciones amorosas. Tomó conciencia de que a lo largo de su vida había elegido reiteradamente hombres complicados que la habían considerado como la única mujer que podía comprenderlos. El hecho de que la necesitaran y le dijeran que era una persona especial había sido siempre un motivo de alegría para ella; sin embargo, ahora comprendía que el precio que había pagado por esa clase de intimidad había sido enamorarse de hombres que sufrían ansiedad y que se sentían aislados, que la habían amado de forma posesiva y a menudo la habían maltratado. Katie se había sentido muy importante al pensar que era la única persona en el mundo que podía comprenderlos, pero esa dinámica amorosa había supuesto una gran presión para ella.

—Cuando triunfaba, estaba en la cima del mundo —me dijo Katie—. Pero cuando fracasaba, me sentía la peor persona sobre la Tierra. *¿Por qué* no conseguí hacer feliz a ese hombre? Él dependía de mí y yo le fallé. ¿Cómo puedo ser tan horrible? Todos esos hombres eran desdichados, era evidente que tenía que fracasar. Había buenas razones por las que nunca nadie había logrado que fueran felices. Creo que me gustaba pensar que podía tener éxito allí donde otros habían fracasado; pero lo que de verdad no me gustaba era fallarme siempre a mí misma.

Finalmente Katie encontró a un hombre con el que mantuvo una relación que según sus propias palabras era «menos intensa y menos cercana a tener un alma gemela» pero en definitiva mucho más gratificante. «No tengo que pensar todo el tiempo en Will —me dijo—. Sin embargo, de alguna manera es como si echara de menos algunas cosas, como si añorara la sensación de estar enamorada, ya sabes, ese estado en el cual solo piensas en él y en todo lo que va a pasar a su lado. Algunas veces tengo la sensación de estar perdiéndome algo, aunque la mayor parte del tiempo estoy muy contenta».

Liz también decidió poner fin a la relación de luz de gas que sufría en su trabajo. Para ella el cambio fue extremadamente doloroso, porque renunciar al puesto tan importante por el que había trabajado tanto hizo que se cuestionara toda su carrera. Aunque racionalmente comprendía que su jefe era un manipulador que lo único que había conseguido era una simple victoria en una contienda profesional, tenía una gran sensación de fracaso que afectaba a su autoestima. «¿Para qué me empeñé en esforzarme tanto?», no dejaba de preguntarme. Y también: «¿Por qué *no fui capaz* de conseguir que las cosas funcionaran?».

Tras varios meses de angustia Liz comenzó paulatinamente a reconocer que su trabajo en la agencia de publicidad no había sido lo más conveniente para ella en muchos aspectos. Empezó a pensar que quizás se había esforzado tanto por conseguir logros profesionales porque el trabajo en sí mismo no le parecía muy gratificante. Cuanto más insatisfecha se sentía, más trabajaba, como si estuviera empeñada en que su vida laboral le ofreciera alegrías que nunca llegaron. Sentirse desplazada por su último jefe fue la gota que colmaba el vaso, el insulto final en una larga serie de frustraciones y decepciones.

Liz todavía intenta descubrir qué es lo que desea hacer. Liberada de la presión que le suponía mejorar la relación con su jefe, una tarea totalmente imposible, ahora tenía el espacio emocional necesario para mirar a su alrededor y encontrar un trabajo que se ajustara mejor a su verdadero talento, a sus valores y a sus intereses. «No tengo la menor idea de lo que voy a hacer —me comentó recientemente—, pero, sea lo que sea, estoy entusiasmada».

En cuanto a Mitchell, decidió finalmente restringir las visitas a su madre sin apartarla por completo de su vida. Solo iba a verla en compañía de su novia o de un amigo, para contar con un apoyo moral cuando ella se dedicara a subestimarlo. Dejó de ir a cenar a la casa de sus padres todas las semanas, pero los visitaba al menos una vez al mes. Aún sigue luchando con la tristeza y la rabia que siente por el estado de la relación con sus padres.

La buena noticia es que los demás aspectos de su vida comenzaron a prosperar en cuanto tomó esa decisión. La relación con su novia fue afianzándose a medida que empezó a hablar por sí mismo y a estar emocionalmente más presente, y por primera vez en su vida se sintió seguro en una relación ajena a su familia. Hizo nuevas amistades y confió en esas personas como nunca antes lo había hecho. Al actuar de forma más asertiva también se sintió más seguro de sí mismo en la universidad. Sus profesores lo respetaban más y uno de ellos se convirtió en su mentor y le ofreció nuevas oportunidades profesionales. Aunque la relación de Mitchell con su madre sigue siendo conflictiva y poco gratificante, haber apagado el gas le permitió disfrutar de otras satisfacciones.

Tú también tienes la oportunidad de mantener la luz de gas fuera de tu vida y salir en busca de un nuevo futuro. Tienes la oportunidad de arreglar las relaciones que te causan insatisfacción, o abandonarlas y elegir otras que potencien tu identidad, vitalidad y alegría. Tienes la oportunidad de fortalecerte y ser una persona más sólida para marcar el rumbo de tu vida de acuerdo con tus propios valores. Y lo más importante, tienes la oportunidad de descubrir lo que realmente deseas en tu trabajo, en tu vida familiar, en tus relaciones y contigo misma.

Liberada del efecto luz de gas, puedes tomar mejores decisiones y elegir opciones que sean adecuadas para ti. Te deseo fortaleza de espíritu y toda la suerte del mundo en este viaje que marcará una nueva etapa en tu vida.

Conoce tus emociones

ELABORA UN «VOCABULARIO DE SENTIMIENTOS»

La luz de gas suele provocar que se repriman los sentimientos, e incluso que no se tenga la menor conciencia de ellos. La cuestión es que si no sabes cómo te sientes pierdes una fuente esencial de energía que puede ayudarte a defenderte y también a dejar claro, tanto frente al maltratador como ante ti misma, cómo quieres que te traten. Conocer tus sentimientos te facilitará conectar con la energía que necesitas para mejorar la relación caracterizada por la luz de gas o para tomar la decisión de marcharte.

El primer paso para saber qué es lo que sientes es tener palabras para expresarlo. Un vocabulario de sentimientos puede ayudarte a conectar con tus emociones. Con la ayuda de estas palabras estarás preparada para comunicarle al maltratador qué es lo que sientes y deseas.

Abandonada	Creativa	Inquieta
Aburrida	Crítica	Insatisfecha
Afligida	Culpable	Insegura
Agitada	Curiosa	Intimidada
Agobiada	Dependiente	Mal
Agotada	Deprimida	Nerviosa
Agradecida	Desanimada	Optimista
Aislada	Desesperada	Paranoica
Aliviada	Determinada	Pasmada
Ambivalente	Eficiente	Perezosa
Amenazada	Enamorada	Preocupada
Ansiosa	Encantadora	Rechazada
Apreciada	Enfadada	Sola
Avergonzada	Entusiasmada	Temerosa
Bien	Eufórica	Tensa
Cansada	Excitada	Tímida
Cariñosa	Feliz	Tonta
Celosa	Frustrada	Triste
Cómoda	Genial	Vencida
Confiada	Hostil	Violenta
Conmocionada	Incompetente	Vital
Conmovida	Incomprendida	Vulnerable
Contenta	Independicntc	

RECUPERAR TU VOZ

Tus sentimientos son la fuente principal de energía para defenderte y dejarle claro al maltratador cómo quieres que te traten. Sin embargo, es difícil saber lo que estás sintiendo si no puedes expresarlo en palabras, ni siquiera ante ti misma. Prueba el siguiente ejercicio, que te ayudará a conectar con tus sentimientos y desarrollar tu capacidad para comunicarlos. En cuanto hayas encontrado tu voz serás capaz de enfrentarte al maltratador con una fuerza y una claridad renovadas que pueden servirte para transformar tu relación o empoderarte para darla por terminada si eso es lo que prefieres.

Primer paso

Echa un vistazo a las siguientes afirmaciones. ¿Alguna de ellas describe cómo te sientes?

- «No sé cómo me siento».
- «No siento nada, como si estuviera anestesiada».
- «No sé qué quiero».
- «No sé qué es lo que me podría ayudar».
- «Me siento un poco rara».
- «Me siento desganada».
- «Estoy muy desanimada y no sé por qué».
- «Ya no me apetece tener sexo».
- «Ya no me apetece seguir casada».
- «Mi trabajo no es muy gratificante».
- «Me siento fuera de lugar».
- «Estoy constantemente enfadada».
- «Todo parece sacarme de quicio».
- «Sencillamente no estoy pasando un buen momento».
- «Estoy deprimida».

Segundo paso

Escoge la afirmación con la que más te has identificado. Escríbela en una página aparte. Y luego elige una de las siguientes frases:

- Me siento así porque _____

  _____

- Comencé a sentirme de este modo cuando _____

  _____

Este sentimiento persiste porque _____

_____

- Si no me sintiera de este modo _____

_____

- Lo que podría modificar este sentimiento o eliminarlo es

_____

- Lo que más deseo ahora mismo es _____

_____

Tercer paso

Copia la frase que has elegido debajo de la afirmación con la que te has identificado. Luego pon en marcha un temporizador durante cinco minutos y oblígate a escribir sin detenerte hasta que acabe el tiempo. Puedes comenzar completando la oración o apuntando lo que te venga a la mente. Pero no dejes de escribir. Si no se te ocurre nada, limítate a escribir la frase elegida, o alguna otra, y repítela una y otra vez. Antes o después surgirá algo nuevo.

Si observas que estás repitiendo siempre las mismas frases, vuelve a hacer el ejercicio al día siguiente, y luego al otro, y así todos los días hasta que descubras que estás escribiendo algo nuevo. (Puedes escoger una afirmación o una frase diferentes cada vez que realizas el ejercicio). Darte cuenta de lo que sientes y poder comunicarlo con claridad te ayudará a desarrollar conductas sanas y positivas que te harán sentir mejor contigo misma.

DIBUJA TUS SENTIMIENTOS

Así como poder hablar de lo que sientes te ayuda a conectar con tus sentimientos y con la energía necesaria para defenderte, también es muy útil comunicarlos de diferentes maneras. Si te sientes más cómoda dibujando que hablando, prueba el siguiente ejercicio, que te ayudará a aclarar lo que sientes y pasar a la acción para apagar el gas.

Primer paso

En una página en blanco escribe el título «Mi punto de vista». Debajo de ese título haz un dibujo que exprese qué es lo que sientes en relación con tu situación actual o con un problema en particular que hayas tenido con quien practica la luz de gas contigo. En otra página en blanco escribe «Su punto de vista» y haz un dibujo similar que represente la situación desde la perspectiva del maltratador.

Segundo paso

A veces es importante darte un poco de tiempo para conectar con tus sentimientos y tomar conciencia de cómo te afectan. De manera que aparta olvídate de las dos páginas durante veinticuatro horas, y cuando vuelvas a ellas para mirarlas por segunda vez, apunta en una tercera hoja cualquier pensamiento o sentimiento que te suscite lo que has escrito. Tal vez esta nueva perspectiva te ayude a descubrir una solución imprevista para pasar a la acción y defenderte.

Visualiza tu relación

E ste ejercicio te ayudará a comprender mejor tu relación para que tengas una idea más clara de las decisiones que deseas tomar al respecto. Si visualizas exactamente qué es lo que está sucediendo, podrás decidir si quieres mantener la relación, abandonarla o empezar a dar los pasos necesarios para apagar el gas. Sin embargo, para tomar esas decisiones tienes que ser consciente de lo que sientes y para ello será muy útil que visualices tu relación actual.

Si efectivamente existen problemas, lo que puede ayudarte a definir la gravedad de dichos conflictos es visualizar cómo era la relación en el pasado. Si solía ser buena pero ya no lo es, tienes que pensar sobre si la perspectiva de recuperar los aspectos positivos y modificar los negativos es un enfoque realista. Si descubres que la relación nunca ha sido muy gratificante, que te enfadabas con frecuencia y te sentías sola, puedes plantearte si verdaderamente es sensato esperar que mejore.

Visualizar cómo será la relación en el futuro te ayudará a sintonizar con lo que de verdad sientes y piensas sobre las posibilidades que tiene de mejorar. ¿Existen opciones reales de modificarla, o ni siquiera puedes imaginar que podrías ser feliz si permaneces en ella? Hacerte esta pregunta, y visualizar cómo será el futuro si te retiras de esta relación caracterizada por la luz de gas, facilitará que tomes por fin la decisión de quedarte o marcharte. Si ese futuro te parece más ilusionante que la otra alternativa, quizás haya llegado la hora de partir.

Y por último, valorar tu relación puede ayudarte a decidir qué es lo que quieres hacer. Tal vez la disyuntiva esté entre quedarte o marcharte. O a lo mejor te gustaría intentar apagar el gas. O quizás prefieras esperar un tiempo determinado antes de decidir cuál será el próximo paso. Cualquiera que sea tu elección, valorar el estado de la relación puede ser muy útil para tomar la decisión que sea más conveniente para ti.

VISUALIZA TU RELACIÓN ACTUAL

Cierra los ojos y visualiza cómo es tu relación actual con el maltratador. ¿Qué imágenes vienen a tu mente? ¿Qué emociones te embargan? ¿Cómo te ves a ti misma? ¿Cómo ves al maltratador? No censures ni juzgues las imágenes y los pensamientos que surjan en tu mente, ni tampoco tus sentimientos. Limítate a observarlos y déjate llevar.

Cuando hayas acabado, abre los ojos y completa cada una de las siguientes oraciones. Escribe lo que te apetezca, el texto puede ser breve o extenso. Si lo prefieres, puedes dibujar o crear una imagen que represente la respuesta.

- Lo que más me gusta de la persona que me hace luz de gas es _____

_____

- Lo que menos me gusta de la persona que me hace luz de gas es _____

- Las cualidades que valoro de la persona que me hace luz de gas son _____

- Las cualidades que valoro de mí misma cuando estoy con la persona que me hace luz de gas son _____

- Cuando me siento frustrada con la persona que me hace luz de gas, me gustaría poder cambiar _____

- Cuando nos veo juntos, me quedo muy sorprendida por _

- Mis auxiliares de vuelo me dicen _____

- A medida que escribo estas respuestas siento que _____

- Ahora mismo, mi cuerpo siente _____

VISUALIZA CÓMO ERA TU RELACIÓN EN EL PASADO

Ahora cierra los ojos y piensa en cómo era tu relación con el maltratador en el pasado. ¿Qué imágenes vienen a tu mente? ¿Qué emociones te embargan? ¿Cómo te ves a ti misma? ¿Cómo ves al maltratador? Nuevamente te recomiendo que no censures ni juzgues las imágenes y los pensamientos que surjan en tu mente ni los sentimientos que te embarguen. Limítate a observarlos y déjate llevar.

Cuando hayas terminado, abre los ojos y completa cada una de las siguientes oraciones:

- Lo que más me gusta de nuestra relación pasada es _____
  _____

- Lo que menos me gusta de nuestra relación pasada es ____
  _____

- Lo que me gustaría recuperar de aquella época es _____
  _____

- Lo que no me gustaría repetir jamás es _____
  _____

- Cuando pienso en cómo era entonces mi maltratador, veo
  una persona que _____
  _____

- Cuando me veo a mí misma en aquella época, veo una persona que _____
  _____

- Al visualizarnos juntos, veo una pareja (dos amigas, un grupo de colegas, una madre y una hija, etc.) que _____
  _____

- Mis auxiliares de vuelo me dicen _____
  _____

- Mientras escribo estas respuestas siento que _____
  _____

- Ahora mismo, mi cuerpo siente _____
  _____

VISUALIZA LA RELACIÓN EN EL FUTURO

Una vez más cierra los ojos y abre la mente. Imagina un futuro posible de la relación con tu maltratador. Visualízate a su lado el próximo mes, el próximo año y dentro de cinco años. ¿Qué imágenes vienen a tu mente? ¿Qué emociones te embargan? ¿Te apetece seguir relacionándote con la persona que practica la luz de gas contigo, sea tu pareja, un amigo, tu jefe, un colega o un miembro de tu familia? Y lo más importante, ¿eres tú la persona con quien más te apetece estar? ¿Sientes que estás en camino de alcanzar tu máximo potencial, cumplir tus sueños y disfrutar la vida con alegría? ¿Te imaginas un futuro lleno de posibilidades y entusiasmo, o te sientes atemorizada, ansiosa o arrepentida? Una vez más, no censures ni juzgues las imágenes y los pensamientos que surjan en tu mente, ni tus sentimientos. Limítate a observarlos y déjate llevar.

Cuando hayas acabado, abre los ojos y completa cada una de las siguientes oraciones:

- Lo que más me gusta del futuro que imagino es _____
  _____

- Lo que me preocupa del futuro que imagino es _____
  _____

- La persona que quiero ser es alguien que _____
  _____

- Mi relación futura me ayudará a convertirme en esa persona
  si _____
  _____

- Mi relación futura puede impedirme ser esa persona si ___
  _____

- Mis auxiliares de vuelo me dicen _____
  _____

- Mientras escribo estas respuestas siento que _____
  _____

- Ahora mismo, mi cuerpo siente _____
  _____

VISUALIZA TU FUTURO SIN LA RELACIÓN CARACTERIZADA POR LA LUZ DE GAS

Por última vez, cierra los ojos y deja que tu mente divague, en esta ocasión en torno a una posible relación futura con una persona que no sea el maltratador. Visualízate en esa relación (o en una versión mucho más limitada) dentro de un mes, un año y cinco años. ¿Qué imágenes acuden a tu mente? ¿Qué emociones te embargan? ¿Quiénes son las personas importantes en tu vida? ¿Cuáles son las actividades que te preocupan? ¿Cómo te sientes? ¿Qué es lo que haces? Y lo más importante, ¿eres la persona con la que más te apetece estar? Sin censurarte ni juzgarte, autorízate a imaginar un futuro posible tras haber renunciado a la relación caracterizada por la luz de gas que actualmente tienes.

Cuando hayas terminado, abre los ojos y completa cada una de las siguientes oraciones:

- Lo que más me gusta del futuro que imagino es _____
  _____

- Lo que me preocupa del futuro que imagino es _____
  _____

- La persona que quiero ser es alguien que _____
  _____

- Haber abandonado la relación marcada por la luz de gas (o haber pasado a una versión mucho más limitada) me ayudará a convertirme en esa persona si _____
  _____

- Haber abandonado la relación marcada por la luz de gas me impedirá convertirme en esa persona si _____
  _____

- Mis auxiliares de vuelo me dicen _____
  _____

- Mientras escribo estas respuestas siento que _____
  _____

- Ahora mismo, mi cuerpo siente _____
  _____

EVALÚA TU RELACIÓN

Ahora que ya has valorado cómo era esa relación caracterizada por la luz de gas en el pasado, en el presente y en el futuro, vamos a analizar cómo está funcionando en el presente y cómo imaginas que será en el futuro. De manera que toma un papel y completa las siguientes afirmaciones. Recuerda que puedes escribir lo que te apetezca y que el texto puede ser breve o extenso.

- Cuando me imagino describiendo lo que está sucediendo en mi relación a mis auxiliares de vuelo (mis guías más fiables), me escucho diciendo _____

  _____

- Cuando imagino a mis auxiliares de vuelo observando mi relación, lo que ellos ven es _____

  _____

- Me estoy imaginando a una niña, una hermana menor o algún otro niño al que me siento unida, y lo que visualizo es a esa niña convertida en una mujer adulta en una relación amorosa con las mismas características que la mía. Cuando imagino esto, me siento _____

  _____

- Creo que desde que estoy sufriendo la luz de gas, me he vuelto más _____

  _____

- Creo que desde que estoy sufriendo la luz de gas, me he vuelto menos _____

  _____

- Cuando pienso en lo mucho que me ha afectado esta relación, me siento _____

  _____

Ahora toma una nueva hoja de papel y dibuja una línea que la divida por la mitad. En la columna de la izquierda escribe «Me gustaría mantener esta relación porque...». En la columna de la derecha escribe «Me gustaría dar por terminada esta relación porque...». Completa ambas columnas. Si lo deseas, puedes volver a esta parte del ejercicio en los próximos días, a medida que se te ocurran más pros y contras.

Para finalizar, cuando ya hayas terminado con el resto de los pasos toma una última hoja de papel y escribe en la parte superior «¿Quiero seguir en esta relación o prefiero retirarme de ella?». Rellena el espacio que resta en la página como te apetezca; puede ser con palabras, imágenes, oraciones o símbolos. Aunque también puedes dejar el espacio en blanco y simplemente dedicarte a analizar la pregunta durante unos instantes. Tómate el tiempo que necesites para reflexionar hasta que surja una respuesta que te parezca apropiada.

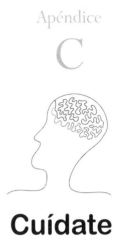

Cuídate

UNA DIETA ANTIESTRÉS Y ANTIDEPRESIÓN

Las personas que luchan por liberarse de relaciones en las que son sometidas a la luz de gas suelen sufrir estrés o depresión. Mientras tratas de descubrir qué es lo que está sucediendo y qué puedes hacer al respecto, es muy importante que te cuides. Consulta con un nutricionista o prueba la siguiente dieta antiestrés y antidepresión, que probablemente te ayudará a pensar con más claridad y sentirte más empoderada.

- Ingiere tres comidas y dos tentempiés al día. Los bajos niveles de azúcar en sangre pueden hacerte sentir confusa y desesperanzada, de manera que mantén tu ánimo alto comiendo algo cada tres horas. Asegúrate de que cada comida y tentempié contengan una pequeña cantidad de proteína

339

de alta calidad: carne magra, pescado, huevos, productos lácteos bajos en grasa o tofu.

- Consume una buena cantidad de cereales integrales, legumbres, productos lácteos bajos en grasa, fruta fresca y verduras. Los cereales, las legumbres y los productos lácteos ayudan a tu cerebro a producir serotonina y otras hormonas vitales que combaten la depresión y potencian la autoestima y el empoderamiento. La fruta fresca y las hortalizas proporcionan vitaminas y minerales esenciales que el cerebro necesita para pensar con claridad.

- Consume una cantidad suficiente de grasas omega 3, que están presentes en el pescado y el lino. Los estudios han demostrado que este tipo de grasas desempeñan una función vital para combatir la depresión. Ayudan a producir hormonas que potencian la autoestima, la esperanza y la sensación de empoderamiento.

Para tener más información sobre la dieta, sugiero la lectura de *The Chemistry of Joy* [La química de la felicidad], de Henry Emmons, doctor en medicina, con Rachel Kranz, y *Potatoes, Not Prozac* [Patatas, no prozac], de Kathleen desMaisons.

SUPLEMENTOS PARA EL ESTRÉS Y LA DEPRESIÓN

Los siguientes suplementos pueden conseguir que tu cerebro genere las sustancias químicas y hormonas que necesita para gestionar el estrés, soportar la depresión y pensar con claridad:

- Una dosis diaria de un complejo vitamínico B que contenga al menos:
  - » 10 a 15 mg de B_6
  - » 400 mcg de ácido fólico
  - » 20 a 100 mcg de B_{12}

- 1.000 a 3.000 mg diarios de aceite de pescado
- 120 a 250 mg de vitamina C, dos veces al día
- 400 mg diarios de vitamina E, con la comida
- 25.000 UI diarias de beta-caroteno, en un suplemento de carotenoides combinados
- 200 mcg diarios de selenio

Si no estás tomando antidepresivos, puedes añadir 50 mg de 5-HTP* cada noche. Este suplemento promueve la producción de serotonina, una hormona que ayuda a dormir, contribuye a aumentar la autoestima y calma la ansiedad. Si no observas ningún efecto secundario durante varios días, puedes incrementar la dosis a 150 mg por noche o tomar de 50 a 100 mg tres veces al día.

Advertencia: no debes tomar 5-HTP si te han recetado antidepresivos, y tampoco debes dejar de tomarlos para consumir 5-HTP. Si estás recibiendo un tratamiento farmacológico para la depresión, debes informar a tu médico antes de tomarlo.

Para tener más información sobre los suplementos, sugiero nuevamente la lectura de *The Chemistry of Joy* y *Potatoes, Not Prozac*.

DORMIR PARA IMPULSAR EL EMPODERAMIENTO Y LEVANTAR EL ÁNIMO

Dormir es importante, y muy especialmente cuando estás atravesando por una temporada muy estresante. En esos momentos necesitas todos los recursos que estén a tu alcance para combatir la luz de gas, de manera que asegúrate de dormir al menos ocho horas cada noche. Si tienes problemas para conciliar el sueño

---

* N. de la T.: el 5-HTP se utiliza en el tratamiento de los trastornos del sueño, la depresión, las migrañas y los dolores de cabeza tensionales, la fibromialgia, el síndrome premenstrual, el trastorno disfórico premenstrual y el trastorno por déficit de atención e hiperactividad.

o para dormir sin interrupciones, intenta crear una rutina relajante antes de irte a la cama. Evita la cafeína y otros estimulantes, incluso a primera hora de la mañana, y el alcohol. Toma un tentempié sano y rico en carbohidratos (leche, frutas, frutos secos, pan integral o arroz integral) una hora antes de irte a dormir y considera la posibilidad de tomar algún medicamento natural como la valeriana o la melatonina.

En general, la mayoría de los occidentales suelen dormir por la noche una hora menos de lo que necesitan. Mejorar tus hábitos de sueño puede ser una enorme ayuda para adquirir la fuerza precisa para aclarar tu mente y tomar decisiones. Si duermes más de diez u once horas diarias, deberías intentar reducir tus horas de sueño a ocho o nueve. En algunos casos, dormir más de lo necesario alimenta la depresión y potencia la sensación de pereza y laxitud.

EJERCICIO PARA EMPODERARTE Y LEVANTAR EL ÁNIMO

Este ejercicio te aportará enormes beneficios porque ayuda a liberar tensiones, producir hormonas saludables, mejorar el sueño y aumentar la sensación de autoempoderamiento y autoestima. Trata de practicar un ejercicio aeróbico suave (como puede ser una caminata rápida) un mínimo de quince minutos diarios. Si es posible, aumenta hasta treinta minutos diarios, cinco días a la semana; pero si este objetivo te resulta inalcanzable, puedes adaptarlo a tu disponibilidad. Incluso un pequeño paseo de cinco minutos diarios puede mejorar tu estado físico, emocional y mental. Y si ya practicas ejercicio de forma regular, ¡mucho mejor! Es un paso muy positivo para favorecer tu química cerebral, tu equilibrio emocional y tu sentido de identidad.

CICLOS HORMONALES Y ANTIDEPRESIVOS

Nuestros cuerpos y nuestra química cerebral tienen una gran influencia en cómo nos sentimos, por eso te aconsejo prestar atención a la dieta, al ejercicio, al sueño y a otros aspectos físicos que afectan a tu estado de ánimo. También puedes prestar atención a la manera en que las hormonas inciden en tu estado mental y emocional. Algunas mujeres tienen reacciones intensas en la fase premenstrual o durante la ovulación; en esos momentos puedes sentirte más desesperada que de costumbre por cambiar la situación en la que estás inmersa o tener un deseo más apremiante de llevar a cabo un cambio. Según cuál sea la fase de tu ciclo menstrual, quizás observes que cambias de opinión en relación con lo que quieres hacer, y que también cambia la energía que tienes para ponerte en movimiento. Muchas mujeres suelen experimentar sentimientos intensos debido a las fluctuaciones hormonales de la perimenopausia y la menopausia.

Si tienes la sensación de que un desequilibrio hormonal puede ser la causa de que no veas con claridad tu situación, deberías consultar con un médico alopático o naturista. La medicina convencional suele recetar tratamientos de terapia hormonal sustitutiva u otro tipo de suplementos. Un naturópata, un nutricionista o un fitoterapeuta (incluyendo muchos profesionales que utilizan la acupuntura y especialistas en medicina china y ayurvédica) pueden recomendar productos naturales para equilibrar las hormonas. (La hierba de *pau d'arco*,* disponible en cápsulas y comprimidos, aunque también se puede tomar en infusión, es una de las más potentes. Tengo amigos que confían plenamente en ella).

Si consideras que tu cerebro está un poco disperso y tus emociones descontroladas, quizás lo ideal sería hablar con un médico de familia o un psiquiatra para que te recete antidepresivos. Estos fármacos deben tomarse siempre en combinación con una dieta saludable para el cerebro y una rutina de ejercicios físicos, tal como

---

* N. de la T.: árbol nativo de América del Sur que puede alcanzar cuarenta y cinco metros de altura y dos de diámetro. Las propiedades medicinales se encuentran en la parte interna de la corteza. Conocido popularmente como lapacho o pau d´arco (*Tabebuia adenophylla*), es utilizado por la etnomedicina desde hace siglos por sus propiedades antiinflamatorias, antivirales y antibacterianas.

acabo de describir. Los antidepresivos deben tomarse bajo prescripción médica y nunca se los debe considerar como una solución a largo plazo. Sin embargo, a corto plazo pueden ayudarte a ver la vida desde una perspectiva más empoderada y optimista. Los antidepresivos más comunes (inhibidores selectivos de recaptación de serotonina, entre los que se encuentran Celexa, Luvox, Paxil, Zoloft y Prozac) en muchos casos han demostrado potenciar la autoestima, en especial entre quienes sufren depresiones crónicas.

Recursos

Recursos para el maltrato emocional y familiar en Estados Unidos

Day One ('Primer día')
DayOneServices.org
Crisis: 1-866-223-1111
Email: safety@dayoneservices.org

Love Is Respect ('El amor es respeto')
LoveIsRespect.org
1-866-331-9474; TTY: 1-866-331-8453
Texto: «Loveis» a 22522

NAMI: National Alliance on Mental Illness
('Alianza Nacional de Enfermedades Mentales')
NotAlone.nami.org
1-800-950-6264
TEXTO: 741741

National Domestic Violence Hotline
('Línea nacional de ayuda para violencia doméstica')
Ndvh.org
1-800-799-SAFE (7233); 1-800-787-3224

Safe Horizon ('Horizonte Seguro')
SafeHorizon.org
1-800-621-HOPE (4673)

State Coalition List –The National Coalition Against Domestic Violence ('Coalición Nacional Contra Violencia Doméstica')
Ncadv.org/State-Coalitions

Women's Law Initiative
('Iniciativa del derecho de las mujeres')
WomensLaw.org
1-800-799-SAFE (7233); 1-800-787-3224 (TTY)

Fomentar el liderazgo de las niñas y las mujeres adultas
Fearlessly Girl ('Niña sin temor')
FearlesslyGirl.com
Organización reconocida a nivel internacional en contra del acoso a niñas

Girls Leadership Institute ('Instituto de Liderazgo para Niñas')
GirlsLeadership.org
Teléfono: (866) 744-9102

Global Women's Leadership Network Gwln.org ('Red Global de Liderazgo para Mujeres')
Dedicada a acelerar de un modo radical el empoderamiento de mujeres excepcionales a través del desarrollo del liderazgo y de una comprometida red global.

Live Your Dream ('Vive tu sueño')
LiveYourDream.org
Un movimiento dedicado a garantizar que todas las mujeres y niñas tengan la oportunidad de alcanzar su pleno potencial, liberarse de la violencia y vivir sus sueños.

The Woodhull Institute for Ethical Leadership ('Instituto Woodhull para el Liderazgo Ético')
Teléfono: (646) 495-6060; Fax: (646) 495-6059

National Organization for Women (NOW) ('Organización Nacional para Mujeres')
Now.org
Organización dedicada a lograr la igualdad total para las mujeres a través de la educación y de acciones judiciales.

She Heroes ('Heroínas')
SheHeroes.org
Esta organización empodera a mujeres jóvenes de diferentes ámbitos para que sueñen, analicen sus intereses y reivindiquen con pasión ocupaciones que tradicionalmente han desempeñado.

Aprende y empodérate a través del aprendizaje social y emocional

6 Seconds Emotional Intelligence ('Inteligencia Emocional 6 segundos')
Network6Seconds.org
Teléfono: (831) 763-1800

The Collaborative for Academic, Social, and Emotional Learning ('Colaboración para el Aprendizaje Académico, Social y Emocional')
Casel.org
Teléfono: (312) 226-3770; Fax: 226-3777

Daniel Goleman, autor de *Inteligencia Emocional*
DanielGoleman.info

The Consortium for Research on Emotional Intelligence in Organizations ('Consorcio para la Investigación de la Inteligencia Emocional')
EiConsortium.org

Yale Center for Emotional Intelligence ('Centro Yale para la Inteligencia Emocional')
Ei.yale.edu

Mente, cuerpo y espíritu

Angels Arrien, autora de *The Four-Fold Way*
Reflections AngelesArrien.com

The Garrison Institute – Retreats ('Instituto Garrison – Retiros')
GarrisonInstitute.org
Teléfono: (845) 424-4800

The Joyful Heart Foundation ('Fundación Corazón alegre')
JoyfulHeartFoundation.org

International Taoist Tai Chi Society ('Sociedad Internacional Taoísta de Tai Chi')
Taoist.org

National Women's Health Resource Center ('Centro Nacional de Recursos de la Salud para Mujeres')
HealthyWomen.org
(877) 986-9472 (llamada gratuita desde los Estados Unidos)

Sharon Salzberg, autora de *Real Love – The Art of Mindful Connection* ('Amor real, el arte de la conexión consciente')
SharonSalzberg.com

Yoga Alliance ('Alianza de Yoga')
YogaAlliance.org
(888) 921-9642 (llamada gratuita desde los Estados Unidos)

Bibliografía

Allen, J. G., H. Stein, P. Fonagy, J. Fultz y M. Target. (Invierno del 2005). «Rethinking Adult Attachment: A Study of Expert Consensus». *Bulletin of the Menninger Clinic* 69 (1): 59-80.

Alter, R. M. (2006). *It's (Mostly) His Fault: For Women Who Are Fed Upon the Men Who Love Them*. Nueva York: Warner Books.

Arrien, A. (1993). *Las cuatro sendas del chamán: el guerrero, el sanador, el vidente, el maestro.* Miami: LD Books

Bacal, H. (1998). *Optimal Responsiveness: How Therapists Heal Their Patients*. Northvale, N. J.: Aronson.

Basch, M. F. (1980). *Doing Psychotherapy*. Nueva York: Basic Books.

Bateson, M. C. (2000). *Full Circles, Overlapping Lives: Culture and Generation in Transition.* 1.ª ed., Nueva York: Random House.

Baumgardner, J. y A. Richards. (2000). *Manifesta: Young Women, Feminism, and the Future.* 1.ª ed., Nueva York: Farrar, Straus & Giroux.

Bennett-Goleman, T. (2019). *Alquimia emocional*. Barcelona: Vergara (Ediciones B).

Boyatzis, R. E. y A. McKee (2016). *El líder resonante crea más: El poder de la inteligencia emocional*. Barcelona: Debolsillo.

Bradlow, P. A. (1973). «Depersonalization, Ego Splitting, Non-Human Fantasy and Shame». *International Journal of Psycho-Analysis* 54 (4): 487-492.

Brandchaft, B. y R. D. Stolorow (1990). «Varieties of Therapeutic Alliance». *Annual of Psychoanalysis* 18: 99-114.

Brizendine, L. (2007). *El cerebro femenino*. Barcelona: RBA.

Buirski, P., ed. (1987). *Frontiers of Dynamic Psychotherapy: Essays in Honor of Arlene and Lewis R. Wolberg*. Nueva York: Brunner/Mazel.

Calef, V. y E. M. Weinshel (1981). «Some Clinical Consequences of Introjection: Gaslighting». *The Psychoanalytic Quarterly* 50 (1): 44-66.

Callahan, D. (2004). *The Cheating Culture: Why More Americans Are Doing Wrong to Get Ahead*. Orlando, Fla.: Harcourt.

Carle, G. (2000). *He's Not All That!: How to Attract the Good Guys*. Nueva York: Cliff Street Books.

Carter, S. y J. Sokol (2005). *Help! I'm in Love with a Narcissist*. Nueva York: M. Evans.

Caruth, E. y M. Eber (1996). «Blurred Boundaries in the Therapeutic Encounter». *Annual of Psychoanalysis* 24: 175-185.

Casarjian, B. E. y D. H. Dillon. (2006). *Mommy Mantras: Affirmations and Insights to Keep You from Losing Your Mind*. Nueva York: Broadway Books.

Cavell, S. (1996). *Contesting Tears: The Hollywood Melodrama of the Unknown Woman*. Chicago: University of Chicago Press.

Dalai Lama (2012). *El arte de vivir en el nuevo milenio*. Barcelona: Debolsillo.

Dalai Lama y H. C. (2010). *El arte de la felicidad*. Barcelona: Debolsillo.

Desmaisons, K. (1998). *Potatoes, Not Prozac*. Nueva York: Simon & Schuster.

Dorpat, T. L. (2004). *Gaslighting, the Double Whammy, Interrogation, and Other Methods of Covert Control in Psychotherapy and Analysis*. Lanham, Md.: Rowman & Littlefield.

Duck, S. (1991). *Understanding Relationships*. Nueva York: Guilford Press.

Elgin, S. H. (1995). *You Can't Say That to Me: Stopping the Pain of Verbal Abuse – An 8-Step Program*. Nueva York: John Wiley.

Emmons, Henry con Rachel Kranz (2005). *The Chemistry of Joy*. Nueva York: Simon & Schuster.

Engel, B. (2005). *Breaking the Cycle of Abuse: How to Move Beyond Your Past to Create an Abuse-Free Future*. Hoboken, N. J.: John Wiley.

Evans, P. (1996). *The Verbally Abusive Relationship: How to Recognize It and How to Respond*. 2.ª ed., Avon, Mass.: Adams Media.

Evans, W. N. (1964). «The Fear of Being Smothered». *The Psychoanalytic Quarterly*. 33: 53-70.

Ferenczi, S. (1949). «Confusion of the Tongues Between the Adults and the Child». *International Journal of Psycho-Analysis* 30: 225-230.

Filippini, S. (2005). «Perverse Relationships: The Perspective of the Perpetrator». *International Journal of Psycho-Analysis* 86: 755-773.

Forward, S. y D. Frazier (1999). *When Your Lover Is a Liar: Healing the Wounds of Deception and Betrayal*. Nueva York: HarperCollins.

_____ (2001). *Emotional Blackmail: When the People in Your Life Use Fear, Obligation, and Guilt to Manipulate You*. Nueva York: Quill.

Gediman, H. K. (1991). «Seduction Trauma: Complemental Intrapsychic and Interpersonal Perspectives on Fantasy and Reality». *Psychoanalytic Psychology* 8 (4): 381-401.

Gedo, J. E. (1989). «Vicissitudes in the Psychotherapy of Depressive Crises». *Psycho-analytic Psychology* 6 (11): 1-13.

Goldsmith, R. E. y J. J. Freyd (2005). «Effects of Emotional Abuse in Family and Work Environments». *Journal of Emotional Abuse* 5 (1): 95-123.

Goleman, D. (1985). *Vital Lies, Simple Truths: The Psychology of Self-Deception.* Nueva York: Simon & Schuster.

Goleman, D. (2018). *Inteligencia emocional.* Madrid: Kairós.

Goleman, D., R. Boyatzis y A. McKee (2010). *El líder resonante crea más. El poder de la inteligencia emocional.* Barcelona: Debolsillo.

Greenberg, L. S. y S. C. Paivio (2007). *Trabajar con las emociones en psicoterapia.* Barcelona: Paidós Ibérica.

Hirschfield, J., ed. (1995). *Women in Praise of the Sacred: Forty-three Centuries of Spiritual Poetry by Women.* Nueva York: HarperPerennial.

Horney, K. (1942). *Self-analysis.* Nueva York: W. W. Norton.

Jordan, J. V., A. G. Kaplan, J. B. Miller, I. P. Stiver y J. L. Surrey. (1991). *Women's Growth in Connection: Writings from the Stone Center.* Nueva York: Guilford Press.

Kegan, R. (1982). *The Evolving Self: Problem and Process in Human Development.* Cambridge, Mass.: Harvard University Press.

Kegan, R., y L. L. Lahey (2001). *How the Way We Talk Can Change the Way We Work: Seven Languages for Transformation.* 1.ª ed., San Francisco: Jossey-Bass.

Kemp, A. (1998). *Abuse in the Family: An Introduction.* Pacific Grove, Calif.: Brooks/Cole.

Kernberg, O. F. (1991). «Transference Regression and Psychoanalytic Technique with Infantile Personalities». *International Journal of Psycho-Analysis* 72: 189-200.

Kohut, H. (1966). «Forms and Transformations of Narcissism». *Journal of the American Psychoanalytic Association* 14: 243-272.

_____(1984). *How Does Analysis Cure?* Chicago: University of Chicago Press.

Kohut, H. y E. S. Wolf (1978). «The Disorders of the Self and Their Treatment: An Outline». *International Journal of Psycho-Analysis* 59: 413-425.

Komarovsky, M. (1985). *Women in College: Shaping New Feminine Identities.* Nueva York: Basic Books.

Koonin, M. y T. M. Green (2004). «The Emotionally Abusive Workplace». *Journal of Emotional Abuse* 4 (3-4): 71-79.

Lachkar, J. (2000). «Emotional Abuse of High-Functioning Professional Women: A Psychodynamic Perspective». *Journal of Emotional Abuse* 2 (1): 73-91.

Lachmann, F. M. (1986). «Interpretation of Psychic Conflict and Adversarial Relationships». *Psychoanalytic Psychology* 3: 341-355.

_____(1988). «On Ambition and Hubris». *Progress Self Psychology* 3: 195-209.

Lammers, M., J. Ritchie y N. Robertson (2005). «Women's Experience of Emotional Abuse in Intimate Relationships: A Qualitative Study». *Journal of Emotional Abuse* 5 (1): 29-64.

Landers, E. y V. Mainzer (2005). *The Script: The 100 % Absolutely Predictable Things Men Do When They Cheat.* Nueva York: Hyperion.

LeDoux, J. E. (1996). *The Emotional Brain: The Mysterious Underpinnings of Emotional Life.* Nueva York: Simon & Schuster.

Lenoff, L. (1998). «Phantasy Self-Objects and the Conditions of Therapeutic Change». *Progress in Self Psychology* 14: 147-167.

_____(2003). «Consequences of Empathy: Rereading Kohut's Examination». *Progress in Self Psychology* 19: 21-40.

Lerner, H. G.(2016). *La danza de la ira.* Madrid: Gaia Ediciones.

_____(1993). *The Dance of Deception: Pretending and Truth-telling in Women's Lives.* 1.ª ed., Nueva York: HarperCollins.

Lewis, M. J. (1992). *Shame: The Exposed Self.* Nueva York: Free Press.

Lieberman, A. F. (1993). *The Emotional Life of the Toddler.* Nueva York: Free Press, Nueva York: Maxwell Macmillan International.

Loehr, J. y T. Schwartz (2003). *The Power of Full Engagement: Managing Energy, Not Time, Is the Key to High Performance and Personal Renewal.* Nueva York: Free Press.

Loring, M. T. (1998). *Emotional Abuse: The Trauma and Treatment.* San Francisco: Jossey-Bass.

McKay, M., P. Fanning, C. Honeychurch y C. Sutker (2012). *Tú vales más de lo que piensas: Cree en ti y despierta tu autoestima.* Barcelona: Robinbook.

Mellody, P. (1992). (2006). *La adición al amor: Cómo cambiar su forma de amar para dejar de sufrir.* Barcelona: Obelisco.

Mitchell, S. A. (1993). *Conceptos relacionales en psicoanálisis.* Madrid: Siglo XXI.

Modell, A. H. (1991). «A Confusion of Tongues or Whose Reality Is It?». *The Psychoanalytic Quarterly* 60 (2): 227-244.

Morrison, A. P. (1983). «Shame, Ideal Self, and Narcissism». *Contemporary Psychoanalysis* 19: 295-318.

_____(2001). «"We'll Be in Touch": Gas-lighting, Transference, Empathy and Forthrightness» (ed. revisada). Para presentación en el retiro de SICP, Montauk Point, N.Y., del 30 de marzo al 1 de abril de 2001 y el CSPP en New Haven, el 12 de enero de 2002.

Nussbaum, M. C. (2008). *Paisajes del pensamiento: La inteligencia de las emociones.* Barcelona: Paidós.

Ogawa, B. (1989). *Walking on Eggshells: Practical Counseling for Women in or Leaving a Violent Relationship.* Volcano, Calif.: Volcano Press.

Reich, A. (1960). «Pathologic Forms of Self-Esteem Regulation». *Psychoanalytic Study of the Child* 15: 215-232.

Rosenberg, M. B. (2017). *Comunicación no violenta: Un lenguaje de vida*. Barcelona: Acanto.

Salzberg, S. (2002). *Lovingkindness: The Revolutionary Art of Happiness*. Boston: Shambhala.

Santoro, V. (1994). *Gaslighting: How to Drive Your Enemies Crazy*. Port Townsend, Wash.: Loompanics Unlimited.

Sorsoli, L. (2004). «Hurt Feelings: Emotional Abuse and the Failure of Empathy». *Journal of Emotional Abuse* 4 (1): 1-26.

Steinem, G. (2001). *Revolución desde dentro: Un libro sobre la autoestima*. Barcelona: Anagrama.

Taffel, R. y M. Blau. (2001). *The Second Family: How Adolescent Power Is Challenging the American Family*. 1.ª ed., Nueva York: St. Martin's Press.

Tannen, D. (1998). *The Argument Culture: Moving from Debate to Dialogue*. 1.ª ed., Nueva York: Random House.

Wallace, B. A. (2006). *The Attention Revolution: Unlocking the Power of the Focused Mind*. 1.ª ed., Somerville, Mass.: Wisdom Publications.

Weitzman, S. (2000). *Not to People Like Us: Hidden Abuse in Upscale Marriages*. NuevaYork: Basic Books.

Wheelis, A. (1975). *How People Change*. Nueva York: Harper & Row.

Whitfield, C. L. (1999). *Límites, fronteras y relaciones*. Bilbao: Desclée De Brouwer

Wolf, N. (2005). *The Treehouse: Eccentric Wisdom from My Father on How to Live, Love, and See*. Nueva York: Simon & Schuster.

Yalom, I. D. (2007). *Verdugo del amor: Historias de psicoterapia*. Buenos Aires: Emecé.

Sobre la autora

La doctora Robin Stern es directora adjunta del Centro para la Inteligencia Emocional de Yale e investigadora adjunta del *Child Study Center* (Centro de Estudios sobre el Niño) de la Universidad de Yale. Es psicoanalista y tiene más de treinta años de experiencia en terapias individuales, familiares y de pareja. Robin ha colaborado en la creación de RULER, el enfoque utilizado en el Centro Yale para llevar la inteligencia emocional a las escuelas y los lugares de trabajo; también ha colaborado en el desarrollo de RULER para familias y es una de las principales formadoras de los institutos del centro. También trabaja en el Colegio para Profesores de la Universidad de Columbia y es autora de dos libros, *Efecto luz de gas* y *Project Rebirth* [Proyecto renacimiento].

Robin fue uno de los miembros fundadores del Instituto Woodhull, donde trabajó durante quince años creando y facilitando programas de desarrollo para líderes femeninas. Ha sido invitada a muchos programas de radio a nivel local y nacional y ha viajado para dar conferencias sobre inteligencia emocional y acoso en las relaciones. Asesora a escuelas y empresas de todo el mundo y durante los últimos cinco años ha colaborado con Facebook para crear herramientas que ayuden a adultos y niños a desarrollar la inteligencia emocional y para resolver conflictos a través de Internet. Actualmente trabaja en el hospital oncológico Smilow, en New Haven (Connecticut), ayudando a médicos y enfermeras a desarrollar la inteligencia emocional. Del 2014 al 2015 fue uno de los miembros de *Yale Public Voices Fellowship*, y su trabajo fue publicado en los medios de comunicación más populares, como por ejemplo *Psychology Today*, *Huffington Post*, Time.com, *Washington Post*, *The Hill* y *Harvard Business Review*. También colabora con *Emotional Intelligence Consortium* (Consorcio de Inteligencia Emocional) y con el consejo asesor de *Crisis Text Line* y *I'll Go First*.

Robin vive en Nueva York y mantiene una excelente relación con sus hijos, Scott y Melissa. Ambos se dedican a actividades que responden a sus propios intereses.